地霊を訪ねる

もうひとつの日本近代史

Inoki Takenori
猪木武徳

筑摩書房

地霊を訪ねる――もうひとつの日本近代史　目次

地霊を訪ねる——もうひとつの日本近代史

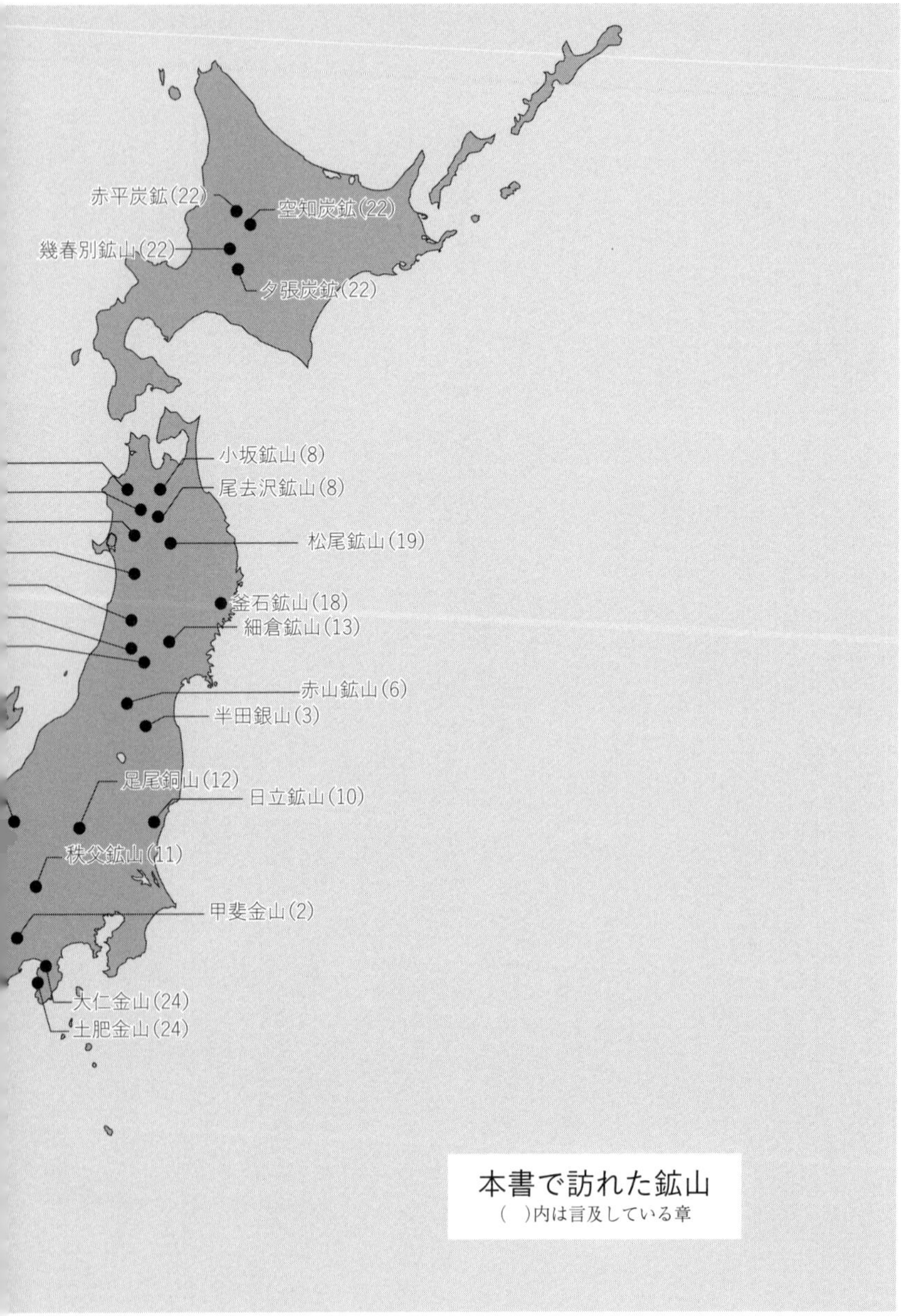

本書で訪れた鉱山
(　)内は言及している章

尾太鉱山(25)
花岡鉱山(8)
阿仁鉱山(8)
荒川鉱山(9)
院内銀山(9)
福丹鉱山(6)
延沢銀山(6)
佐渡金山(7)
小串鉱山(23)
米子鉱山(23)
たたら山内(17)
神岡鉱山(14)
尾小屋銀山(14)
柵原鉱山(4)
生野銀山(5)
石見銀山(26)
筑豊炭田(20)
紀和鉱山(15)
別子銅山(16)
三池炭鉱(21)
市之川鉱山(16)
菱刈鉱山(27)
永野金山(27)

装　　幀　間村俊一
カバー表画　川瀬巴水「相州前川の雨」
カバー裏画　川瀬巴水「深川上の橋」
地図制作　朝日メディアインターナショナル

まえがき

長い間わたしは、「人を見つける」、「人を育てる」という視点から、日本と外国の経済社会を比較することに関心を寄せてきた。例えば、企業活動の現場で、同じ技術を用いて同じ製品を生産する同程度の規模の企業組織であっても、そのために必要な人材を探し、技能を高める方式は、日本と欧米、東南アジアとでは少なからぬ違いがある。その差異と類似性をどう説明すればよいのか。この問いは一筋縄で答えられるものではない。

類似性を見つけ差異を比較しているうちに、別の難題が次第に頭をもたげ始めた。差異を説明するためには、社会規範や家庭や学校の教育などを要因別に検討するだけで話は完結しない。さらに遡って、その差異の「遠因」は日本社会の何処に起源があるのかと考えるようになった。「日本では」「日本人は」と言いながら、果たしてその日本を自分はどれほど知っているのか、反省にも似た思いが去来することが多くなったのだ。日本についての自分の知見は、大都市、あるいはたまたま縁のあったいくつかの限られた地方に関する事柄に過ぎないではないかと。

確かに日本についての自分の知見の乏しさに気づくのは遅かった。気づきは遅かったものの、無意味であったわけではない。幸いにもまだ日本について知る機会は与えられている。そして日本社会を具体的に知るには、素朴な方法ではあるが歩いて回るしかない。自分の観察を通して五感で少しでも日本社会を感じ取り、その上でその経験知を認識の枠組みに収めるのが物事を理解する正攻法なのではないか。そのためには日本をできる限り見て回り、日本を一巻の書物として丁寧に読み通すこと、それは旅をするということに尽きる。本書は、私流の「ブラタモリ」（NHKテレビ）であり「街道をゆく」（司馬遼太郎）ということになろうか。

おそらく、旅を好むひと、旅を厭《いと》うモノグサ、好みはそれぞれであろう。カントやカフカあるいは三浦梅園《みうらばいえん》のように、ほとんど旅することもなく一つの町に引きこもって人間や世界を考え続けた偉人もいれば、モーツァルトや芭蕉、谷崎潤一郎のように、旅や転居から創作のエネルギーを得ていたと思われる人物もいる。近代人は学校で多くのことを学ぶようになったが、学校や書物では学べないことが、外的世界についても、自己自身についても沢山ある。旅も学校なのだ。「世界は書物であり、旅をしない人は、そのわずか一ページしか読んだことにならない」（アウグスティヌス）と言われるのも肯ける。

だが内田百閒先生のように、「無用の用」で旅をすることは案外難しい。ただただ旅をしたいという「目的の無いこと」は意味の喪失だと考えてしまう。目的地はあるにはあるが、そこを目指す確たる目的が無いというのが本来の自由な旅のはずだが、あわただしさに慣れてしまった者はどうしても、何事にも目的を設定しないと気が済まない。

そこで自分の年来の研究関心とつながるような場所を訪れる旅を考えた。近代日本の工業化の担い手のひとつ、鉱業（金、銀、銅、鉄、石炭、鉛、マンガン、石英など）の操業地跡に赴き、往時の賑わいを想像しつつ現代との繋がりを見て回るという「目的」の旅である。ひとつの地域に起こったある産業がその地域をどのように変え、その産業の興隆と衰退とともに地域をどのように変貌させたのか。その地域の現在の姿を見て回りながら、聴き取り難い「地霊」の声に耳を傾け、大都市では忘れられた「思想」を感じ取れるのではないか。「地霊」とは、社会思想で論じられる「社会風土（mœurs）」あるいは「習俗」として、その土地その土地に沁み込んだ、いまは亡き人々の思いの堆積から発せられる無音の声とでも言えようか。われわれは概して騒がしい音や目立つものにだけ注意を向ける。本書は、隠れたもの、声なき存在と化しつつあるものへ目や耳を向けることによって、「もうひとつの日本の近代」を探ってみたいという思いから生まれた。

地霊？　そんなものはない、と都会に住み慣れたものは考えるかもしれない。人は現在の自分の存在のみにこだわり、過去も未来も合理的な思考のみで解釈し評価した上で行動するのが最善と考えているのではないか。それが普遍的、一般的な、あるいは科学的な理解なのかもしれない。しかし本当にそれだけなのだろうか。論証を拒むような、答えのない問いかけが置き去られてしまっているのではなかろうか。

ただ、こうした旅から得られる悦びを味わうためには、独り旅では不十分だ。見聞きしたものを語らうことができないからだ。見たもの、感じたことを、ひとりで味わうのは「独酌」のようなもの。そのようなわたしの目論見に共感してくれそうな人を巻き込むよりほかはない。「学問は足でも行うもの」と考え、現場の観察に関心のありそうな研究者を誘おうと思い立った。有難いことに、「面白そうだ」と何人かの友人が関心を示してくれた。関心はそれぞれ少し異なってはいても、日本近代史、産業史、思想史、文学等が好きな人が、このやや曖昧な目的の旅に同行してくれることになった。その結果、ここ一五年余り、四季折々にこうした旅を続けることができた。鉱山跡地を訪れる旅は四〇を超える。そんな旅のメモや文献資料を眺めながら思い出すままに綴って本書は出来上がった。

二七の文章は、鉱山訪問の時間的順序通りに並べられてはいない。鉱物の種類別、あるいは地域別に再構成したわけでもない。思い出すままに書き継いだ『ちくま』連載時の順序のまま、文献を調べながら加筆修正を施した。冒頭の第1章が尊王攘夷派と縁の深い伊那谷であり、最終第27章が討幕派の雄藩薩摩で終わっているのは偶然と言うよりほかはない。

I　伊那谷から中山道へ出る

伊那谷へ

伊那谷から中山道《なかせんどう》に出た旅から始めたい。名古屋から中央本線で多治見で下車、そこから飯田市を訪れ国学四大人を祀る本学神社に向かい、鹿塩温泉湯元山塩館で一泊。翌日、阿智《あち》の満蒙開拓平和記念館を見学してから、妻籠《つまご》と馬籠《まごめ》を経て、恵那《えな》で二泊目。恵那市と中津川市の境の大井発電所、旧八百津発電所の資料館、そのあと八百津町出身の外交官杉原千畝《すぎはらちうね》記念館を訪ねる旅である。（2018.6.29〜7.1）

四〇年以上も前のことになるが、三〇代半ば頃、「明治前期経済政策研究会」という国際連合大学の研究プロジェクトに参加したことがあった。中村隆英先生（当時東京大学）と梅村又次先生（当時一橋大学）のお二人が主宰され、事務局のあったアジア経済研究所（通称「アジ研」）で月一度のペースで研究会が開かれた。三年余り続いたと記憶する。寺西重郎氏、坂野潤治氏、御厨貴氏など経済史や近代政治の研究者一〇名ほどが参加した思い出多き研究会である。「成果」「成果」といった狭い了

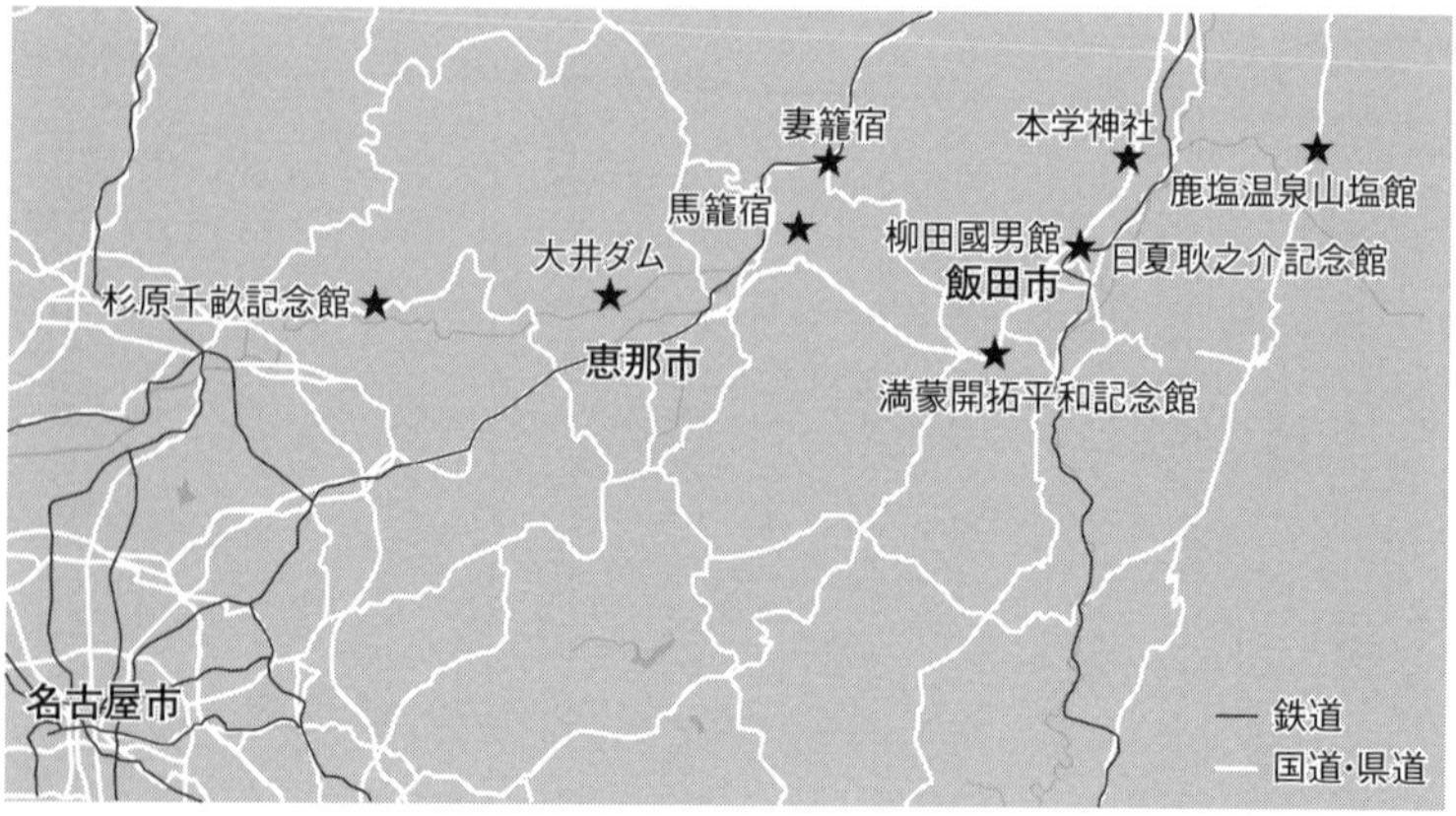

見が研究の現場を衰弱させることのない、隣接分野の研究者たちの自由な交流の機会であった。

研究会のあとは、当時アジ研のあった市谷近辺で酒を囲んでの雑談会があり、研究会以上に様々なことを学ぶ場となった。中村隆英先生から島崎藤村『夜明け前』の面白さをうかがったのはこの折である。早速読んだ。そしてその翌年の夏休みに馬籠・妻籠を旅行した。歴史上の事件や人物についてよく知りたいと思った時、事件の現場やその人物が活動した場所に行ってみたいという気持ちになることがある。「地霊」を感じてみたいということだろうか。さらにその地形や空気だけでなく、思わぬ史料を目にすることもある。そして地方史家たちの研究の一端に触れる貴重な機会にもなる。

それから三五年ほど経って、この歴史文学の面白さを改めて味わうことがあった。そして馬籠・妻籠だけでなく、伊那谷がこの作品で重要な位置を占めることにも気づいた。作中にしばしば現れる平田国学の心酔者たちが、篤胤《あつたね》の『古史伝』を翻刻していた伊那谷に興味が湧き、飯田まで足を延ばすことにしたのだ。

松尾多勢子と日夏耿之介

伊那谷は木曾山脈の東側、天竜川に沿って伸びる長野県南部の盆地である。旧飯田藩の城下町の飯田へは、多治見から車で一時間ほどだ。日本思想史のM先生と経済史のY先生の同行が得られた。飯田を訪れたもうひとつの目当ては、飯田出身の「学匠詩人」にして英文学者の日夏耿之介《ひなつこうのすけ》の記念館だ。飯田市美術博物館の付属施設「日夏耿之介記念館」は飯田市の愛宕《あたご》神社内にあった日夏の自宅を復元したもので、一万冊近い蔵書、日夏宛の書簡約一五〇〇通が納められていると聞く。

日夏耿之介に筆者が関心を持ったのは、美学者の瀧一郎氏の日夏の「咒文之周圍」に関する論考を知ったためだ。この作品は日夏の「詩的遺言」といわれ、老年に至って人生と芸術を愛おしむ心を十三人の翁が歌ったものだ。日夏はE・ポーやワイルドの詩の翻訳者として知られているものの、洋の東西の文学への造詣の深い研究者であることは知るよしもなかった。難しい漢字、難解な言葉が頻出する日夏の詩と文章は、筆者の学力では論ずることができない。だが、スピリチャリストとしての魅力に抗うことはできず、己の非力を少しでも克服しようと随筆や評論に挑戦してみた。ところがこれがまたなんとも難しい。

その日夏は、伊那出身で平田国学に心酔する女性勤王家、松尾多勢《まつおたせ》（子）（一八一一―一九四）の母方の親戚という。これも興味深い事実であった。多勢は一九歳で松尾家に嫁ぎ、平田国学を学び、北原《きたはら》稲雄《いなお》の紹介で平田篤胤の没後門人となった。藤村『夜明け前』では、「半蔵の周囲には、驚くばかり急激な勢いで、平田派の学問が伊那地方の人たちの間に伝播し始めた。（中略）婦人ながらに勤王の

福田恆存　日本の戦後民主主義的な言説にいちはやく鋭い批判の矢を放った。（以下、クレジット表記のない写真は wikipedia より）

運動に身を投じようとする松尾多勢のような人も出て来た」（第一部・第五章・三）という形でまず登場する。多勢は文久二（一八六二）年京都に出て、平田門下の志士と尊王攘夷運動の援助者として指導的な位置を占める。過激な勤王家、伊那の角田忠行《つのだただゆき》（『夜明け前』の暮田正香のモデル）と行動を共にしつつ彼を庇護する。岩倉具視とも親交を結んでいる。後段でふれる元治元（一八六四）年に水戸藩士（いわゆる天狗党）の伊那谷通過に協力・援助したようだ。日夏耿之介はこの勤王家と親戚関係にあった。

「日夏耿之介記念館」ではいくつかのことがわかった。空想を膨らませてくれるようなエピソードをひとつ記しておく。日夏は戦時中、郷里の飯田に疎開し、早稲田大学教授を辞任している。いったんは東京に戻ったものの、脳溢血に倒れて再び飯田に帰り、そのまま郷里に留まった。その日夏を、英文学者の福田恆存《つねあり》が飯田線に乗ってはるばる訪ねているのだ。福田の飯田の日夏邸訪問を知ったのは、同市美術博物館所蔵の『日夏耿之介宛書簡集――学匠詩人の交友圏』（信越放送）を拾い読みしていた時だ。消印が昭和三五年二月二二日の封書。差出人は神奈川大磯町の福田恆存。内容は、飯田で静養中の日夏を見舞いながら、「長時間」話し込んだことを詫びつつ、帰り際には日夏夫人の見送りを（駅まで?）受け、お土産まで頂戴したことに感謝したものだ。そして日夏が東京まで出ることがあれば、ついでに是非当地（大磯）までおいで下さるように、と書き加えている。

飯田線の福田恆存

短い文面から、福田恆存の日夏耿之介への深い敬意が読み取れる。この礼状を見ながら、ふと、福田が、飯田線に乗ったときに出会った印象的な光景についてエッセイを書いていたことを思い出した。昭和三〇年から三一年にかけて『若い女性』（講談社）という雑誌に連載された人生論ノートの中の「教養について」と題された文章の記憶だ。福田恆存『私の幸福論』（ちくま文庫）として刊行されたが、当時の日本の若い女性はこのような文章を読んでいたのだと驚いたものだ。これは「教養とは何か」を語ったものであるが、現今流行の「教養」や「リベラル・アーツ」の大切さを論じる類のものではない。「教養を考える場合、学校教育や読書から得られる知識に重きを置かない」という見方を福田は語っているのだ。

例えば、福田は『チャタレイ夫人の恋人』（D・H・ロレンス）の第一六章で、夫人コニーの愛する森番メラーズについての描写を取り上げている。貴族の娘コニーの姉ヒルダは、この無学そうな男の「力」を、その沈黙（silence）と孤絶（distance）、そしてテーブルに置かれた小さな、感じやすい、力を抜いた手から感じ取るのだ。「彼は単なる労働者ではない。彼は演じている、演じているのだ」、メラーズが「生れながらにして、自分などより、ずっと繊細な、ずっと育ちのいい人間」であることをヒルダが感知する場面だ。

それと重なる教養の意味を、福田は飯田線に乗り合わせた土地の老婦人とその嫁らしき女性の態度に見出す。その箇所も引用しておこう。

「二人は私の隣に腰をおろし、しばらく世間話を交しておりましたが、その姑らしい六十歳あまりの老女が、いきなり私を顧みて、『窓を開けたいと思うが、迷惑ではないか』と問いかけてまいりました。私は驚いた。私は大磯に住んでいて、東京に出るのに湘南電車を用いますが、それに乗り合せた紳士淑女から、こういう鄭重な言葉を聴いたことは、まず記憶にありません。（中略）おそらく、それは、私を土地のものではない旅行者と見ての、よそいきの挨拶だったのでしょう。つまり、老女は平生、見なれぬものにたいして、それだけの距離を保って自分を位置づけたのでしょう。だから、私は感心するのです。日常的でないものにぶつかったとき、即座に応用がきくということ、それが教養というものです。」（注　傍点引用者）

この定義は素晴らしい。教養は概して「雑学」や「専門以外の知識」のように解されることが多い。教養は読書や学歴によって必ず身につくというようなものでもない。福田は次のようにも言う。

「人々は知識を得るということに、根本的な錯覚をいだいている。人々は何かを知るということによって、より高く飛べるようになると思っているようです。（中略）あることを知ったということは、それを知るまえに感じていた未知の世界より、もっと大きな未知の世界を、眼前にひきすえたということであります。

さらに、それは、そのもっと大きな世界を知らなければならぬという責任を引き受けたことを意味します。とすれば、なにかを知るということは、身軽に飛ぶことではなく、重荷を負って背をかがめることになるのです。人々は知識というものについて、その実感を欠いていはしないでしょうか。」

「知る」ことの責任についてこれほど的確に述べた文章を思い出せない。書かれたのは昭和三〇年ごろである。福田が飯田線に乗ったのは、飯田在住の日夏を訪問するときだったかもしれない。ただ、「日夏耿之介記念館」所蔵の福田の日夏宛書簡の日付は、この飯田線の列車内の出来事の四、五年後になる。福田は一度ならず隠居の日夏を訪問していたのではなかろうか。

ちなみに飯田には「柳田國男館」もある。柳田は兵庫県の福崎出身のはずだ。「なぜ飯田に」、と思いつつ飯田市美術博物館を訪ねてみた。柳田が養子入りした柳田家が旧飯田藩士であったため、世田谷区成城の自宅書斎（喜談書屋《きたんしょおく》）をこの美術館内の付属施設として移築したとのこと。柳田自身が飯田にどれほどの愛着をもっていたのかは知る由もない。柳田について不勉強なわたしは、ただただその蔵書に見入るだけであった。蔵書はその人の魂を形作った原材料のひとつだ。

天狗党の飯田通過

女性勤王家、松尾多勢が伊那谷で尊王攘夷派の志士を支援したことは先にふれた。攘夷派の志士達は京都を目指し、各所で「天誅」を展開していた。水戸藩の攘夷派も武田耕雲斎《こううんさい》を首領として、幕府が攘夷の朝命を受けながらその挙に出ないことに憤激し、筑波山に寄って兵を挙げる（一八六四年二月）。京へ上れば活路が見いだせると考えた「天狗党の長征」である。一行は浪士・農民を集結しつつ山野をさまよい信濃に入る。幕府は諸藩に討伐を命じていた。飯田藩との衝突を避けるために、伊那谷の平田篤胤没後門人たちは間道の通過斡旋の労をとった。先に述べた角田忠行、松尾誠哉（多勢の長男）らが援助したのである。

天狗党は伊那谷を通って駒場、清内路、馬籠に達し、浪士一行の中には本陣（青山半蔵）との再会に感極まる者もいた。結局、八〇〇名を超す天狗党は加賀藩に降伏し、うち武田耕雲斎をはじめ四〇〇名以上が斬罪、百余名が遠島に処された。この血塗られた悲劇的顚末は、吉村昭『天狗争乱』（新潮文庫）、山田風太郎『魔群の通過――天狗党叙事詩』（ちくま文庫）に活写されている。

飯田市内を歩いた後、この日は、南アルプス塩見岳の麓、鹿塩温泉の「湯元 山塩館」で一泊。山塩館の名前の由来は、明治の初め、この地域で山塩の製塩事業が始まっていたことによる。岩塩と山塩は違うらしい。海底や塩湖が隆起し閉じ込められた状態で塩が結晶したものが岩塩。山塩は地底深くから湧き出している温泉水に含まれる塩が結晶したものだという。

山塩館の源泉温度は一五℃と低い鉱泉だ。見晴らしは絶景。宿の食事でも山塩が調味料として出た。日本ではめずらしい山塩だ。料理も心なしかうまく感じる。

翌朝、天狗党が通過したことを示す飯田市内の碑（「水戸浪士甲子殉難記念碑」）を確かめようとした。だがなかなか見つからない。やっと今宮神社近く（神社内ではなかった）で発見し、Y先生が写真に収める。達成感の証しである。

国学四大人、荷田春満《かだのあずままろ》、賀茂真淵《かものまぶち》、本居宣長《もとおりのりなが》、平田篤胤を祀《まつ》った本学神社も探し出すのに少し時間がかかった。荘厳な雰囲気の大社を想像していたが、風雨にさらされ続けたのであろうか、低い丘陵地にある寂しいたたずまいの小さな社であった。その前でも写真を撮り妻籠に向かう。

妻籠から馬籠へ

妻籠の宿《しゅく》の南端が、飯田街道と中山道の分岐点になる。中山道の宿の人口は一般に少ない。幕末の時点で、贄川《にえかわ》から馬籠に至る「木曾十一宿」のうち、人口が多い上松《あげまつ》、奈良井でも、戸数は四〇〇前後、人口にして二四〇〇～二五〇〇人程度だ。藤村『夜明け前』で知られる馬籠、妻籠はさらに少なく、馬籠の戸口は七〇軒、人口は七〇〇人ほどだ。妻籠の戸数も八三軒に過ぎない。代官屋敷のあった福島宿は問屋・年寄などの宿役人が二〇名ほどいたようだが、それでも人口は一〇〇〇人にも満たない（南木曽町博物館『南木曽の歴史』）。その規模の小ささは、実際に歩いてみるとわかる。

しかしこうした小さな宿《しゅく》にとって、大名・公家の「御通行」時に課せられた宿泊サービス、人馬の調達の賦課は相当な負担となっていた。馬籠の脇本陣・年寄役の大脇兵右衛門信興が死の直前（明治三年）まで、実に四〇年以上にわたって書き続けた『大黒屋日記』（史料名「年内諸事日記帳」）をベースにした藤村『夜明け前』では、御通行に対して隣村から馬と労役（助郷《すけごう》）を徴発する過酷な状況が仔細に記されている。参勤交代の主要ルートであった東海道や中山道の農民たちにとってこの負担は現代のわれわれの想像をはるかに超えるものであった。例えば、家茂《いえもち》の最初の上洛（一八六三年）は随行者三〇〇〇人を率いたものであったという。

ちなみに『夜明け前』冒頭の「木曾路はすべて山の中である」という有名な書き出しの文章は、馬籠の脇本陣、当主の蜂谷源十郎《はちやげんじゆうろう》が代々記録してきた「源十郎覚書」から拾われたものであった。それに対する藤村の筆書きの「礼文」が「馬

妻籠宿　中山道の宿場町のひとつ。近代以前は交通の要衝だった。（提供：田村太一）

籠脇本陣史料館」にある。

馬籠は何度も大火に見舞われた。山の斜面ということもあって消火用水も少なかった。一八九五年の大火では、本陣の藤村の生家も（隠居所は残ったものの）、脇本陣の大黒屋、峰屋もすべて跡形もなく焼け尽くされた（駒敏郎『木曽路――歴史と文学の旅』保育社より）。

妻籠も馬籠も、三〇年ほど前に来た時に比べると、観光地化が進んだものの、街道筋の店舗の数は減っている。特に妻籠は江戸時代を復元した宿場町として一時注目されていたが、いまやここにも人口減少の波が押し寄せているのだ。

木曽の資源は山林だけではない。木曾川とその支流の落差の大きい豊富な流れは、水力発電に適した地域であった。水利権交渉は必ずしも地元にとってうまくは進まなかったが、福沢桃介《ふくざわももすけ》（一八六八―一九三八）の「一河川一会社主義」の下、明治後期からいくつかの木曾川水系の電力会社が統合されてゆく。ちなみに、福沢桃介は福沢諭吉の女婿であり、西洋風の別荘に女優・川上貞奴を住まわせた電力王である。

Y先生の提案で、（旧）八百津発電所とその資料館を訪れた。可茂地域にある木曾川水力の歴史が、地域の研究者たちによって丁寧にまとめられている。「山」が景観を豊かにするだけでなく、そこに住む人々の生活を根本のところで支えているように、「川」もまたその姿の麗しさだけでなく、人間の生活の基本的な資源を提供していることがよくわかる。

2　笛吹川から富士川沿いに身延山へ

青山学院大学に在職していたころ、大学院の学生諸君と連れ立って山梨県の乾徳山・恵林寺《えりんじ》を訪れたことがあった。授業を共同で担当していた木村光彦教授の提案による課外授業である。授業の履修者は七、八人程度で、勉強熱心な中国人留学生が過半を占めていた。フィールドワークとして一緒に実地踏査するのもよい学びの機会だと思っていたので、日帰りできる場所で、歴史的に面白そうなところを探すことにした。結局、山梨県塩山《えんざん》の恵林寺を訪れ、みなで塩山温泉の外湯を楽しみ、わたしだけが残って大菩薩山麓にまで足を延ばし、裂石《さけいし》温泉で一泊するという計画を立てた。（2012.6.27〜28）

関西で長く生活したものには、山梨県は地理的にも時間的にも少し遠い。中学三年生の時、富士登山のため富士吉田で泊まった思い出はある。その後も山梨を通ることはあったが、ゆっくり旧跡を訪ね歩くという機会はなかった。ただ山梨というと、わたしには深沢七郎と石橋湛山という二人の山梨県と縁の深い人物が思い浮かぶ。経済人でも、小林一三（阪急電鉄）、根津嘉一郎（東武鉄道）、早川徳次（「地下鉄の父」）など、鉄道関連で日本経済の発展に貢献した人物を輩出している。

塩山駅で現地集合ということにしたので、新宿から特急「かいじ」に乗り込む。塩山駅から甲斐の

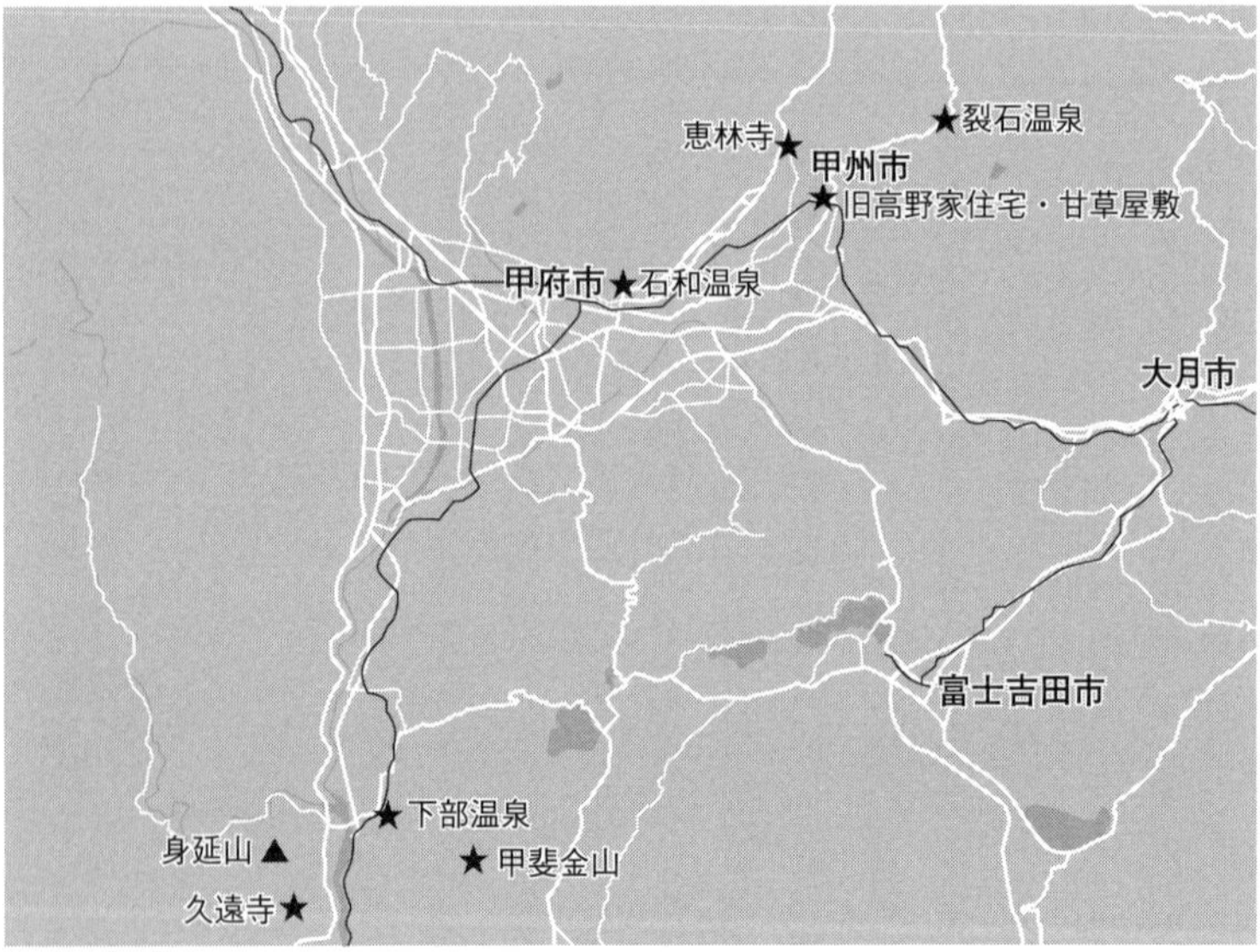

武田信玄の菩提寺、臨済宗妙心寺派の乾徳山・恵林寺に向かう。

心頭を滅却すれば火も自ら涼しい

　恵林寺の参道を歩きながら、数日前に調べた知識で学生諸君に寺の故事来歴を話す。織田信長と徳川・北条の連合軍による天正一〇（一五八二）年の甲州征伐で甲斐武田氏は滅ぶが、恵林寺に逃げ込んだ武田側兵士の引き渡しを寺側が拒んだため焼き討ちされたこと。そして百名を超える僧侶が恵林寺三門で「火定」、武田氏の運命に殉じたこと。その折、恵林寺の高僧快《かい》川紹喜《せんじょうき》が泰然自若として「心頭を滅却すれば火も自ずから涼し」と唱えたといわれることなどを話した。外国人留学生に日本歴史の話をするのは難しい。が、日本人学生もこうした遥か四〇〇年以上前の話にどれほど興味がわいたのだろうか。わたし自身は学生時代、深沢七郎『笛吹川』を読んでこの「火定」の話をはじめて知った。

深沢は姥捨て説話を借りた『楢山節考』で突如文壇にあらわれた異色の作家であった。彼は終戦直後、いとこが嫁いだ山梨の境川大黒坂を訪ね、村人の人情や習俗の中に、土から生まれた人間の生き方の原初的なものをかぎ取ったことが、『楢山節考』という作品を生んだと語っている（『甲州子守唄』の尾崎秀樹の解説から）。

人間存在に対するニヒリスティックともいえる深沢の淡々とした語り口にはショックを覚えた。わたしは、文学はあたらしい人間像を炙り出すものでなくてはならないと感じていたので、甲州を舞台にした『楢山節考』に痛く感心したのである。

甲府の南東に位置する笛吹川は、深沢の生まれた石和《いさわ》の東を流れる。小説『笛吹川』は、甲府と石和との間の川筋にあるギッチョン籠と呼ばれる家に住んだ人間の六代にわたる物語だ。この作品は『楢山節考』のように批評家たちから絶賛されたわけではない（「笛吹川」論争）。しかし説話のような文学が示した人間の生と死の描写の不気味なまでの迫力（例えば「後産《のちざん》」の描写）には圧倒された。

深沢自身、『笛吹川』について、「人は死んでも、また生まれる人達があるのだ。それは私にはなんとも言えない悲しい響きだ。……これが仏教的なものかどうか私は知らない。とにかく、生と死の二つの主題を弾き鳴らしたかったのだ。」と書いている。

恵林寺の黒門から参道を上がると赤門（四脚門）が現れる。さらに、先に述べたように、快川紹喜が燃える三門楼上で「安禅必ずしも山水を須《もち》いず、心頭を滅却すれば火も自ずから涼し」と詠んだ辞世（『碧巌録《へきがんろく》』からの公案）が、三門の左右に分けて「扁額」として掲げられている。同行の中国人留学生には、漢文はわたしよりもお手の物のはずだが、字体が違うので直ぐに理解した様子はない。

いま見る恵林寺は江戸初期に再建されたものだ。信玄公宝物館を観て寺を後にした直後、不思議な空腹感に襲われる。木村先生と相談して、皆で山梨の郷土料理「ホウトウ」を食することにした。「ホウトウ」は、戦後よく食べた「スイトン」の高級版だ。美味しさは懐かしさでもある。学生諸君も「おいしい」とうれしそうだ。

食後、塩山温泉の外湯を楽しむ。皆と別れた後、塩山駅近くの旧高野家住宅・甘草屋敷にある樋口一葉を顕彰する展示室を見た。一葉の両親は塩山（中萩原）出身とのこと。展示の説明の中に、小説『ゆく雲』でもまだ見ぬ両親の故郷についてふれた箇所が示されている。しかし一葉は塩山を訪れることもなく二四歳で夭折した。慈雲寺境内にある「一葉女史碑」は杉浦重剛の題額、文学博士幸田成行（露伴）の撰文、と甘草屋敷のチラシに記されている。一葉の『たけくらべ』を高く評価したのは露伴と鷗外であった。

慈雲寺の位置を調べると、歩くには少し距離がある。文学碑の確認は断念し、大菩薩峠の登山口近くの裂石温泉に向かう。この温泉はPhが高く、飲んでよし、湯浴みによしの霊泉と言われる。加熱されているが源泉かけ流しだ。泊まった雲峰荘は、わたしが訪れた数年前、皇太子徳仁親王（現・令和天皇）が大菩薩嶺登山の折に昼食のためにお立ち寄りになった宿だそうだ。宿の主人の話によると、地元警察から、皇太子殿下がお立ち寄りになることは絶対に口外するなと、関係者に箝口令が敷かれたそうだ。しかし不思議なことに、当日沿道では多くの人々が手旗を振っての大歓迎だったという。

夕食の地元産の山梨ワインが美味い。

甲州金とグレシャムの法則

学生たちとの塩山旅行の後、甲斐金山と日蓮宗の総本山の身延山久遠寺を訪れるため改めて山梨を訪ねた。今度はT先生の立案と運転とに助けられた。（2018.1.12〜14）

「甲州金」は、戦国・武田氏の時代から江戸時代を通して甲斐の国で流通した地方金貨として知られる。甲州金の素材の多くは、甲州市北部の黒川金山、あるいは毛無山《けなしやま》の山腹にある湯之奥金山（中山金山・内山金山・茅小屋《かやごや》金山の三つの総称）で採掘されたものであった。

甲州金について記すと紙幅が足りなくなるので、一点だけ、「甲斐黄金村 湯之奥金山博物館」の展示解説で知った「グレシャムの法則」（悪貨は良貨を駆逐する）通りの貨幣現象について説明しておく。甲州金は甲州外への流出を防ぐため、中央貨幣より常に低い品位に設定されていた。これは江戸期の地方貨幣に共通する鋳造方針であった。ところが幕府の中央貨幣が「享保金」から「元文金」に改悪鋳（元文元〔一七三六〕年）される。この元文の改悪鋳の目的は、貨幣供給量の増加だけでなく、「金遣い」の江戸と「銀遣い」の大坂との間の金銀交換比率の改変にあった。「金安銀高」で物価上昇に見舞われていた江戸経済を「金高銀安」にして、大坂からの物資流入を刺激しインフレを抑えようとしたのだ。

こうした状況下でも、地方金貨である甲州金については、改鋳は行われなかった。すると何が起こったか。甲州金の品位が中央貨幣の品位を上回り、品位の低い「元文金」を領内に流通させ、多くの甲州金は甲斐国外に流出、ないしは国内に退蔵されて姿を消すことになる。

石橋湛山　日中戦争勃発から敗戦まで『東洋経済新報』誌上にて戦線の拡大に反対する論陣を張った。
（出所：『現代日本の百人』、田村茂撮影）

ちなみに、甲州金は日本では最も早い時期に計数貨幣として制度化された。貨幣単位として中国流の四進法を用いて、一両＝四分＝一六朱＝六四糸目《いとめ》とした。これは江戸幕府の貨幣制度に大きな影響を与えたと専門家は指摘する。

金《きん》となると誰しも無意識のうちに興奮する。興奮を冷ましつつ、富士川沿いを南に進み、身延町下部《しもべ》の温泉地に向かう。日蓮もこの下部温泉で湯治を行ったと伝えられる。戦国時代にも下部村は湯之奥金山の採掘や材木の伐採といった産業の拠点になった。江戸時代には身延山久遠寺への参詣者も多く訪れた。この日泊った宿の湯は適温のアルカリ性単純泉。わたしの好きな「硫黄の匂いのする熱い湯」ではないが、風情のある穏やかな温泉だ。

一路身延山へ

いよいよ身延山久遠寺だ。日蓮宗には少なからず関心があった。近代日本で、公人として立派な生き方をした人物に日蓮宗の信徒が目立つ。その多くは、この世の権威主義に陥らず「抵抗の精神」を示している。「抵抗の精神」といっても、必ずしも反権力とか反体制の過激な政治行動を意味するものではない。戦時中、軍や政府に異を唱えて投獄され、時には獄死するというのもひとつの立派な生き方であろう。しかし権力への協力を拒みつつ、弾圧を上手くかわして自分の信条、自分の仕事と職場と従業員の生活を守るという生き方も同じく立派だ。一般に前者はのちに殉教者同様に礼賛される。

近代日本が生んだ気骨の言論人、石橋湛山の「抵抗の精神」は後者であろう。

湛山は日蓮宗僧侶の子として一八八四（明治一七）年、東京に生まれた。翌年、父の異動に伴い山梨に転居。その後一八歳で山梨県立山梨県第一中学校を卒業し、早稲田大学高等予科に編入するまで山梨で生活している。山梨の産と言うべきだろう。

その石橋が信仰した日蓮宗の総本山・身延山久遠寺にたどり着く。生涯を旅に生き、定住することのなかった日蓮が、晩年の九年間を過ごした場所だ。身延山が日蓮の魂が住む「棲神の地」とされるのはそのためだ。

久遠寺　昭和初期の山門。

まず総門から入る。門前町を過ぎて三門域に至ると、右手にある宮沢賢治の句碑が目に入った。賢治は田中智学の国柱会に入った法華信仰の人だ、「国訳妙法蓮華経」は賢治の遺言で作られたと思い出しつつ太鼓橋をわたり、三〇〇段以上はあろう階段を登る。「南無妙法蓮華経」と唱えながら登るのがよいとのこと。だがなぜか言葉が出てこない。少し赤茶けた色の新しそうな五重塔と厳かな姿の大本堂まで来ると、ほとんど酸欠状態だ。久遠寺の伽藍は明治八年の大火でほとんど焼失した。いま見る五重塔は三代目で、二〇〇八年大成建設により竣工。

霊場・身延山の広大さと威容は想像以上だ。海抜一一二〇

○メートルを超える奥の院まで七分余りロープウェイのお世話になる。昔は本堂裏から歩いて二時間半ほどかけたそうだ。好天候のなか、山梨側から南アルプス連峰の向こうに見える富士山の神々しい姿を遥拝する。

湛山の抵抗の仕方

久遠寺に来て改めて日蓮宗と石橋湛山の問題を考える。湛山の政治姿勢は宗教の個別具体的な教理から出てくるというよりも、人間のきわめて一般的な道徳感情をベースにしたものであり、湛山が抜きんでていたのは、そうした道徳感情を尊重しつつ、強い信念でもって自己の考えを言葉と行いに移しえたということではなかろうか。その信念の強さを裏打ちしたのが日蓮宗という宗教であったと考えたい。

湛山の場合、望月詩史《しふみ》氏がその論考（「石橋湛山の日蓮論」『同志社法学』61〔3〕）で引用している「世間が動揺しているから、自分も動揺すると云うのでは、『東洋経済』は指導者ではない。（中略）私共は日蓮上人と同じ程の堅き信仰を以て自分の道に進みたいですが、凡夫の悲しさそこまで行きません。併し苟も言論、思想の業に従事しているものは、日蓮上人の気迫の一端なりとも持たねばいけないだろうと思うのであります」という言葉に湛山の「抵抗の精神」は見事に要約されている。

石橋の偉大さを論評する場合、言論人としてと、政治家としての二つに分けて考えるべきだろう。言論人としては、ともすれば石橋湛山は、その理想主義的な側面のみが強調される。しかし彼が徹底したレアリストであったという面を忘れてはならない。その例を三つほどあげておこう。いずれも

『東洋経済新報』の社説である。

まずワシントン会議前の一九二一年七月から八月に発表した「大日本主義の幻想」で説いた「小日本主義者」である。ここで彼は、合理的な計算に基づく植民地経営の経済コストの大きさを指摘する。植民地化された民族のナショナリズムを刺激するだけで、大した利益ももたらさない植民地は放棄せよ、というのだ。そこには冷静な功利主義的計算がある。

さらに彼の外交論の厳しいレアリスムにも注目したい。独ソ不可侵条約（一九三九年八月）を「複雑怪奇」と考えた「世間知らず」の日本外交を批判し、外交は商売であるから嘘や無礼のない限り、損得勘定でなされるべきだと論じている（「ドイツの背反は何を訓えるか」）。

また石橋のデモクラシー論も単なる理想主義に終始していたわけではない。いかに地方自治が健全なデモクラシーの土台であるのかを強調し、大正末の日本の政治と行政の過度の中央集権化を批判する（「行政改革の根本主義」、「市町村に地租営業税を移譲すべし」）。ここには彼が尊敬した福沢諭吉の「分権論」の影響が読み取れる。

政治家としての評価

湛山は終戦後、大蔵大臣に就任して一年しか経たない一九四七年五月、ＧＨＱ指令によって「公職追放」を受ける。追放の原因については様々な憶測がある。この点に関して湛山は後に次のように控えめに語っている。

「ともかく、何故か知らぬけれども、司令部で僕をマークしておるということはいつも感じておりました。吉田〔引用者注　茂〕さんはけっして積極的に僕をパージにするとはいわなかったけれど、僕を助けようとはしなかった。のみならず、僕をやめさせるときには代りを直ぐこしらえておかねば困るというので、やめるまえから後釜を考えた。その点はけしからぬことですね。だから、僕は吉田さんという人には何か釈然としない。」（『湛山座談』岩波同時代ライブラリー、一〇二頁）

さらに湛山は、「吉田さんは英語ができるから、司令部のマッカーサーと話ができるというだけで権威を持っていたのです」（同書六四頁）と述べ、「明治時代、伊藤侯は『袞竜《こんりよう》の袖』にかくれて勝手なことをしたと非難されたが、吉田氏は司令部を『袞竜の袖』にしたといえますね」（同書九七頁）と批判している。

この湛山のコメントには、自国の利益のためには主張すべきは主張するという良質のナショナリズムが感じられる。無論、日本は占領下であるから、恭順にならざるを得ない。しかし占領政治に対してではなく、経済政策そのものにおいて自分の主張を曲げなかった湛山を「助けようとはしなかった」吉田には、マッカーサーという強者に従うという、ある種の「権威主義」を感じる。実際、吉田に「進駐軍に協力してくれ」としばしば言われたと湛山は回想している。

追放解除後、政界に復帰した石橋は一九五六年一二月、公選で自民党総裁に選出される。総裁の座についた直後から「私はいつでも辞める覚悟だ」と記者会見で発言し、歴代首相のやれなかったことをひとつ、ふたつ取り組み、突破口をひらいて次のものにバトンタッチしたい、と語っている。就任早々の首相が「やめる覚悟」や「バトンタッチ」について語るのはいかなる意識によるのか。そこには決意の強さだけではなく、誕生とともに死の影を読み取る湛山の諦観思想が見え隠れしているようにも思える。権力への強い意思を示していたライバルの岸信介が、湛山を「政治家としては執着性が足りない」と評したのは正鵠を射ていたと言えるのではないか。

お墓を見落とした……

身延山を下って、新幹線新富士駅から帰路につく。車中で「心のふるさとみのぶさん」と書かれた絵図を見ていて、重要なものをひとつ見過ごしていたことに気づいた。東京の荒川区・善性寺のほかに、久遠寺境内の少し奥にある上の山墓所にも、石橋湛山・梅子夫妻の墓があったのだ。お墓参りができなかったことは悔やまれる。わたしは墓に関心があって、青山学院で教えていたころも大学院生を引き連れて青山霊園へフィールドワークに行ったことがあった。外人墓地で福沢諭吉と縁の深い、朝鮮の開化派の政治指導者、金玉均の墓を見つけたときには驚いたものだ。また、三〇万坪という広大な多磨霊園を訪れて、六万を超す碑石のほんの一部をみながら歴史の勉強をしたこともあった。

墓についての関心を呼び覚まされたのは、むかし読んだチェーホフの小説の次の箇所に不思議な共感を覚えたためもある。それは主人公が夜半に墓場で愛する人を待つ場面だ。少し長くなるが引用しておきたい。

それは他《ほか》の何ものにも比べようのない世界、——まるでここが月光の揺籃ででもあるかのように、月の光がいかにもめでたくいかにも柔《やさ》しくまどろんでいる世界、そこには生の気配などいくら捜してもありはしないけれど、しかし黒々としたポプラの一本一本、墓の盛土の一つ一つに、静かな、すばらしい、永遠の生を約束してくれる神秘の籠っていることの感じられる、そのような世界であった。墓石からも凋んだ花からも、秋の朽葉の匂いをまじえて、罪の赦し、悲哀、それから安息がいぶいて来るのだった。

あたりは沈黙だった。この深い和《やわ》らぎの中に、大空からは星がみおろしていて、スタールツェフの足音がいかにも鋭く、心なく響きわたるのだった。やがてお寺で夜半の祈禱の鐘が鳴りだすと、彼はふと自分が死んで、ここに永遠に埋められているもののように考えた。するとその時はじめて彼は誰かが自分をじっと見ているような気がして、いやいやこれは安息でも静寂でもないのだ、じつは無に帰したものの遣瀬ない憂愁、抑えに抑えつけられた絶望なのだと、一しきりそんなことを考えた。……

（「イオーヌィチ」〔神西清・原卓也・池田健太郎訳『チェーホフ全集（11）』〔中央公論社〕、一一〇頁〕より）

「地霊」とは何かを語った見事な文章だ。

3　米沢から福島市を通り半田銀山跡を歩く

二〇一二年暮れ、新幹線の車中で病に倒れ途中下車し、それまで特段縁のなかった名古屋で三カ月の入院生活を送った。一〇日ほど集中治療室で過ごしたあと、平常心を取り戻してから、「死」というものが意外に身近にあるものだと感じたことを思い出す。旅、病、夢を詠み込んだ芭蕉の「旅に病《やん》で夢は枯野をかけ廻《めぐ》る」の顰《ひそみ》にならう（？）ような体験であった。その気持ちは、家族を病で失った時に感じたような重たさはなく、何かあきらめの混じったような気分であった。平生は死について深くも考えず、怖れてもすぐに忘れてしまう、生命は限りなく続くと思う軽佻が生み出す感覚でもあった。

暖かな陽射しになっていた三月下旬、退院の日に迎えに来てくれた娘夫婦が病室にあらわれ、少し背中部分を起こしたベッドの痩せ細ったわたしを見て、「水墨画を観ているようだ」と言った時は、力なく笑ってしまった。体重を二三キロ失って、すっかり影が薄くなっていたのだろう。なんとか退院できたという喜びはあったが、その後の死生観が大きくは変わらなかったのもまた不思議だった。

病み上がりの二〇一三年の八月下旬、米沢から「米沢八湯」のひとつ、五色温泉を通り、福島市に

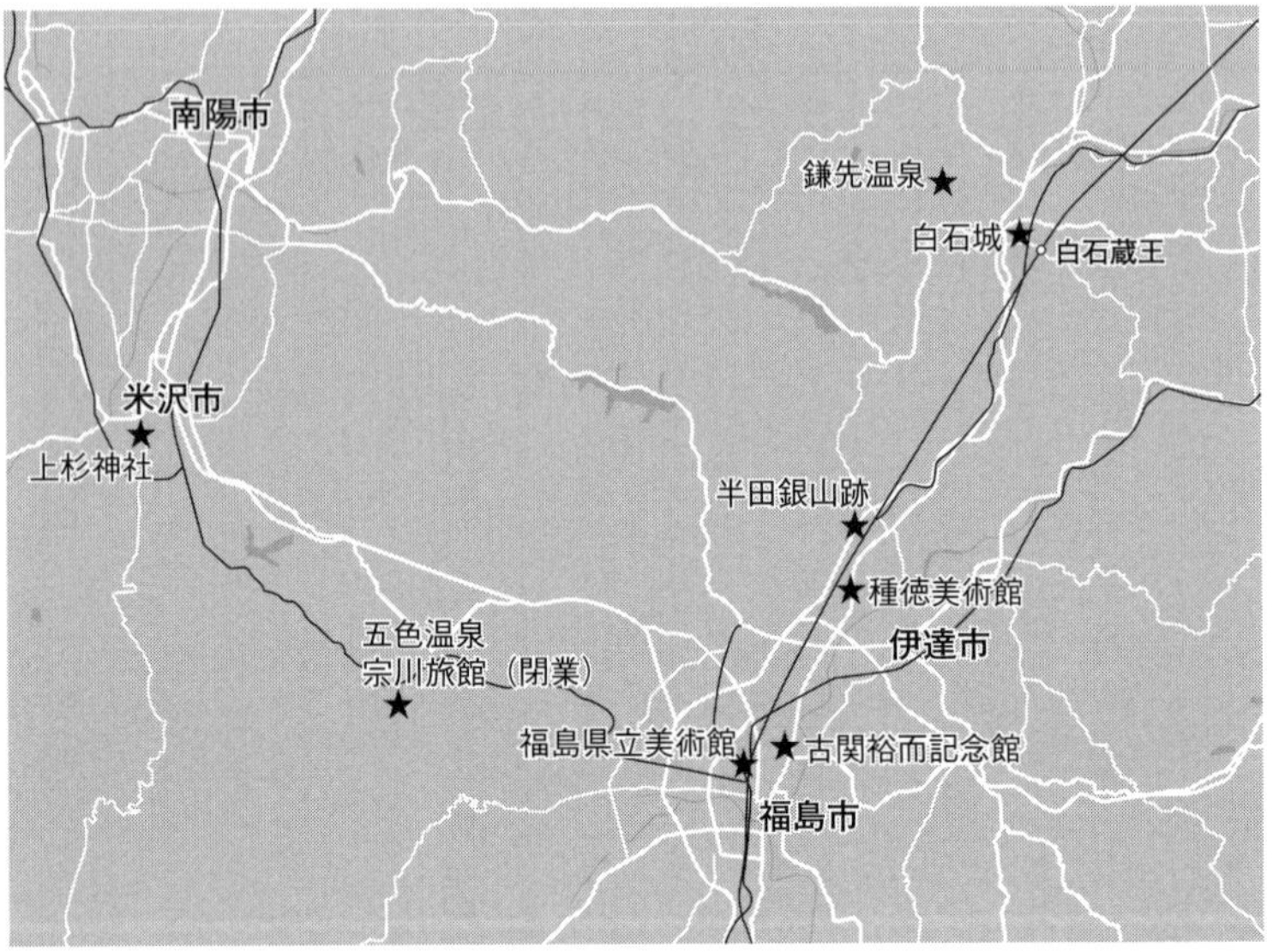

抜け、北に進んで伊達郡桑折《こおり》町で半田銀山跡を踏査、そのあと種徳《しゅとく》美術館を観て白石市の鎌先温泉で休むという旅をT先生が計画してくれた。

（2013.8.27〜30）

明治中期まで佐渡金山、生野《いくの》銀山とともに「日本三大鉱山」（石見《いわみ》、生野、半田で「三大銀山」）と呼ばれた半田銀山は、鉱山史研究でも研究蓄積がそれほど厚くはないと聞く。閉山した後の大鉱山はどんな状態になっているのだろうか、といういつもながらの関心である。

民の声は神の声

米沢駅でT先生と落ち合う。山形県の内陸部最南の置賜《おきたま》地方にある米沢は、いつかは訪ねたいと思っていた町だ。内村鑑三『代表的日本人』の中の「上杉鷹山——封建領主」を読んで、米沢藩中興の祖、上杉鷹山への関心が膨らんだこともあった。

米国の第三五代大統領ジョン・F・ケネディが日本人記者との会見で、「日本人で尊敬する人物は?」と問われ、直ちに「Yozan Uesugi」と答えたというエピソードはよく知られている（お嬢さんのキャロラインさんが、駐日米国大使に就任した時もこの話にふれている）。鷹山は、当時の日本人にはそれほど広く知られた封建君主ではなかったから、日本人記者の間での驚き（「Yozan, who?」）は大きかったようだ。

ケネディ大統領は内村の英語の原著、*Representative Men of Japan*（1908, Keiseisha）を読んでいたのだろう。外国人が褒めれば急にそこに価値を見出すという姿勢はどうかと思うこともある。ただ、わたし自身には内村の『余は如何にして基督信徒となりし乎』に記されたような彼の信仰の強さに共鳴することはなかったので、ケネディ大統領の応えは内村の著作を改めて読むきっかけを与えてくれた。実際読んで、改めて内村に凄さを感じた。

鷹山が、養父であった先代重定公の子、治広公に『伝国の辞』で説いた、国家は人民の幸せに向けられるべきであって、君主のためのものではないという国家観は、国家と国民の近代的な関係を説いた思想として注目される。

鷹山の成し遂げた諸々の改革に対しては藩内の保守勢力からの強い抵抗があった。鷹山が反対勢力（その首魁の家老須田と侍頭の芋川には切腹の裁断を下している）と敢然と戦いつつ、米沢藩の財政立て直しを断行して行く実行力は見事だ。「教育は国を治める根本」の信念から、「国造り」は「人づくり」として、鷹山は尾張から招いた儒者の細井平洲《ほそいへいしゅう》の指導で人材育成のための藩校、興譲館を創設している。その長期的な視野に立つ公共政策は、当時としても群を抜いて開明的であったといえる。

鷹山が黒井《くろい》半四郎忠寄《はんしろうただより》に命じた、置賜地方の田畑に水を流し入れるための二つの土木事業、北條郷黒井堰と飯豊山穴堰《あなぜき》については、内村鑑三も『代表的日本人』の中で賞賛。後者の、飯豊山の山腹にトンネルを開削し、玉川の水を置賜白川に流す工事は、その完成を待たずに鷹山は亡くなった。しかし中断を経て結局正味一五年間で竣工。特に両側から開削が進められトンネルが、少ない誤差で相会した計算の正確さを「水力工学の傑作」と内村は絶賛している。このトンネルが置賜地方の広大な面積を潤したため、米沢のみは東北諸地方のうち今日まで旱魃を知らないと言われる。残念ながらこの旅では、これら二つの堰を探し出す余裕がなかった。

五色温泉の宗川旅館

米沢では、まずは上杉神社、上杉記念館（上杉伯爵邸）、稽照殿、林泉寺（上杉家菩提寺）など観光地を回る。林泉寺で買い求めた『米沢　春日山林泉寺記』に、武田氏と上杉氏との縁について次のようなくだりがあった。

武田信玄は臨終に際して嗣子勝頼に、「……兵を備えて己が国を亡《ほろ》ぼすこと勿れ、われの死後天下に頼るべき者は独り謙信あるばかり宜しく援を請い求め国をば彼に托せよ。」と遺言したと。

言うまでもなく、上杉謙信は、川中島で武田信玄と矛を交えた敵将である（川中島の戦いの主な戦闘は一五五三年から六四年まで五回、一二年に及んだ）。その後、武田氏は信長・家康らに天目山の戦い（一五八二年）で敗れ、勝頼父子と勝頼の兄弟は信清（信玄の六男）を除いてすべて自害した。甲州が没国の時、武田信清は一時紀州の高野山に匿われたが、そのあと越後の上杉景勝公に嫁いでいた姉の菊姫を頼った。上杉氏は高家衆《こうけしゅう》の筆頭として「諸役御免」の優遇で、三三〇〇石を賜ったとある。それ以来、武田氏の末裔は米沢に居住することになるのだ。

信玄が敵であった謙信を深く信頼していたことは謙信好きにはうれしい。敵同士がこうした「人格美」を認め合う話には感心する。例えば政治的な考えが同じでも、友情が生まれるわけではない。政治的立場が異なっても、その人が何に「信」をおいているのかが分かると、強い信頼と友情を感じることがある。

米沢から国道一三号線で西に向かい、東栗子トンネルの少し手前で南へ。JR奥羽本線板谷駅近くを通過すると福島県に入る。その福島との県境の手前にあるのが目指す五色温泉の宗川《そうかわ》旅館である。五色温泉唯一の宿、宗川旅館では、一九二六年一二月、日本共産党の再建が決定された。その経緯については松本清張『昭和史発掘』(新装版2、文春文庫)にドラマティックに描かれている。日本共産党が第三回大会をこの宿で極秘の裡《うち》に開いたのは、幹部の大量逮捕(一九二三年)に関東大震災が追い打ちをかけ、共産党は解体同然の状態にあり、党の再建が焦眉《しょうび》の急であったためだ。

清張の『昭和史発掘』をわたしに薦めてくれたのは、かつて職場の同僚だった故・園田英弘氏だ。氏は松本清張の膨大な作品群をほとんど読破しており、わたしが『発掘』を読んでないことを知ると、「なんだ、一番の傑作を読んでないのか」と言った。「推理小説には面白いものがあるが、『日本の黒い霧』の戦後史解釈はねぇ……」と呟くと、「凡百の近代史家の研究書よりはるかに学ぶことが多い」と確信に満ちた調子で『発掘』を推奨するので早速読破した。確かに、歴史を語る場合、史料は大事だが、史料だけで想像力のない歴史叙述は気の抜けたビールのようなものだ。この大著でわたしは松本清張への評価を変えた。

宗川旅館の湯はもちろん源泉かけ流し、温度も丁度よい。五色温泉が今でも「秘湯」たりえるのは交通の不便さにもよるのだろう。宿の周辺を散策していると「六華倶楽部」があった。一九二四年一二月に竣工した皇族のための日本最初のスキーロッジである。米沢出身の海軍大将・黒井悌次郎《ていじろう》が建てたものだ。設計は関根要太郎《ようたろう》とある。

宿の夕食で米沢牛を恐る恐る堪能。「恐る恐る」というのは、膵臓を病んでから脂肪の取り過ぎに用心しているためだ。だが出された霜降り肉のうまさには勝てない。そういえば脂肪の「脂」は肉月（月）に「旨い」と書く。

若冲を観る

翌朝無事に目覚めて朝食を済ませ、一路福島市に向かう。福島市の信夫《しのぶ》山麓の福島市音楽堂の隣に「古関裕而《こせきゆうじ》記念館」があった。懐かしい名前だ。戦前に日本コロムビア（株）に作曲家として入社した古関は、福島商業学校（旧制）で学んだ。いわゆる音楽学校の出身ではない。作曲技法は独学かと思っていたが、仙台の金須嘉之進《きすよしのしん》のところに通っていたようだ。金須は一八九一年、ペテルブルク音楽院でリムスキー＝コルサコフに師事している。記念館の展示の中に、リムスキー＝コルサコフ『和声法要義』（菅原明朗訳注、音楽之友社）が陳列されていた。旅から帰って調べてみると、この本の邦訳が出たのは戦後だ。ということは、この邦訳本をテキストにして独習したというよりも、ロシアで学んだ金須からこのテキストで和声学の理論を伝授してもらったのではなかろうか。リムスキー＝コルサコフと古関裕而を結ぶ細い糸が見つかったのは面白かった。

福島市内で昼食を済ませた後、東日本大震災復興支援事業として、「若冲が来てくれました――プライスコレクション　江戸絵画の美と生命」（JAKUCHU'S HERE!）が開催中の福島県立美術館に立ち寄る。仙台、岩手、福島の三つの美術館の巡回展だ。運よく、ちょうど福島での開催中に福島県立美術館のそばを通ったことになる。若冲だけでなく円山応挙、曾我蕭白、長沢芦雪《ろせつ》、酒井抱一《ほういつ》などの作品一〇〇点で構成された特設展であった。

ジョー・プライス氏はニューヨーク・マジソン街の小さな古美術店で出会った若冲の葡萄を描いた掛軸にすっかり魅せられて若冲の収集を始めた。一九五三年とのことだ。つまり日本で若冲ブームが起こる半世紀近く前のことになる。プライス氏は、世評や画商の勧めで若冲を買ったわけではない。世間的評価がすでに確立した作品を買い求めたのではなく、自分がこころから素晴らしいと思う絵を収集したのだ。この鑑識眼の確かさ、いいと思った自分の感性への自信は立派なものだ。

投機目的ではない。人がいいというからいいというのでもない。「権威」の判断と市場の評価を頼りに、金に任せて買い集めたわけでもない。どれほどこうした「自分の美意識」を強く信じる収集家がいるだろうか。

半田銀山跡と桑折町

さて福島市を北へ進むといよいよ半田銀山跡である。江戸時代から佐渡金山、生野銀山と並び称せられた半田銀山は、宮城県との県境の近くの伊達郡桑折町と国見町にまたがっている。東の渋沢栄一

五代友厚　大阪経済の繁栄に貢献した人物には大阪以外の出身者が多い。薩摩藩士であった五代もその一人だ。（出所：五代竜作編『五代友厚伝』）

（一八四〇―一九三一）と並び称せられた大阪財界の巨頭五代友厚（一八三六―八五）が生野から仏人技師J・F・コワニェ（一八三七―一九〇二）を呼び寄せて、近代的製銀技術によって開発した銀山として知られる。

桑折町の「明治天皇行幸記念碑」によると、明治天皇は明治九（一八七六）年六月二一日、奥羽御巡幸にあたって大臣岩倉具視、参議大久保利通、内閣顧問木戸孝允らを随伴して半田銀山にご臨幸、鉱山施設をつぶさにご覧になったとある。残念ながらそうした鉱山施設は今ではほとんど姿を消し、国見町泉田の二階平坑口（坑口上部を少し残して埋没）、半田山中腹の手掘り鏨《たがね》掘りの中鋪坑《なかしきこう》（北半田）を残すのみだ。半田銀山の資料を展示している旧伊達郡役所は、東日本大震災の影響で、われわれが訪れた二〇一三年八月末はまだ閉館中であった。半田銀山については、『桑折町史』（第九巻　半田銀山〔資料編六〕）に詳しい。

桑折町は小さな町ではあるが銀山の繁栄がもたらした文化的な香りが残っている。幕府の直轄領として経済活動が盛んになれば、代官所の役人と商人の出入りによって様々な情報が集まり文化活動も活発になる。桑折町文化記念館にある種徳美術館のいくつかの展示がそれを示している。この美術館は、旧桑折町長、福島信用金庫会長などを務めた故角田林兵衛氏が家伝の収集品を町に寄贈して設置された。狩野派の風俗画（職人尽絵）、奥の細道の画帳、大久保・木戸・西郷隆盛・福沢諭吉などの

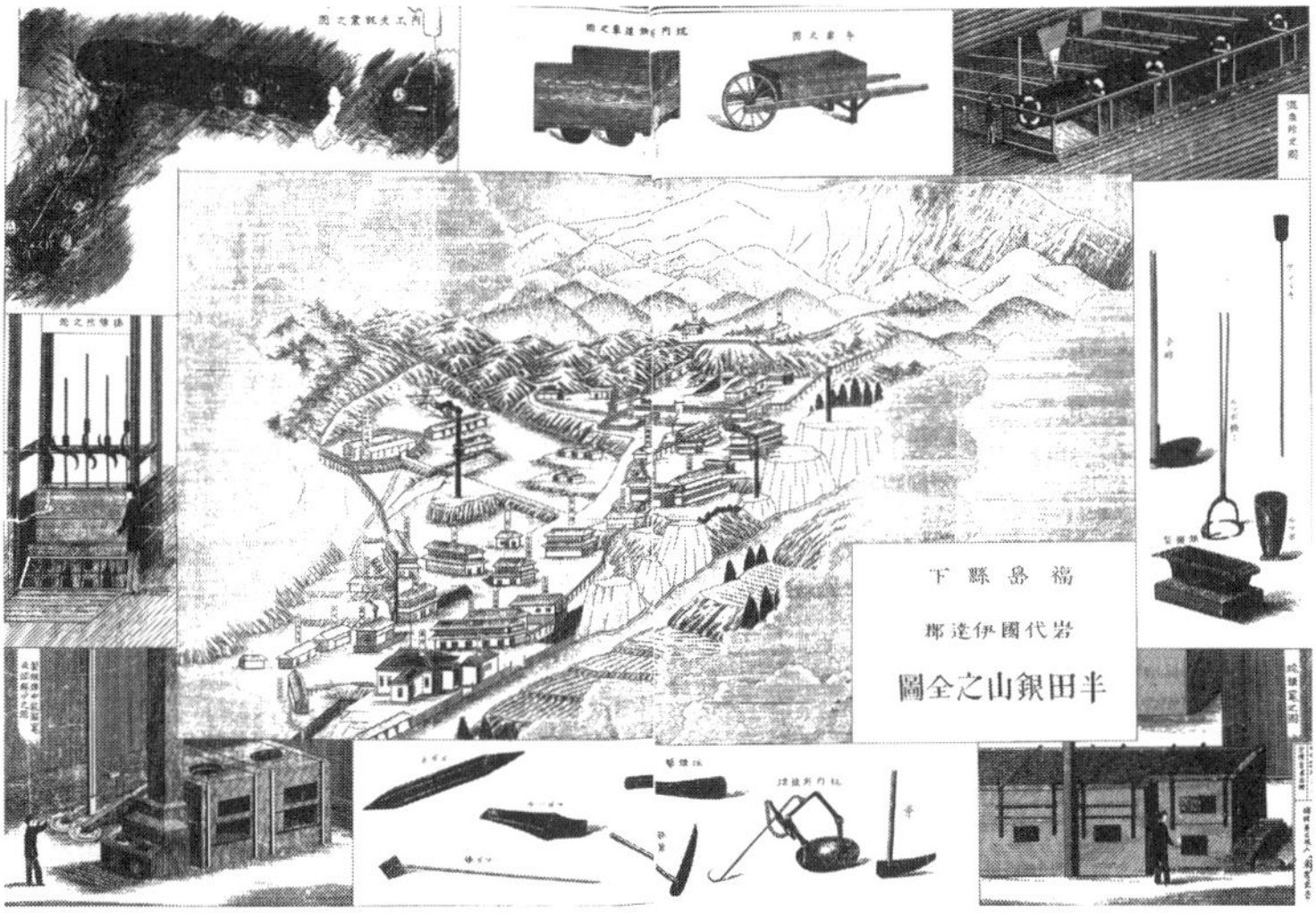

半田銀山
（出所：桑折町史編纂委員会『桑折町史９』）

墨跡が所蔵されている。そのうちのひとつに、福沢諭吉の書がある。彼が友人に送った次のような漢詩だ。

交人如乗馬、御法在吾存
得失常無定、是非那足論

三十一谷人

（人と交るは馬に乗るが如し、御する法は吾に在って存す。得失は常に定め無し、是非何ぞ論ずるに足らん）「三十一谷人」とは、「世俗」という文字を分解した号である。「人との交際は馬に乗るのと同じ。相手をうまく制御できるかどうかは、自分のやり方次第。うまくいくかどうかはやってみないとわからない。やり方の良し悪しを論じても始まらない」ということだ。福沢が『学問のすゝめ』十六篇「心事と働と相当すべきの論」で展開した、

「人の働には規則なかるべからず」ではあるが、「その働を為すに場所と時節とを察せざるべからず」と述べた点と通じる。福沢のユーモアを感じさせる箇所なので、少し引用しておこう。

譬えば道徳の説法は難有ものなれども、宴楽の最中に突然と之を唱うれば、徒に人の嘲を取るに足るのみ。書生の激論も時には面白からざるに非ずと雖も、親戚、児女子、団座の座に之を聞けば発狂人と云わざるを得ず。

要するにこういう「空気が読めない」者は「馬の乗り方を知らない」人ということになろうか。

芭蕉の作為と虚構性

桑折町文化記念館でもらった案内に、桑折は芭蕉『奥の細道』に出てくると記されている。『奥の細道』は我流で読んだが記憶にない。芭蕉が福島のあと、飯坂を経て白石に至る一六八九（元禄二）年五月二日と三日の間に通ったと『曾良旅日記』にあるようだ。

京都に帰って調べてみると、飯塚に泊まったあと桑折の宿《しゅく》に出たとある。芭蕉の『奥の細道』は事実の記録というよりも、芸術作品としての作為と虚構性が混じっていることは夙《つと》に指摘されている。ここでも「飯坂」を「飯塚」と変えている。わたしの手許にある潁原《えばら》退蔵・尾形仂《つとむ》訳注（『新版　おくのほそ道』角川ソフィア文庫）には、芭蕉が「飯塚」を飯坂地方の古い呼称と考えて（あるいは聞き伝えて）、一種の尚古的浪漫的姿勢から「飯塚の里」と呼んだものらしい、との注記がある。

「飯塚」では貧しい家の土間を借りて筵《むしろ》を敷いて寝たようだ。灯りもないところなので、囲炉裏の火明かりにすかして寝床を作ったようだ。夜半、雷と大雨に襲われ、雨漏りがしただけではない。蚤や蚊に刺されて、持病（痔疾？　疝気《せんき》？）も出て眠るどころではなかったとある。

だが、同行の曾良の『日記』にはそのような記述は見られない。これも芸術家芭蕉の作話なのだろうか。眠りが浅ければ朝早く旅立つときの気分は優れなかったはずだ。馬をやとって桑折の宿に出たときの芭蕉の疲弊ぶりは想像に難くない。この「飯塚の土間」のエピソードは「かかる病おぼつかなしといへど、羈旅辺土の行脚、捨身無常の観念、道路に死なん、これ天の命なりと」との表現に、説得性と迫力を与えていることは確かだ。

鎌先温泉に寄って白石へ

芭蕉の時代の旅は、その形も心構えも、現代のそれとはまったく異なる。『奥の細道』の冒頭の、「古人も多く旅に死せるあり」（李白も杜甫も西行も……）、あるいは「もし生きて帰らばと、定めなき頼みの末をかけ」という覚悟の気持ちは現代人の理解を超える。

われわれは、芭蕉も想像できないほど暢気《のんき》に、東北自動車道白石インターから北西に車を二〇分ほど走らせ鎌先温泉に至る。蔵王連峰の麓、四、五軒の宿が点在する小さな温泉街だ。その中で、寛政元（一七八九）年創業という木造三階の最上屋旅館に泊まる。自炊客室が多く、共同の炊事場もある典型的な湯治場である。奥羽の薬湯、源泉かけ流しである。

翌朝は早めに起きて一路白石城へ向かう。伊達の重臣片倉の城、白石城は平山城で、一八六八年五月六日に陸奥、出羽、越後の諸藩が「奥羽越三十一列藩同盟」を結んだところだ。この同盟は、会津・庄内藩の赦免をめぐり尖鋭化し、新政府軍にたいする軍事同盟へと性格を変える。仙台藩と会津藩は同盟の延長線上に「東日本政府」を樹立しようとしていたとの論もある（星亮一『奥羽越列藩同盟　東日本政府樹立の夢』中公新書）。白石城は一八七五年に廃城となった。今見られるのは一九九七年に木造復元された新しい城だ。まことに美しい。東日本大震災では壁が崩落する被害が出ている。

「白石伝統の味」と言われる白石特産「温麺《うーめん》」の昼食を取る。温麺、和紙、葛の三品は「白石三白」と呼ばれる。温麺は小麦粉を塩と白石川の水で混ぜ、こねて作ったもので、油を一切使っていない（登録商標を持つ商品）。舌触りもよく絶品。大都会ではこのような美味い麺はめったに食べられない。白石城に象徴される、戊辰戦争時における東北独特の強い緊張感を想像しつつ、新幹線白石蔵王駅から帰途につく。

4　津山から柵原鉱山、智頭宿をぬけて岩井温泉へ

若い頃に教えを受けた先生には、青山秀夫、熊谷尚夫、大野忠男、と岡山あるいは旧制六高出身の方が多かった。独特の岡山訛りがなんとも懐かしい。岡山と縁のある作家も頭に浮かぶ。本書の冒頭で触れた岡山の造り酒屋に生まれた内田百閒、戦時中岡山県の津山と勝山に疎開した谷崎潤一郎など。その谷崎が永井荷風に津山ですき焼きをご馳走したというが、向かいあって何を話したのだろうか。夏目漱石も、一八九二年七月から八月にかけて一カ月ほど岡山に滞在している。

そしてわたしの文学のふるさと、小学校時代に熱心に読んだ「カバヤ児童文庫」も岡山で生まれている。世界の名作児童文学をリライトした（実物未確認のものも含め）一五九点、それぞれの巻の「はしがき」は田中秀央、貝塚茂樹、堀口大学、今西錦司、桑原武夫、新村出、野上弥生子らによって執筆された（岡長平編著『カバヤ児童文庫の世界』岡山文庫288）。わたしの手元にはもはや現物はないが、懐かしさ一入だ。キャラメルの中のカードを集めると、景品として本がもらえるというアイディアは本好きの子供を育てる点でも素晴らしい。

そんな縁と懐かしさもあって、誘われるまま岡山の社会人の読書会に参加したことがあった。会の

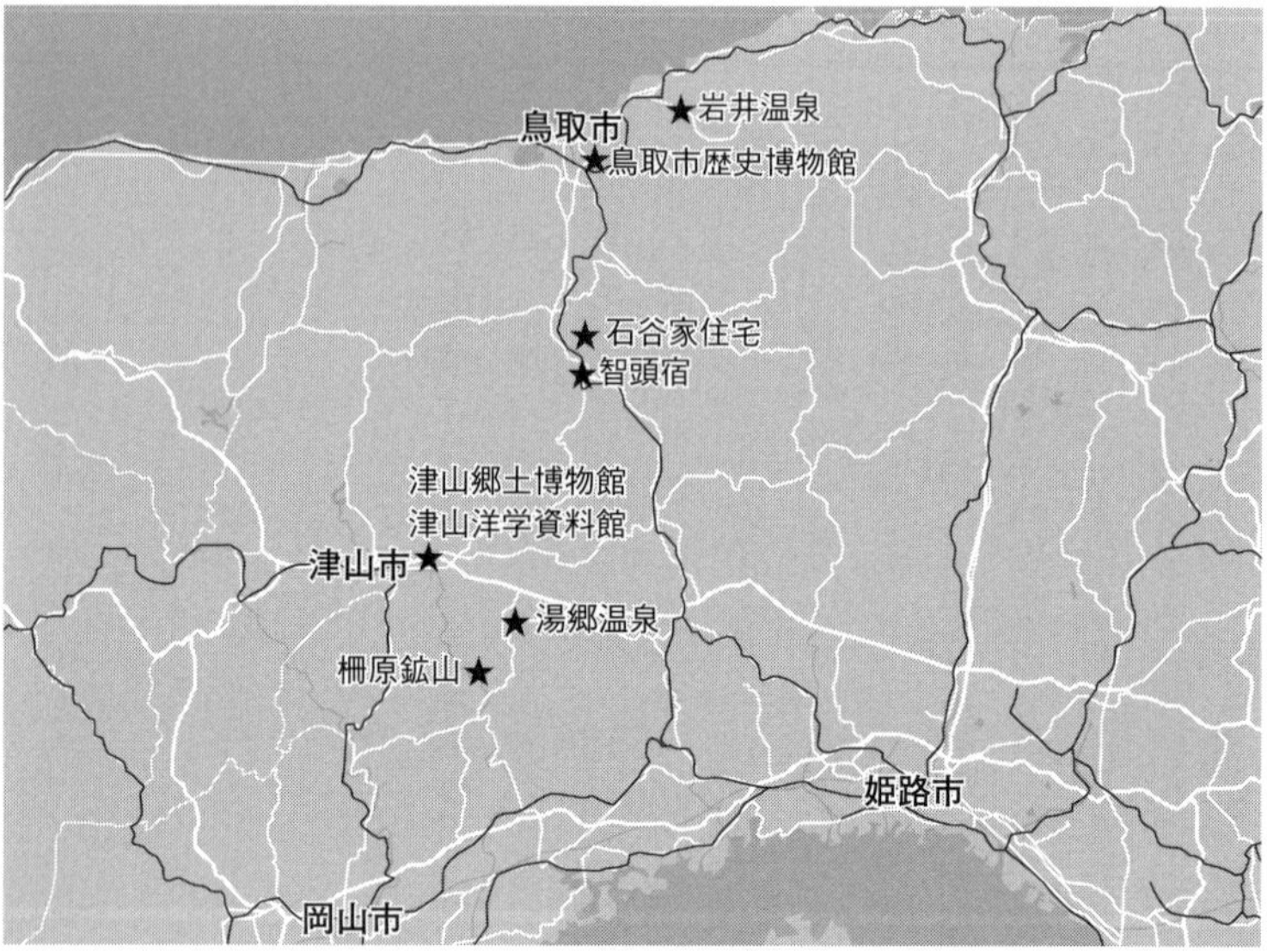

あと、参加者たちと食事をしながら雑談した折、話の流れで津山の洋学資料館が話題になり、ぜひ一度訪ねるようにと勧めて下さる方がいた。津山の近くに鉱山跡がないかと調べてみると、歴史ある硫化鉄鉱の柵原《やなはら》鉱山があった。津山のあと柵原鉱山を訪ね、智頭宿《ちずしゅく》を通って鳥取に抜ける旅はどうかとT先生を誘ったところ「是非」との賛意を得た。（2014.6.20〜22）

　明治中期に発見された柵原鉱山は、戦後の高度経済成長時代の初期には、硫化鉄鉱（黄鉄鉱など）の生産では「東洋一」と言われた。硫化鉄鉱は硫酸や鉄の原料となる。古くは火薬やマッチの原料として用いられていた。朝鮮戦争の頃は硫黄の市場価格が高騰して硫化鉄鉱は「黄色いダイヤ」とも呼ばれた。

　しかし一九五〇年代末の盛況時に柵原に二五〇〇人ほどいた鉱山労働者は、二〇年後の一九八〇年前後には一〇〇〇人前後に減少する。石油がエネルギーの主役となり、石油の精製過程で硫黄が副産物として大量に生産されはじめたからだ。また、石炭・銅・鉛・亜鉛の精製から出る排ガスから硫酸が製造され出すと、硫黄や黄鉄鉱への需要は皆無という状態になった。柵原鉱山も一九九一年三月の閉坑式で七五年の歴史を閉じている（片山薫『柵原散策』岡山文庫211）。後段で述べるように、柵原鉱山の歴史は、日本の鉱山町が辿ったひとつの典型的な姿ではなかったか。

谷崎は歌人としては……

津山駅から洋学資料館へ直行と考えていたが、その前に駅前で腹ごしらえをする。食事中、谷崎潤一郎の津山での疎開が話題になる。駅で手に入れた簡単な観光マップに谷崎の疎開先跡の碑が載っていることに気づく。寄り道こそ旅の楽しみ、とそちらにまず赴くことにした。

二つある谷崎の碑のうち、ひとつはわかりやすい場所にあった。吉井川の河岸のすぐそばだ。碑の表《おもて》には、谷崎と棟方志功《むなかたしこう》の共著『歌々板画巻』で谷崎が詠み、棟方が彫った歌、「涼みにと川辺へいづる吾妹子に　蛍も添うてわたる石橋」とある。裏には「のがれ来てくらすもよしや吉井川　河原のほたる橋のゆふかぜ」と刻されている。

谷崎は津山藩松平家との縁で昭和二〇年五月一五日に津山に疎開した。戦後津山を訪れた棟方志功と『歌々板画巻』を出版し、その中の津山の歌を歌碑にしたようだ。歌を評する力はとてもわたしにはない。ただ谷崎の大ファンだからこそ敢えてあげつらうとすれば、これらの歌にはなにか平凡な作為が感じられ冴えがないように感じる。「ほたる」のイメージが強いが、意外に余韻がない。国文学に精通していた谷崎の歌に、このようにコメントするのは文字通り僭越なことなのだが。

もうひとつ、谷崎と津山の縁を示す「疎開日記」碑を探すのには多少時間がかかった。うろうろ探していると、私と同年配くらいで、賢者の風貌の老人が自転車で通りかかった。事情を話すと、「お連れしましょう」と親切に申し出てくださった。碑は津山藩松平家の（神式というのは意外だが）墓所・愛山廟の入り口右手の草陰にあった。草が生い茂っており見つけにくい場所だ。反射的にT先生に証拠写真をお願いする。

谷崎は愛山廟前の宕々庵《とうとうあん》で『細雪』を書き継いだとされる。だが津山には二カ月もいなかった。七月に引っ越した真庭市勝山には（途中、京都に戻るなど往来はあったようだが）一年近くいたわけであるから、勝山での執筆分の方が多かったのではないか。

この碑の在り処を教えてくれた風格あるK氏は、津山の郷土史研究家で、特に岸田吟香《ぎんこう》の調査研究を続けておられるとのこと。久米郡美咲町には岸田吟香記念館があることを教わった。岸田吟香は、わたしの好きな画家岸田劉生《りゅうせい》の実父である。その破天荒ぶり、様々な分野への関心と実行力には驚くばかりだ。和英・英和辞書をヘボンと共同で編集・印刷、日本初の邦字新聞の発行、日本最初の従軍記者、盲唖学校の創設者のひとりとその活動範囲は広く、かつその実行力が徹底している（付記：その後K氏は、ご自身の長年のご研究を丁寧にまとめられて草地浩典『岸田吟香雑録』〔私家版　二〇一九年〕として出版されている）。

「これから津山洋学資料館に向かう」とKさんに告げると、「あそこの学芸員にわたしの知っている人がいますから、何かお役に立てるかと思いますよ、岸田吟香の絵などもあるはずです」という親切な言葉を頂戴した。彼が岸田吟香に魅かれるのは、たんなる「郷土の誇り」としてだけでなく、（彼の言葉を借りると）「吟香のオールラウンドな生き方は、今の細分化された考え方に一石投じるものだ」という共感からなのだ。

津山と洋学を結び付けたもの

洋学資料館は二つの点で見ごたえがあった。ひとつは、津山では洋学（西洋の学術）が家学として継承されていたこと。もうひとつは、洋学が時代とともにより広い範囲にわたって探究されており、ある分野だけを切り取ってマニアックな研究をしていたわけではなかったこと。西洋文明をシステマティックに分析し研究するという姿勢があったのだ。しかしなぜ津山、あるいは広く見て美作《みまさか》地方にある宇田川・箕作《みつくり》の二つの家から多くの洋学者が出たのか。

吉宗の「享保の改革」によって、それまでの文教政策の転換が起こり、キリスト教とは関係のない西洋学術の奨励が始まり（一七二〇年頃）、オランダ語の書物が長崎出島に次々ともたらされていた。「蘭学」が、杉田玄白を中心とした『解体新書』の翻訳刊行（一七七四年）で始まったことはよく知られている。この翻訳事業の技術的な困難、ティーム内部の確執（特に杉田玄白と前野良沢《りょうたく》の学問への姿勢の違いなど）については吉村昭『冬の鷹』にも描かれている。学問研究に求められる知的誠実さと「営業努力」をいかに両立させるのかという課題を、玄白と良沢を通して、現代にもありうる状況として書き上げた吉村の傑作のひとつだ。

この玄白と良沢から教育を受けた世代が、大槻玄沢や宇田川玄随《げんずい》だ。宇田川玄随についても津山洋学資料館でいくつか知ることができた。洋学の宇田川家三代と言われるが、玄随の死後を継いだ玄真は、松坂出身の弟子が養子となっており、玄真の後継者は、美濃大垣藩の藩医師江沢養樹の子が養子となった榕菴《ようあん》（一七九八―一八四六）である。洋学の家系も、実子相続ではなく、こうした遠方からの人材で学問の水準を保ったのだ。宇田川家は玄随の父の代に津山藩に召し出されており、玄随も江戸の藩邸で生まれている。

それまでの蘭学は外科学に強く傾斜していた。玄随はこうした西洋医学の移入状況を、『西説内科撰要』を翻訳刊行することによって、内科学の普及へと大きく貢献した。杉田玄白は『解体新書』で玄随の「博覧強記」ぶりを礼賛している。玄随は『西説内科撰要』の翻訳に一〇年の歳月をかけ、寛政五（一七九三）年から三巻ずつ六回に分けて刊行を計画した。しかし完結前に玄随は死去。玄随の

宇田川玄随

宇田川榕菴　玄随は中国医学信奉者たちの抵抗にあいつつ『西説内科撰要』を翻訳、西洋内科を日本に紹介。後継二代目の玄真も三代目榕菴も養子である。
（提供：上下ともに武田科学振興財団　杏雨書屋）

実子たちは夭逝していたため養子玄真を迎えて事業は継承された。「蘭学中期の立役者」「蘭学之棟梁」と言われる玄真の代で、家学としての「洋学」が確立したと言ってもよい（津山洋学資料館『素晴らしき津山洋学の足跡』による）。このような養子を迎えての「洋学」の継承には、学問も商売も、個人や一世一代限りの事業では完結しないほど、奥深いという認識があったのだろう。幕藩体制下の人材育成と選抜には実力主義による広域のネットワークが存在したことが分かる。

榕菴の時代は、洋学が単に医学だけではなく、化学や植物学へと広がった時代でもあった。榕菴も、医学の他にコーヒー（珈琲の字を当てたのも榕菴とのこと）の効能や温泉の成分の分析、西洋音楽の音律、オランダ・カルタや西洋スゴロクなどの研究も行った。

洋学の流れとしては、長崎のシーボルトの鳴滝塾、そして同じ津山の箕作家という学統もある。宇田川家の活動が主に江戸であったのに対して、箕作家は、箕作阮甫《げんぽ》のように津山生まれで津山育ちの学者が多い。津山藩における洋学の継承を考える場合、津山藩松平家が親藩であった点は重要であろう。幕末の「蛮社の獄」（一八三九年）のように洋学は弾圧を受けたが、津山学統の洋学が比較的自由に学問的探究に勤しむことができたのは、近世日本の学問の発展にとっては幸いなことであった。

洋学資料館を出た後、津山の町を見て回り、津山郷土博物館にも立ち寄った。そこで懐かしい（？）展示物を見た。学生時代、理学部の友人T君にすすめられて入手した、アリストテレス『形而上学』の翻訳者と「出会った」のだ。この古典中の古典では、哲学が普通の言葉で語られていることに感激した。哲学者　出《いで》隆「のちの荒木文相と滝川京大総長（二）」と題された『理想』（一九七一年九月号）への自筆原稿が展示ケースに納められている。展示に添えられた出隆のプロフィルとして、スピノザ、ギリシャ古典哲学専攻、神伝流師範、とある。戦後共産党に入党、後除名、東京都知事選立候補、落選、著書『哲学以前』ほか、と記されている。こうした転向の進歩的文化人のプロフィルとしては率直で気持ちがよい。出《いで》は、水泳は津山神伝流免許皆伝、六高寮歌の作詞もしたと、出《いで》から直接薫陶を受けた故今道友信先生から昔うかがったことを思い出す。

湯郷温泉から柵原へ

津山市内から湯郷《ゆのごう》温泉までは車で三〇分ほどだ。湯郷は奥津、湯原とともに美作三湯と呼ばれるが、中国自動車道が開通してから、美作三湯も湯治場としての特色は薄くなった。

湯郷の宿では十分眠った。ゆっくり朝食をとり美咲町（旧柵原町）に向けて出発する。柵原町は岡山県の北東部に位置し、町の中央を吉井川が流れる。一九五五年、柵原鉱山で結ばれていた地域が新町「柵原町」として生まれ変わった。いまは美咲町となった町のシンボルとして、鉱山時代の中央竪坑のレプリカが聳え立つ。

柵原鉱山資料館では柵原鉱山が繁栄した往時を窺い知ることができる。鉱山事務員の賃金を岡山県の平均のそれと比較したデータも示されている。一九五五年以来、柵原鉱山の鉱山労働者の賃金が四割近く高かったとある。鉱山公園には鉱石輸送用の片山鉄道の貨車・客車が動態保存されている。終点の吉ヶ原駅舎も修復された形で観ることができた。

片上鉄道は、第一次大戦後に藤田組が鉱石輸送問題の解決のために敷設に参画し、一九三一年には、柵原鉱山から和気《わけ》で山陽本線と接続して瀬戸内海沿岸の片山駅までの輸送ルートが全線開通した。片上鉄道は、客車と貨物車として沿線住民に利用され、一九八二年時点では旅客数は（累積）七〇〇〇万人に達したという。しかし柵原鉱山の閉山とともに廃線となっている（数字は片山薫『柵原散策』による）。

資料館内の地下一階に、地下四〇〇メートルでの採掘作業を再現したセットが展示されている。実際の柵原鉱山の坑道はほとんどが水没してしまった。残された坑道は、いまは農作物の栽培、あるいは地元ワインの熟成場所として使われている。

智頭宿——因幡街道と備前街道の交差点

柵原鉱山資料館から智頭宿へは車で二時間ほど要する。智頭は、藩政時代には上方街道と備前街道が分岐する要衝の地として、参勤交代の道筋、藩主池田侯の鳥取からの最初の宿泊地として本陣がおかれていた。初代藩主光仲侯の初入国（一六四八〔慶安元〕年）から文久二（一八六二）年慶徳侯まで、二一四年間、一七八回の往復に使用された。『鳥取藩史』と江戸東京博物館の情報を用いた鳥取市歴史博物館の解説では、鳥取藩の場合は、三月中旬に鳥取を出発、四月上旬に江戸に着き、帰国は一年後の四月下旬に幕府から「御暇」を出され、五月中に鳥取城に帰るという日程であったという。

大藩（三二万五〇〇〇石）鳥取藩の文化九（一八一二）年の参勤交代の帰国時の総経費の計算が展示説明にある（『鳥取藩史』から作成）。宿泊費（含昼食休憩代）九七両、運賃（川渡賃・船賃等）一三四両に比べて、人足費（含雇足軽給金）八四七両と駄賃（通し馬・尻軽馬代等）四九二両と人件費が圧倒的に大きい。実に全体（一九五七両）の七割を占めている。

智頭町　国指定重要文化財　石谷家住宅
（提供：因幡街道ふるさと振興財団）

智頭は鳥取藩最大の宿場町として栄えた。「あまり繁盛したので、弘化元（一八四四）年には遂に小売商人の逗留を禁止した」ほどだったという（智頭町教育委員会）。その経済的繁栄を示すのが、国指定重要文化財「石谷家住宅」だ。石谷家は近世の豪商であり、明治以降は山林地主として財を成した。屋敷は近代和風建築である。その大きさと威風から、江戸末の商人の財力をうかがい知ることができる。部屋数四〇、土蔵は七を数える。敷地の東側には広大な池泉回遊式庭園がある。

太い立派な杉材が惜しげもなく使用されている。その経済力を文字通り誇示しているようだ。主屋一階の土間、広間は高さ約一四メートルの吹き抜けになっており、多くの部屋には、石谷家伝来の美術工芸品が飾られている。頼山陽（一七八〇―一八三二）の七言絶句の掛け軸が目に入る。屋敷は、江戸期の庄屋建築を大正時代に当主の石谷伝四郎が改築した後、伝四郎が亡くなってから昭和初期（一九二八年）に現在のかたちになったとある。

この日は山陰地方最古の温泉と言われる岩井温泉に投宿。加水加温なしの源泉かけ流しの湯だ。街中の共同風呂もいいが、浴槽の深い露天風呂が落ち着く。

戊辰戦争、地震と大火を学ぶ

翌日は、鳥取市歴史博物館で戊辰戦争、鳥取大地震、そして大火の実情を学んだ。戊辰戦争において鳥取は複雑な立場に置かれた。東北での戦いについては多少読んでいたつもりでいたが、因州藩（鳥取藩の別称）の幕末における微妙なポジションについてはこの歴史博物館を訪ねて知った。因州藩は、藩主池田慶徳が将軍徳川慶喜と同い年の異母兄であったことも影響したのだろう、「尊王敬幕攘夷《けいばく》」という玉虫色の立場をとっていた。「尊王敬幕」という言葉には、因州藩の身を裂かれるような苦しさが感じられる。だが一旦、戊辰戦争が始まると、家老和田壱岐率いる八〇〇人の藩兵が官軍（東征軍）に従軍・参戦している。

戊辰戦争には藩それぞれに複雑な事情があった。幕末維新ということになると、どうしても薩長土肥の雄藩、江戸、京都、大坂の三都の動静に関心が集まる。政治的動きが語られてきた地域であるから当然ではあろう。しかし広く日本を旅すると、それぞれの地域に、まさにそれぞれの幕末維新があったと感じる。いつの時代の政治にも、身を裂かれるような立場に置かれる人々がいるのだ。

東日本大震災の翌年（二〇一二年）秋に鳥取市歴史博物館から刊行された『鳥取大災害史――水害・震災・大火からの復興』をめくってみた。江戸時代から鳥取藩内では、大小多くの地震が発生している。鳥取には大きな活断層は無いと言われながらも、地震を免れてきたわけではなかった。実際、昭和に入ってから鳥取市は地震で壊滅的な打撃を受けている。一九四三年九月一〇日午後五時三六分五七秒に発生した地震は、マグニチュード七・二、震度六の直下型地震であった。以下、同書の冒頭の部分を引用しておこう。

鳥取大地震での死者は一二一〇名、市街地での被害者は一〇二五名にものぼり、都市型災害で、住居の倒壊率も全半壊あわせて八五％を超える。地震発生の数分後には、市街地の十数カ所から火災が発生。夕食の準備と風呂場の火が主な原因であった。火災は二日後の十二日の午前五時になり、ようやく鎮火したという。

（『鳥取大災害史』一〇頁）

この地震に関する報道に統制がかけられたことは想像に難くない。一週間前の一九四三年九月三日にはイタリアと連合軍が休戦協定に調印している（公表はこの地震の二日前の九月八日）。日本にとって、国内外ともに戦況がますます厳しくなっていた時期である。同じ年の三月には、谷崎潤一郎の『細雪』（『中央公論』）も連載禁止となった。

『鳥取大災害史』の最後に記されている「桜土手の碑」の話は胸を打つ。江戸後期から、鳥取市の袋川右岸の土手は、約二キロの桜並木があり、「桜土手」と呼ばれていた。一九五二年四月一七日の鳥取市大火災で市の三分の二は焼き尽くされる。土手の桜の樹々も黒焦げになって倒れた。一九六〇年、突然、鳥取市長のもとに一メートルほどの桜の苗木一〇〇本が匿名で送られてきた。その後八年にわたって総計八〇〇本ほどが送り続けられて「桜土手」は復活する。

送り主は、京都大学の瀬川弥太郎であることが後に判明する。瀬川は、鳥取高等農業学校に学び、京都大学農学部に進み、サボテン、多肉植物、生け花植物の研究をした。「観葉植物」という言葉の名付け親でもあるという。「桜土手の碑」は、瀬川が桜土手を復活させたことを記念した碑だ。世話になった鳥取の地の地霊を、瀬川は花で鎮めたということになる。

5　福崎、養父を経て生野銀山へ

関西に長く住んでいても知らない関西は多い。京都でも、市中や南（山城）の者には北（丹波、丹後）の土地勘はほとんどない。丹後半島の付け根にある大江山も、南の者にははるか遠い歌の世界の地名に過ぎない。小学校の遠足で天橋立に行ったとき、先生から「鬼の大江山が近い」と聞いた憶えはある。クラス全員の集合写真はあるものの、場所としての記憶はない。京都駅から天橋立へは直行列車で二時間はかかる。乗り継いで行くと三時間を超すから、時間距離では東京より遠いことになる。

小倉百人一首の「大江山生野の道の遠ければまだふみもみず天の橋立」（小式部内侍）は、「大江山を越えて、生野へと向かう道も遠いが、天橋立はもっと遠い」という地理関係に重ねて丹後の母、和泉式部への気持ちを歌っているといわれるから、丹後地方への交通の不便は昔も今も変わっていないことになる。

「佐渡の金、生野の銀」と言われ、生野は銀山として長らく石見、半田とともに日本三大銀山に数えられてきた。京都市から生野を訪れるには、亀岡、福知山から宮津へと向かうか、京都から東海道・山陽線で姫路まで出て、いわゆる「銀の馬車道」で北上するか、二つのルートが考えられる。「銀の

馬車道」は、姫路・飾磨港から生野銀山へと南北に貫く四九キロメートルの「生野鉱山寮馬車道」である。生野からさらに北の選鉱所のあった神子畑《みこばた》、鉱山関係者の住んだ町、明延《あけのべ》、そして西日本最大の金山、中瀬《なかぜ》までを含めると、全長七三キロメートルの日本最初の高速産業道路であった。

京都からの鉱山跡の踏査ということであれば福知山経由もよいかもしれない。大江山の北西山麓の与謝野町にはニッケル鉱山があり、東側山麓には銅、クロム、銀などを含む岩石が採掘された河守《こうもり》鉱山跡がある。しかし姫路ルートの方が魅力的に見える。姫路からの「北上ルート」には福崎、養父などの立ち寄りたい町があるからだ。福崎は柳田國男の出身地、養父は好きな作家・山田風太郎が生まれ、東京の医大に進学するまで過ごした町だ。

結局、新幹線を利用して姫路まで出て、姫路

から北上するルートで生野へ至る一泊の短い旅を計画した。（2012.2.12～13）

柳田國男は「地下の霊」を不愉快だという

姫路からR312（銀の馬車道）で三〇分ほど走り、福崎ICから寄り道をして柳田（旧姓松岡）國男の生家を見る。

松岡家六男の國男は、東京帝大を卒業して農商務省に入省。翌一九〇一年に、（信州）飯田藩士だった柳田家に養子に入った。養父の柳田直平は大審院判事であった。但馬の松岡の家は、もとは辻川本通りに面していたが（いまは「柳田國男生誕の地」という碑が立っている）、一九七四年に鈴の森神社の傍に移築された。國男の両親には八人の男の子が生まれている。男児八人とは壮観だ。三人は夭折、成人した五人はそれぞれ医師・政治家、国文学者・歌人、海軍大佐・言語学者、日本画家と職業も様々だ。

柳田は八三歳の年、『故郷七十年』（「神戸新聞」一九五八年一月九日～九月一四日に二〇〇回連載）で辻川時代を振り返りつつ、福崎が自分の民俗学に根本的な影響を与えたと語っている。彼の生家は、同書で「日本一小さい家」と書いているように、四畳半と三畳各二間の小さな家だったことがわかる。移築されたのを見るとなるほど小さい。

幼少期の読書と学問への強い関心は、辻川の大庄屋・三木家に出入りして、その蔵書を「読み放題」したことが大きかったと言い、「私はこの三木家の恩誼を終生忘れることができない」と述べている。ちなみに三木家は、一八世紀末に六代目、七代目の当主が大坂の懐徳堂で学んだ知識人の家系であった。

福崎町立神崎郡歴史民俗資料館で柳田國男の生前の姿をビデオで見た。年譜と照合すると、恐らく一九五七年三月に彼がＮＨＫ放送文化賞を受けたときのインタビュー映像であろう。意外だったのは、彼の話しぶりが意外に軽佻だったことである。わたしは柳田になんとなく好感を持った。長い間、彼の文章や文体に馴染めなかったからだ。

『故郷七十年』は語りの調子で、大変読みやすい自伝だ。記憶に残る箇所がいくつもある。例えば、南方熊楠との交流（と決裂？）を描いたところ、あるいは日本の歴史を説くのに、「外国の学者の説を引いてそれを日本にあてはめようとすることの誤り」と言いきっているところも流石《さすが》だ。柳田は、「日本人は文字ということに非常に大きな、哲学的な意味を与えすぎて来た」と批判する。さらに「学問ということにしても「まなぶ」と訓み、「問う」という意味が長らく等閑に付されて来た」と学問の本義を説いているところは思わず肯いてしまう。

しかし日本人の死後の霊は、里の見える山の上へ行くと考えた柳田は、「地下の霊」を不愉快だとして、次のように述べている。「年寄にきいてみればすぐ分るが、日本では霊は地下へ行くとは思っていないのに、本居先生などまで根の国というのがあるから、霊は地下へ行くのだといっておられる。それにはさすがの平田篤胤も賛成することができなくて、根の国というのは月の中にあるんだなどといい出している。」そして、「書物ばかりで研究している者は本当には判っていないのである。」と言い放つ。自戒を込めつつ、なるほどと思わないでもない。だが西洋の、特にドイツのPhilologie（文献学）をどの程度念頭に置いての批判であったのだろうか。

山田風太郎の「死言状」

福崎から北へ向かい、山田風太郎の生地の養父市を目指す。兵庫県養父郡関宮村関宮（現在の養父市関宮）で山田（本名、誠也）は生まれた。わたしがこの作家の魅力を改めて知ったのは四半世紀ほど前のことだ。「朝日新聞」に連載された「あと千回の晩飯」というエッセイを読んで、遅ればせながらのファンになった。もちろん以前から名前は知っていたが、わたしの世代が中学生の頃に評判になった「くノ一忍法」などの艶っぽい忍法帖や、奇想天外なミステリー、あるいは伝奇小説の流行作家だと思って手に取ったことはなかった。晩年のエッセイ、特に「死」を意識し、率直な、しかし勁い気持ちをヒョウキンに語った文章は心に響いた。そして『人間臨終図巻』の著名人の死に関する「事実」を調べ尽くす執念には驚くよりほかない。

山田風太郎　人間の寂しい在りようを愛情とユーモアをこめて描いた。笑った顔をあまり見せなかった。

わたしは元来、「重厚そうなもの」や「権威のオーラ」に滑稽さを感じるところがあった。それよりも、軽薄そうに見えるものやユーモアの中に人間の真実が隠されていることが多いと思ってきた。学問の世界でも、重厚さや権威の鎧を取り去ると、本質的な関心を持てない人をしばしば見て来たことがある。

彼の随筆の味わい深さを知った後、『警視庁草紙』、『明治断頭台』などの明治もの、膨大な量の日記群などに凝ったことがあった。戦前戦後を通して書き続けられた日記は、大読書家としてだけではなく、時局の観察者としての山田風太郎の鋭さが遺憾なく発揮されており、史料的価値も高そうだ。

風太郎の父、山田太郎は軍医であった。関宮にいた姉の夫（医師）が子供を遺して他界したため、太郎は関宮に赴き医院を継いで姉親子を扶養した。父の太郎はここで浜坂の医師の娘を娶り、やがて生まれたのが山田誠也、風太郎である（以下「山田風太郎記念館」の年譜を要約）。

風太郎は早くに両親を喪っている。父、太郎は突然脳溢血で倒れ亡くなった。風太郎が五歳の時である。父の死後生まれた妹と母との三人で過ごした数年間が、彼には最も幸せな記憶に残る歳月だったようだ。母は医院を継いだ叔父と再婚し（昔はこうした形の再婚はめずらしくなかった）、風太郎は絵と読書に没頭するようになる。豊岡中学に進んだ一九三六年の春、突然母が三八歳の若さで病死する。叔父は再婚した。そのため関宮の自宅は、「養父母の家」となったのである。

記念館の展示を観ていて目頭が熱くなったのは、彼が母について語った次のパネルだ。

こんな想い出もある。

ある夏のことだった。弁当を作ってもらって、友達と二人で遠足に出かけた。ずいぶん山道を遠くまで歩いたような気がする。

すると、そのうち、私はびっくりするほど大きな山百合の花を何本か見つけた。わたしは急にそれを母にやりたくなった。

そこで、その花を折り取ると、遠足は中止して、山道を走り下りた。もうかんかん照りの太陽の下を、花が枯れないうちにと、息せき切って走りつづけた。

「お母ちゃん、こんなものがあったよ。」

と、家に飛び込むと、私はその花をつき出した。

思いがけなく早く帰って来た私に、母はびっくりして、どうしたの、と聞いた。私は自分の所業の心情を説明するのが照れくさくて「いや」とか何とか、ごまかした。

これは私の少年のころの、いちばん美しい想い出となっている。


（随筆「帰らぬ六部」）

記念館のある場所

「山田風太郎記念館」は風太郎が学んだ当時の関宮村立関宮尋常小学校の跡地に建てられていた。母校の百周年記念に風太郎が寄せた「風よ伝えよ　幼き日の歌」と彫られた石碑が立つのもこの場所だ。

風太郎の作品の中には関宮や豊岡が舞台になったものが少なくない。先にふれた「あと千回の晩飯」でも、「悲しき献立表」は県立豊岡中学の寮生活を語り、他に少年時代の読書と映画についても書いている。東京に出て自立してからはほとんど故郷に帰ることはなかったが（帰っても居場所がなかっただろう）、彼の心には、その後も関宮と母の思い出がしばしば立ちのぼったに違いない。

風太郎は旧制高校の入試に二度失敗している。しかし養父母はじめ、まわりからの医者になることへのプレッシャーに堪えかねて、東京に出奔する。記念館の解説を引用する。

豊岡の職安に通い、予め東京での職を決めた上で、周囲に無断で上京した。風太郎二十歳。懐かしく愛しい故郷、しかしあまりに辛く悲しい思い出にも満ちた故郷… 但馬からの〝旅たち〟だった。その胸中に静かなる野心と闘志を抱いて…。『矢ハ弦ヲ離レタリ。雲アリトモ太陽ヲ射ン』（風）

記念館で見た山田家家系図は出石藩士山田八左衛門から始まっている。八左衛門は仙石騒動に連座したとある。仙石騒動は江戸末の出石藩のお家騒動だ。この八左衛門の孫にあたる世代に加藤弘之（政治思想学者・東大総長）がいたことは、山田風太郎は随筆のなかでも触れている。父と叔父二人、いとこ三人はすべて医者。母方も鳥取藩医の家系で、祖父と伯父二人も軍医であった。医師の家系の中で絵を生業とした人物もいた。父方のいとこに美術の先生がおり、母方の先祖は鳥取藩の絵師であった。風太郎が、読書だけでなく、指にタコができるくらい絵を描くことに熱中したのは、「血は争えぬ」ということなのだろう。

風太郎が大量の和洋の文学を猛烈なスピードで読破していたことは日記に書かれている通りだ。彼自身は東京医科専門学校（現在の東京医科大学）で医学を修めたが、臨床医となった経験はない。しかし肉体としての、モノとしての人間を学んでいることは確かだ。人間をモノとしてみることが、人間観に影響を与えないはずはない。もちろん医者であればよい作家になるというわけではない。しかしすぐれた作家には医学を勉強した人が目立つ。福音記者の聖者ルカまで遡らなくとも、チェーホフ、森鷗外などの例を思い出せば十分だろう。

風太郎記念館から車で約一時間。豊岡市城崎の「七つの外湯」のひとつ地蔵湯の近くの宿にたどり着く。夕食は津居山漁港から水揚げされた松葉ガニ、「津居山ガニ」だ。カニは美味しいが、口までもっていくのに時間がかかる。バナナのように簡単に剝いて中身をパクッと口にできればいいのだが。およそ美味しいものは、食べられないように防御の気持ちが表れた生体構造になっているのは自然の深慮であろうか。ウニしかり。栗しかり。

いよいよ生野銀山へ

城崎から生野銀山へは車で二時間はかかると見て、早めの朝食をお願いして宿を出る。生野に着いてまず目に入ったのは、生野代官所跡の「生野義挙碑」であった。「生野の変」は勤王の志士と但馬の農民が生野代官所を占領した事件だ。文久三（一八六三）年、明治維新に先駆け、「長州藩士を主力に挙兵、長・幕戦争の兵站基地生野を奪取するも、徳川軍（姫路・出石藩）に鎮圧された」との説明書きがある。この碑を生野町が建てたのは昭和一五年一〇月とある。紀元二六〇〇年記念の一環であろうか。

生野銀山の歴史は九世紀にさかのぼるとされ、一六世紀中葉には「自然銀」を多量に含む鉱脈が見つかった。江戸時代末までの生野銀山の推移は小葉田《こばた》淳『日本鉱山史の研究』（岩波書店）、藤原寅勝『明治以降の生野鉱山史』（生野町教育委員会）に詳しい。前者は、小葉田が一九五〇年から四年余り、何度も生野町とその周辺に足を運び、資料と現地調査を重ねた研究成果である。小葉田自身は謙虚にも自分の研究を不十分なものとし、現地を熟知した採鉱や冶金の専門技師で、しかも歴史的理解力を有する人々の研究が今後必要だとしている。

明治元（一八六八）年に政府直轄の殖産興業事業のモデルとなった官営鉱山として、鉱山、工場、鉱石輸送路、水路、職員住宅が計画的に開発された。官営であったため、勤務した日本人官吏と技師のための職員宿舎が明治九（一八七六）年に建てられている。恐らく日本最初の公務員住宅ではなかろうか。

現存する「宿舎」四棟のうちのひとつが、生野出身の俳優、志村喬《しむらたかし》の記念館になっている。志村喬の父は生野鉱山の冶金技師であったため、彼はこの記念館近くの棟で生まれた。その生誕地跡には玄関傍にあった松の木がまだ残っている。志村は黒澤明の映画でわたしの世代には馴染み深い。静かな正義感と懐の深さを感じさせる風貌の名優であった。思わぬところで思わぬ人に出会うものだ。

鉱山資料館には多くの貴重な資料が展示されている。鉱夫の親分・子分関係を規定する「友子制度」に関する書類、フランス人の技師、鉱夫、煉瓦職人、築道家、溶鉄師などの職人たちや医師の写真、そして彼らが住んだ「異人館」の姿など、めずらしいものが多い。

技師として中心的な役割を演じたJ＝F・コワニェ（一八三七―一九〇二）の詳しい年譜を見たのも初めてであった。少し紹介しておく。コワニェは慶応三（一八六七）年にベルギー・フランスに薩摩藩士五代友厚が滞在した折の縁によって、鹿児島に招かれ、翌年明治政府とお雇い外国人第一号として雇用契約を結んだ。明治元年となった九月には生野に到着している。年給は洋銀九〇〇〇枚（月給七五〇円）、後に洋銀九六〇〇枚（月給八〇〇円）に増給された。これは当時の大臣クラスの年給を超える水準であった。

一八七一年一〇月、彼が一時帰国している間に、生野鉱山は「播州の土民」による焼き討ち事件が突発して、工場建物のほとんどが烏有《うゆう》に帰している（『明治以降の生野鉱山史』八六―九〇頁）。翌一八七二年五月、コワニェは技能職人達とともに生野に戻り、廃墟となった鉱山の再建に取り組んだ。一八七七年、コワニェは任期満了となり、翌一八七八年五月、勲章と賞与二〇〇〇円を受けて帰国したとある。実に一〇年余に及ぶ滞在であった。ちなみにコワニェについては、白井智子「生野銀山お雇い外国人ジャン・フランソワ・コワニェと日仏交流」（神戸大学の学位論文）に詳細かつ本格的な分析がある。

コワニェの通訳となり、ともに生野銀山の繁栄に貢献したのが、薩摩出身の朝倉盛明（一八四三―一九二四）である。技術移転にとって重要なのは、朝倉のような外国語ができ（英国に留学している）、技術を理解し、そして外国人技師との信頼関係を築くことのできる人材の存在である。日本の西洋技術の導入がかなり短時間でスムースに行われた背景には、受け入れ側にこうした有能な人物がいたことが大きい。また、フランスからの鉱山技術の移転には、かなり多くのフランス人の現場経験のある熟練工が生野に来て貢献していた。

ジャン＝フランソワ・コワニェ　アルジェリア、スペイン、北米などを鉱山技師として渡り歩き、火薬発破などの採掘技術を普及させた。
（提供：朝来市教育委員会）

官営でスタートした生野鉱山は、明治二二（一八八九）年には佐渡鉱山とともに皇室領となった。皇室財産となっていた時期に使われた菊の御紋の立派な鬼瓦が展示されている。しかし明治二九（一八九六）年には三菱合資会社に払い下げられた。以後一九七三年の閉山まで、生野鉱山は日本の大鉱山として稼働し続けた。掘り進んだ坑道は三五〇キロメートル、深さ八八〇メートル、採掘した鉱石は七〇種類に及ぶという。坑道外コースはもとより、全長約一〇〇〇メートルの坑道内コース（金香瀬坑《かながせこう》）は一見に値する。アリの巣のように採掘された鉱山の立体模型は、模型ではあっても、想像するだけで感動を覚える。

昭和三〇年代までは生野鉱山にはまだ勢いがあり、小学校・中学校では教室に入りきれないほどの生徒があふれたという。『懐かしの銀谷《かなや》――昭和三〇年代の銀谷マップ』（偕和倶楽部「ＫＡＮＡＹＡ」、二〇一一年三月）には、町は映画館やパチンコ・ホールなどの娯楽場、飲食店や各種商店が軒を連ねていたことが丹念に記されている。六つの区の地図と店・施設・営業の時期・思い出話を記した貴重な資料集である。近年の人口は最盛期の三分の一に過ぎない。

6　河北町から北の尾花沢を訪ね山寺へ

二〇〇二年春、二八年間勤務した大学を離れ、京都の桂にある研究所に移り、ちょうど一〇年お世話になった。四年間の所長時代を含めて、不向きな管理職を七年務めることになった。同僚たちには、わたしより管理職にさらに不向きな者が多かったということだろう。

管理職と研究の双方で、わたしの仕事を若い研究者が三代・三人が手伝ってくれた。すでにみなさんそれぞれ大学に勤務している。彼らと二〇一一年以来毎年一度、いまも同窓会を兼ねて調査旅行に出かける。わたしの鉱山跡調査にも関心を示してくれた。秋の旅行に向けて春ごろから日程と希望目的地の調整に入るが、東北と北海道に決まることが多い。鉱山への関心と温泉の魅力が識別不能になってしまっているのかもしれない。いつもクロウトハダシの旅程表を作成してくれるのは何事にも綿密なT先生だ。

四人で訪れたこの鉱山跡調査旅行の報告を何回かに分けて記しておきたい。最初に取り上げるのは、山形の延沢《のべさわ》銀山跡（尾花沢市）、福舟《ふくね》鉱山跡（尾花沢市）、赤山鉱山跡（上山市）の三カ所をめぐる旅である。（2013.10.25〜27）

出発前日の夕刻、東京・銀座で大学時代の同級生たちと加賀料理を食しつつ遅くまで歓談した。病のあとの厳しい断酒令もあって、アルコールは一滴も口にしなかったが、不思議なほろ酔い気分になった。液体として飲まなくても、空中のアルコールで精神が弛緩するのだろうか。

鉱物ではなく、花からの染料

翌朝早く、東京から「つばさ131号」で天童へ。天童駅西口からレンタカーで山形空港に先に到着し、関西から参加のI先生と岡山からのM先生を出迎える。天候が悪くて飛行機が着陸できず空港近くを旋回している。一時は大阪空港へ引き返すのかと気をもんだが、どうにか無事に全員合流できた。まずは空港から、車で一〇分ほどの河北町の紅花資料館へ向かう。

紅花染めの控え目な美しさはわたしにもわかる。黄色、淡紅、濃紅、オレンジ、ローズ、あずき色、グリーンなどの色を、絹、麻、木綿に「やわらかに、そして押さえ気味に」染め分ける植物染料の染色技術に、化学染料はどの程度迫れるのだろうか。ベニバナの花は黄色だが、摘んだあと水に晒す作業を繰り返すと徐々に赤くなるという。わたしは日常の衣類は量販店の廉価な製品のお世話になることが多いが、色彩感覚が自慢の友人から「あの色はどぎつい」と主張されると、日本人の染色の基本は植物だと改めて思う。

西洋では染色は鉱物の色素（水や油に溶けない顔料など）を用いることが多かった。鉱物を訪ねる旅で、植物の染料の美しさを、それが生まれた土地で間近に見てみたいと思う。植物の色も（昨今の植物工場を別にすれば）大地から発生することに変わりはない。

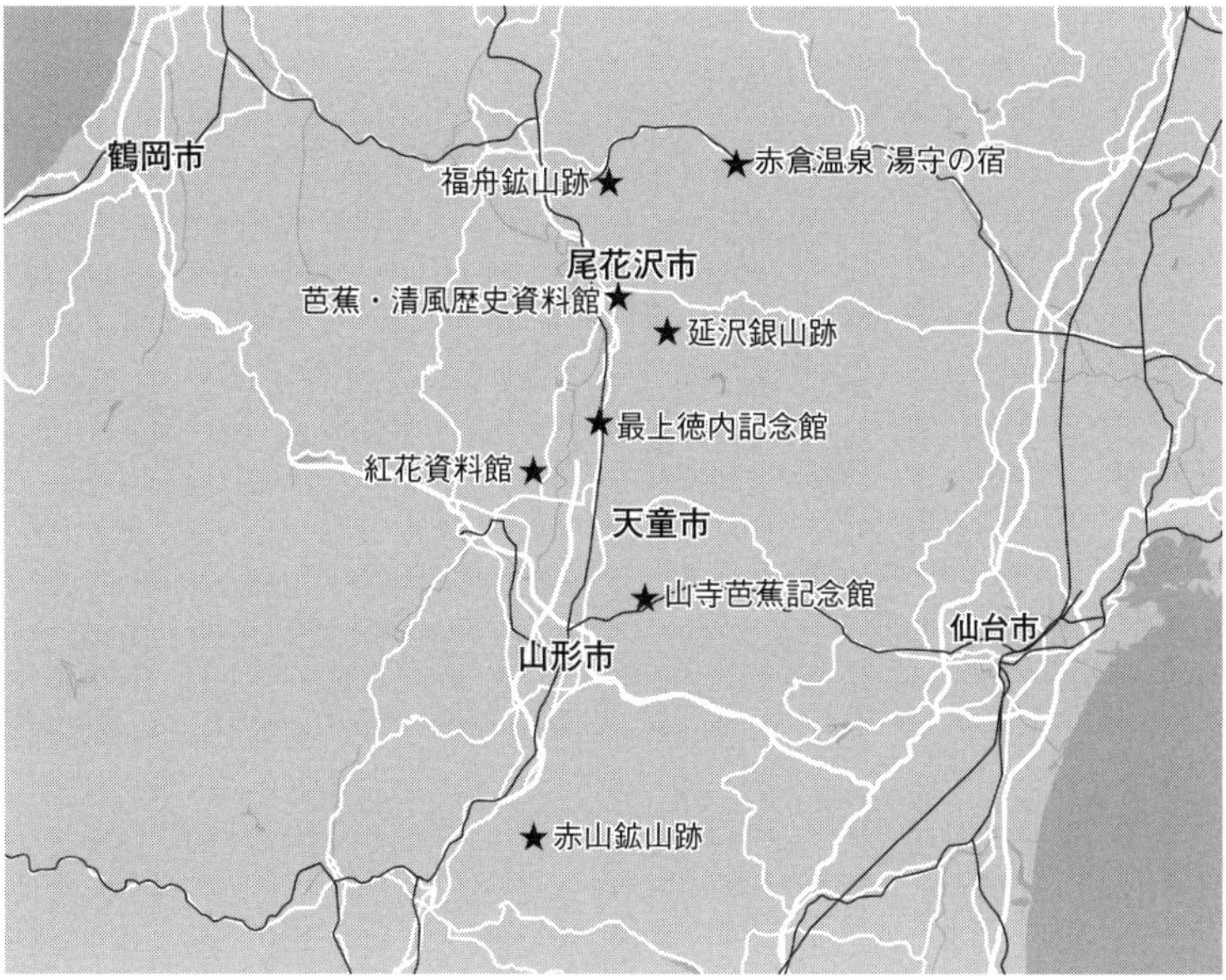

古代から染料や化粧用として喜ばれた紅花は、昔は末摘花《すえつむはな》（雅称）とも呼ばれたようだ。日本での栽培は江戸時代の享保期以降全盛を迎え、河北地方では「四〇〇駄」（一駄は馬が運べる程度の重さ、約一二六キログラム）以上が出荷されていた。当時、米四俵が一両であったが、同じ重さの紅花は百両もした。紅花の多くは京都へ輸送された。梱包された干花は大石田まで馬で運ばれ（駄送）、大石田から最上川を下り、酒田で一旦陸揚げして大きな海船に積み替えて敦賀まで輸送、敦賀から再び琵琶湖北岸の塩津または海津へ駄送され、琵琶湖の水運で大津まで運ばれた。大津からは、淀川で伏見・京都へというルートが一般的であった。年貢米の場合、輸送は酒田から日本海沿岸を南下して下関を通り、瀬戸内海から大阪に至り、太平洋を経て江戸へという航路（いわゆる「西廻り海運」）を採った

が、貴重品の紅花は、一部陸路で馬を使うという高価な輸送方法でも十分利益があがった（河北町紅花資料館編集『紅花資料館 よみがえる紅花《くれない》』による）。

京・大坂からの「返り荷」として、呉服地、繰り綿、瀬戸物、砂糖、美術工芸品などが山形へ持ち込まれた。商品の交換は単なる経済取引だけで終わらない。必ず文化的影響をうける。例えば、山形地方に多くの京ことばが残ったとして、資料館に対照表が掲げられている。こんな言葉が京都にあったかな、と思いつつ睨んでいると、わたしは京ことばをほとんど知らない京都人だと気づいた。母は東京、父は三重県伊賀上野の出、家の中で誰も正調の（？）京ことばを知る者はいなかった。家庭内に京都の文化を感じさせる雰囲気はなかった。そのため生粋の京都の人からは、「京都人」としては認定されず（つまり半開人？）、東京の人からは「京都人のシニカルさがある」と言われたりする。わたしは東西の谷間に落ちた人間ということになる。

堀米家の家系図を見る

江戸時代の重要な換金作物であった紅花が近代日本で衰退したのは、生産者側が、畑作のウェイトをより大きな市場のお茶や養蚕へと移したことによる。そのため、一時は中国やインドからの輸入に頼っていた。国産の紅花がほとんど姿を消す転換点となったのは、石油を原料とする化学染料（皮革の染色に用いられるアニリン染料など）の欧州からの輸入攻勢であった。

紅花資料館は、紅花で財を成した堀米家の代々当主堀米四郎兵衛の屋敷跡（約三〇〇〇坪）が寄付されて開設に至った。堀米家は元禄頃からの土地集積で大地主となった。一〇〇年経って、一九世紀に入ると紅花の取引に進出し、大名貸しも行い、幕末には百姓一揆を鎮圧するために一六七名の農兵を取り立てて組織化するほどの財力を持つようになる。自衛団を持っていたのだ。これには驚いた。文久三（一八六三）年から慶応四（一八六八）年までの五年間、七挺の大砲、その他の武器、具足を所有していたが、これらの武具は戊辰戦争のとき、はじめは佐幕派の有力藩、庄内藩酒井家に、次いで官軍に接収された。確かに、母屋も御朱印蔵も堂々たるお屋敷だ。堀米家は九代目の堀米庸太郎から東京に居を移している。

旧堀米邸訪問には隠れたささやかな目的があった。かつて、クラシック音楽好きの経済史の大先輩のH先生と、「バイオリニストの堀米ゆず子さんは西欧中世史の研究者、故堀米庸三先生のお嬢さんか否か」で言い合ったことがある。わざわざ山形まで来てその証拠を探る必要がある問題ではないのだが、未解決のままで気になっていた。資料館には、「堀米四郎兵衛家系図」が示されている。平成二〇年一二月訂正（正確度九〇パーセント）と添え書きされているのが可笑しい。大正期の九代目以降は確度百パーセントと考えてよかろう。この家系図によると、わが尊敬する堀米庸三先生は九代康太郎の三男として生まれ、ゆず子さんは四男鉄也氏の長女である。庸三先生の姪御さんなのだ。それを告げるべきH先生も鬼籍に入られた。

北方領土問題のはじまり

紅花染めのマフラーを買い求めた後、河北町から北の村山市へと移動して最上徳内記念館を観ようということになった。探検家・最上徳内《もがみとくない》（一七五五―一八三六）は村山市の出身だ。この記念館の展

最上徳内　シーボルトからの信頼が篤かった徳内は、平田篤胤とも親交を結んだ。

示は、彼の生涯と事績、そしていわゆる「北方領土問題」の起源を知る上で大変参考になった。以下記念館で学んだことを要約しておく。

寺子屋にも行けない貧しい農村に生まれた徳内は、父の死後、「侍になる」という大志を抱いて江戸に出た。よき師匠にその才を見出されるという僥倖が重なり、医学、和算を学び、更に経世家・本多利明（一七四三―一八二二）の音羽塾で天文・数学・地理・航海術を習得した。本多利明が、田沼意次の蝦夷地調査隊に随行直前に急病で参加できなくなったため、本多の推挙により測量の「竿取り」（検地奉行の下役の測量士）として最上徳内に白羽の矢が立った。

この調査隊は、天明五（一七八五）年から翌年にかけて、松前藩の内情を探り、東蝦夷地、クナシリ島・エトロフ島・ウルップ（得撫）島に渡りロシア人の動向を偵察している。この時の日本北辺の風土を、克明に綴った調査報告書を数度にわたり改訂したのが『蝦夷草紙』である。この書ゆえに、徳内は普請役下役に抜擢され、蝦夷地の本格的な調査の任務に就くことになった。

当時、松前藩が統治していた蝦夷地には、ロシアとイギリスが強い関心を持ち、植民地化を目論む動きを見せていた。徳内は寛政三（一七九一）年に再びクナシリ島・エトロフ島を調査、寛政一〇（一七九八）年に再度クナシリ島・エトロフ島に近藤重蔵隊長と渡った。その折、エトロフ島に、「大日本恵登呂府、寛政十年戊午七月、重蔵徳内以下十五人記名」の標柱を建てている。土地所有権の発生の根拠のひとつである「先占（occupation）」の理論（先に占拠したもの勝ち）からすると、ここに日本のエトロフ島の所有権が確定したことになる。徳内は一八〇七年までに総計九回に及ぶ困難な蝦夷地探検を敢行した。安政元（一八五四）年に下田で締結された「日魯和親条約」で、エトロフ島とウルップ島の間に国境を確定させた根拠の一つが、この徳内たちの建てた標柱である。ちなみにこの条約で樺太は日ロ両国民の混住の地と決められた。そして一八七五年の樺太千島交換条約では樺太はロシアへ、千島列島は日本領土となった。

京都に戻ってから最上徳内の仕事を改めて調べると、この他にいくつか重要な役割を演じた人物であることを知った。文政九（一八二六）年、徳内はシーボルトが江戸に来た時、彼の要望で間宮林蔵が調査した樺太の地図、自分が測量した「蝦夷地測量図」を貸与している。これが「シーボルト事件」の原因となった。シーボルトの息子が著した『ジーボルト最後の日本旅行』（A・ジーボルト著、斎藤信訳）の解説に、シーボルト自身の一八二八年一二月一六日と一七日の日記を引用しつつ事件の経緯が記されている。

徳内は和算研究、論語研究、産業振興（製蠟、漆木栽培など）、関東地方の河川水系地図の作製、と実に多方面の研究に没頭している。アイヌと生活を共にしてアイヌ語も習得していた。晩年、シーボルトとアイヌ語辞典の編纂に取り組んだのも、シーボルトが徳内の知識を貴重だと考えたからであろう。書物だけの世界から得た知識に偏った人物ではなかったのだ。

最上徳内とはそういう人物であったのかと、深い感銘を覚える。記念館の一階展示室は多くの資料と彼の業績が解説されている。農民の倅であった徳内が「侍になる」と決意して勉学に励んだというのは、江戸後期の日本社会がいかに知識を重視し、学問に秀でた人物が栄達を遂げうる実力主義の社会でもあったかを示している。

延沢銀山跡に見る長い産業転換の歴史

村山市から29号線を少し急ぎつつ延沢銀山跡に向かおうとしたが、夕食までに赤倉温泉の宿にはたどり着けそうにない。それに肝心の延沢鉱山跡で十分時間がとれない。そこで、その日はとにかく赤倉温泉で休んで翌朝早くに、延沢銀山跡に行くことに予定を変更。赤倉温泉・湯守の宿 三之亟《じょう》に向かう。この宿には、三〇〇年ほど前に初代の主人が安山岩を刳り貫いて作った岩風呂がある。温泉温度六〇℃、加水ありのかけ流しだ。

旅の計画を立てたときは、延沢銀山近くの銀山温泉の宿・能登屋旅館に一泊できればと考えたが、部屋が取れない。明治二五年創業のレトロ調の宿、「大正ロマンの……」で知られる能登屋は有名になりすぎたのか、予約が難しい。高峰秀子と若き加山雄三が共演した成瀬巳喜男監督の名作『乱れる』でもこのあたりの木造三層造りの旅館が出て来る。日本が高度経済成長を遂げる中、スーパー・マーケットの進出で小規模小売店が苦境に陥る時代を背景とした感動的な作品だった。そんな古い映画を知っているのは同行四人の中ではわたしだけだ。

翌朝、銀山温泉に向かい、銀山川に沿って並ぶ能登屋旅館を眺めた。成瀬巳喜男は『乱れる』の撮影で銀山温泉に来た時、「もっとひなびた、目立つものがない温泉地」を望んでいたため、気に入らなかったようだ（木俣公彦）。古い銀山跡というよりも観光地という雰囲気が強すぎたからだろう。

延沢銀山は一五世紀に発見されている。一七世紀の寛永期に全盛時代を迎え、米沢藩では農民が田畑を捨てて銀採掘に走り、近隣の農地が荒廃したため、出稼ぎ禁止令を出すほどの事態を招いた（尾花沢市史編纂委員会編『延沢銀山史料』解説）。最盛時は鉱夫の数は二万五〇〇〇人に及んだとされる。ただこの鉱山は短命に終わった。坑道に水が湧き始めて水抜き工事が思うように進まず、そのまま江戸前期に閉山に至った。鉱石の採掘は常に水との戦いである。温泉街の通りを銀山川に沿って坂道を登って行くと、銀山・白銀公園のそばに「銀坑洞」が三五〇年前のままの姿で大きな口を開いている。下手は疎水坑（排水溝）跡だ。

延沢銀山
（提供：尾花沢市商工観光課）

温泉は銀の採掘時代から鉱夫たちに利用されていた。湯治客が大挙来るようになったのは銀鉱山の閉山のあとの元禄期以降であった。銀山温泉が、新しい源泉の発見によって開発が加えられるようになったのは、大正から昭和初期にかけてだ。その頃から「大正ロマン」漂う街として温泉好きの人気を集めるようになった。鉱業から観光業への産業転換に実に長い年月を経ているのだ。

延沢銀山については、一九五九年一〇月、京都大学の小葉田淳が朝尾直弘を伴って「藤屋」（共同浴場　かじか湯の隣）に三日間投宿し、同旅館所蔵の資料を撮影・筆写したという記録がある。この資料を使った論文は『日本鉱山史の研究』に収められている。

紅花の鈴木家と芭蕉の交流

最上町の宿「三之亟」から28号線で尾花沢に出る。東北に来ると『奥の細道』の芭蕉ゆかりの地に出会うことが多い。尾花沢もそうだ。芭蕉はわたしの尊敬する芸術家なので有難いことではある。芭蕉とわたしは多少の「縁」がある。ひとに話すと「それで?」と笑われるのだが、わが家の菩提寺は伊賀上野の芭蕉の生家のすぐ近くの愛染院（願成寺）という真言宗豊山派の寺院である。愛染院には「芭蕉翁故郷塚」があり、芭蕉の遺髪が納められている。芭蕉は旅の途中大坂（大阪市南御堂花屋）で亡くなり、大津市膳所《ぜぜ》の義仲寺《ぎちゆうじ》に葬られたが、遺髪は故郷上野の菩提所愛染院に埋められた。持ち帰ったのが伊賀の門人・服部土芳《はつとりとほう》と貝増卓袋《かいますたくたい》である。わたしの祖父が猪木に養子に入る前の姓は貝増で、同じ上野の岡波村の出身であった。わたしに芸術家の血が流れていると言うつもりは毛頭ないが、俳聖芭蕉を故郷の星として誇りに思っていることは確かだ。

元禄二（一六八九）年の旧暦五月一七日（七月三日）午後、芭蕉は曾良とともに尾花沢の鈴木清風を訪ねている。清風は江戸で俳諧を共にした間柄だ。芭蕉の訪問を喜んだ清風に勧められて尾花沢に一〇泊する。

鈴木清風は尾花沢の紅花大尽《だいじん》といわれた豪商鈴木（嶋田屋）八右衛門の第三代である。尾花沢に店を構えて全国的な商取引をしていた。芭蕉が『奥の細道』で、「尾花沢にて清風といふ者を尋ぬ。かれは富める者なれども、志卑しからず。」これは『徒然草』（一八段）の「昔より、賢き人の富めるはまれなり」を意識していたと解説書にある。思わず、「やっぱり」と言いたい人はいるはずだ。「芭蕉・清風歴史資料館」で知ったのだが、鈴木家五代宗尹が残した弘化三（一八四六）年から明治一五（一八八二）年にわたる日記があるとのこと。記事内容は、ほぼ一日も欠くところがなく、天候、一日の家事、尾花沢の宿の出来事、周辺の村々の情報だという。維新前後の東北社会の実情を知る貴重な史料だ。

山寺で見たライシャワー氏の言葉

尾花沢から少し北上して福舟鉱山跡を見る。尾花沢の北、福舟峠は車で二〇分もかからない。江戸時代には金銀が出たが、大正以降は銅、鉛、亜鉛の鉱山として三菱金属鉱業、あるいは福舟鉱山（株）が採掘した。車で近づいてみたが、今は整地され昔の坑口内には入れない。古い遺構が点在している。閉山後に、鉱毒の処理のために建てられた施設が目に付く。閉山から四〇年近くたっても、いまだに鉱毒の監視が必要なのだ。

福舟鉱山跡を見た後、踵を返して、山形市を目指して南下する。途中、山形市の北東の「山寺芭蕉記念館」に立ち寄った。山寺が一望できるこの記念館の敷地内で、実にいい文章に出会った。元駐日米国大使エドウィン・O・ライシャワー氏が山形について綴った「山形――山の向こうのもう一つの日本」という碑文だ。山寺立石寺の開祖、慈覚大師円仁の研究でライシャワー氏は東京帝国大学で博士論文を書いた。円仁は比叡山延暦寺で最澄に師事し、その後、最後の遣唐使として唐に留学、九年六カ月の求法の旅を続けた。その折の漢文で書かれた日記『入唐求法巡礼行記』をライシャワー氏は研究したのである。その縁もあって、山形をハル夫人と訪れたのであろうか。彼の文章の一部が和英両文で碑文として刻まれている。

巨大な工場や大都市、高速道路もひとつの日本だが、こうした日本とは遠くないところに、果てしない山並みと大森林、あちこち点在する村や町、小都会の快適な生活空間がある。そこは本来の日本の姿を思い出させる美しいところだとライシャワー氏は言う。印象に残る彼の文章の最後の部分を引用しておこう。

私は友人から日本でどこを見るべきかと尋ねられると、きまって踏みならされた道から一歩はずれてみるように勧めます。もちろん、東京や大阪などの大都会は日本の縮図であるから見るべきであるし、日本の歴史を残す京都や奈良のようなところも見逃せません。しかし、私は強く言いたいのです。山形を良い例として「もう一つの日本」を見落としてはならないと。将来において自然と人間が健全なバランスをとっている、そのような「もう一つの日本」に日本全体がなることを望みます。（日本語訳は夫人のハル・M・ライシャワーさんによる）（1988.3.1）

恐らくライシャワー氏も、最上川の生活と文化、景観が溶け合った「もうひとつの日本」に魅せられたのだろう。この賢慮に満ちた願いは今から三〇年以上も前のものである。一世代前は、日本人もアメリカ人も品がよかったと三嘆するばかりだ。

7 金銀の島、流謫の島、佐渡の霊気にふれる

佐渡を抜きにして日本の鉱山史を語ることはできないだろう。その佐渡を学生時代以来二度目、ほぼ半世紀ぶりに訪れた。曇天の日本海に寒風が吹き付ける厳しい師走の旅となった。(2011.12.10〜12)

佐渡と言われて、誰しもまず金山・銀山の島を連想する。だが中央の政治の権力闘争で敗れたものが送られた流謫《るたく》の島というイメージもある。佐渡に流された歴史上の人物が何人か思い浮かぶ。

まずは西の朝廷と東国武士の最初の大衝突、承久の乱(一二二一年)で敗れ去った順徳上皇だ。後鳥羽上皇とその子・順徳上皇は西国武士を糾合し、幕府の転覆を目論み、北条義時に対して兵を挙げる。上皇挙兵の報にひるむ鎌倉の御家人たちを前に、亡き頼朝の妻、北条政子がハッパをかけたという。これは日本女性の強さを示すエピソードのひとつだ。日本女性はときに「なでしこ」に喩えられたが、現代よりも歴史上の女性の方が強かったとも言える。

結局、承久の乱で後鳥羽上皇は敗れ去り隠岐に、そして幕府打倒に熱心だった順徳上皇は佐渡に流され、佐渡で生涯を閉じる。この乱によって東方武士北条氏の執権が強化され、幕府は朝廷を監視し(京都の六波羅探題)、皇位継承に影響力を持つようになった。

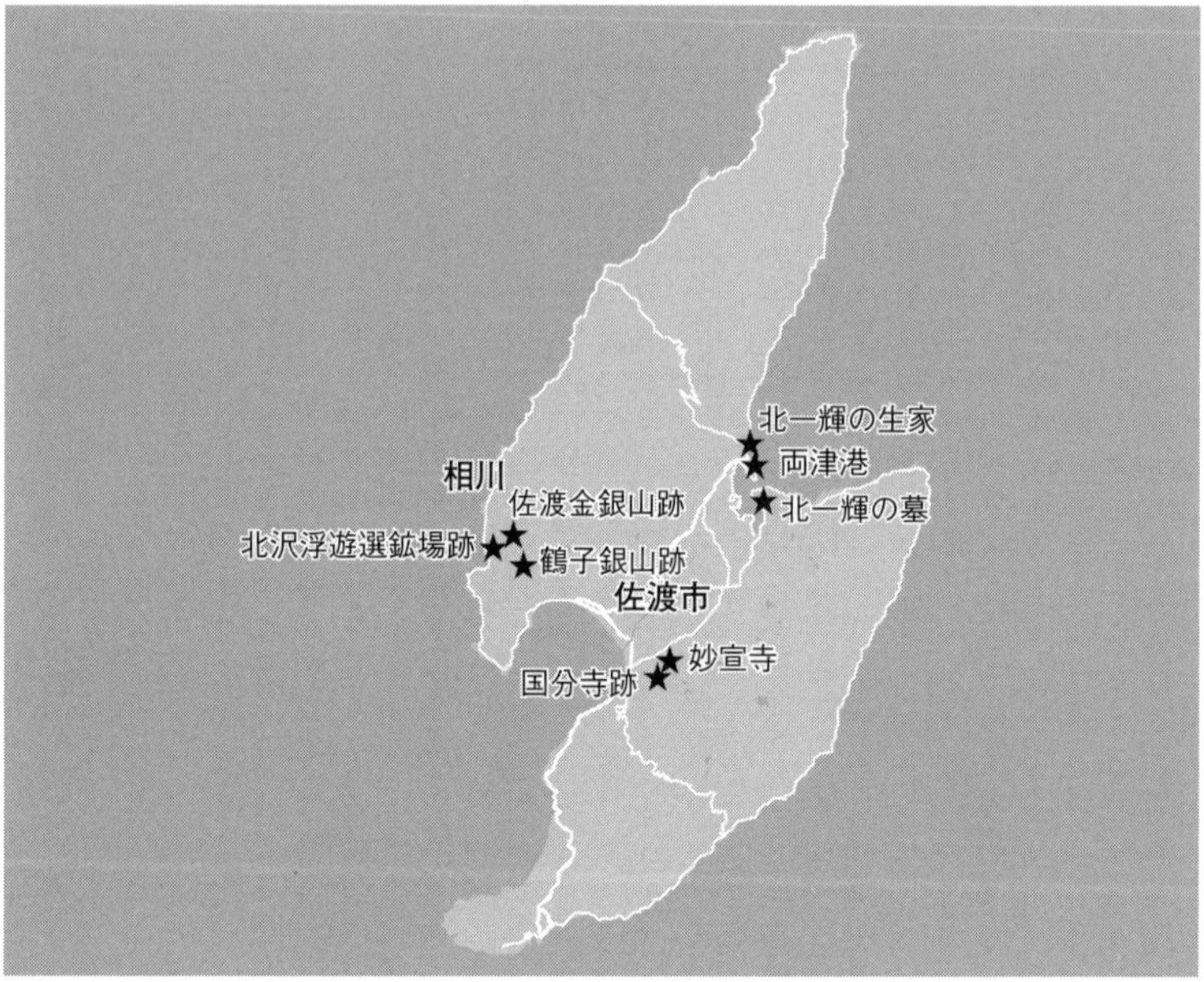

その約一〇〇〇年後、またもや後醍醐天皇が鎌倉幕府倒幕を謀ったとの嫌疑をかけられる事件が発覚する（正中の変：一三二四年）。後醍醐天皇は冤罪とされ、この倒幕運動に一役かったとして公卿の日野《ひの》資朝《すけとも》は佐渡に流された（七年後の元弘の変では、後醍醐天皇は隠岐に流され、日野資朝は佐渡配流の身で参画しなかったにもかかわらず斬首される）。

京極為兼《きようごくためかね》も佐渡に流された。日文研で同僚だった今谷明氏の『京極為兼』（ミネルヴァ書房）を読んで、鎌倉時代末期の歌壇を刷新して京極派を開いた歌人、京極為兼について知った。為兼は、持明院統側公家として皇統の迭立に関与したとして一二九八年に流謫。天皇の信望を後ろ盾としつつ、和歌師範の職分を越えて政治と人事に介入して恨みをかったためとされる。五年後に京都に帰ることが許されたものの土佐配流となり、再び京を見ることはなかった。ちなみに今谷氏には、「世阿弥佐渡配流の背景について」という論文もある（『藝能史研究』）。

芸術分野の重要人物が政治家と対立するという構図は、現代のわれわれにはなかなか理解し難い。世阿弥が一四三四年に佐渡に流された理由は何だったのか。日蓮（一二二二―八二）が一二七一年から佐渡に三年間流刑となったように、宗教家と政治家との対立は想像に難くない。近代以前の西洋キリスト教社会でも、宗教と政治の二重の楕円的な権力構造が存在した。日本の場合、天皇であれ幕府であれ、宗教が政治に従属する構造があったものの、宗教に対する政治の側の警戒心は常に存在した。日蓮の場合も、正法護持を理由として、日蓮が門徒の武装を肯定したことが佐渡流罪の原因だと説明されれば納得できる。しかし芸術家と政治家の間の緊張関係の根はどこにあったのだろうか。

近世に入ると佐渡の政治上の位置は性格を変える。権力者の強い関心を引く金銀山が存在したためだ。上杉景虎（謙信）、景勝、続いて豊臣秀吉の支配下にあった佐渡を、徳川幕府は慶長六（一六〇一）年、すぐさま天領としている。鶴子《つるし》銀山の山師によって相川金銀山も発見され、相川に多くの人が集まり、一時は人口四万ほどになるまで急成長を遂げた。佐渡鉱山が縮小を重ねながら操業して「休山」に至るのが一九八九年、最終的に「閉山」となるのは二〇〇七年であるから最近のことだ。実に四〇〇年以上の歴史に幕を下ろしたことになる。

日蓮　佐渡に流されすべての弟子と信徒を失った１年後、孤立無援の中で蒙古襲来の夢想を得る。

こうした金山銀山の町として栄華を極めた相川に、どのような文化が堆積したのだろうか。こうした大テーマは「そこへ行けばわかる」というようなものではない。宮本常一『私の日本地図7佐渡』(未來社)を読むと、彼がいかに多くの時間とエネルギーをかけて佐渡の生活に迫ろうとしたのかが伝わってくる。一九六〇年代の佐渡を、大佐渡、小佐渡、国中と、それぞれ地域ごとに文字通り「足で」何度もていねいに観察している。

北一輝・昤吉の墓

昼前に新潟港(万代島埠頭)を出る佐渡汽船で、一時間余り揺られつつ佐渡の両津港に着いた。港のすぐ近くのレストランで昼食をとる。好物のカキフライ定食を注文したところ、乳児のこぶし大の立派なカキを七つほど盛ったプレートが運ばれて来た。その量と美味さに感激。両津の加茂湖畔名物の牡蠣に違いない。豊かな気分になって店を出ると、外は師走の風だ。

まず両津港に近い北一輝の墓を訪れた。近代史で佐渡と言えば、まず思い浮かぶのは、国家社会主義者の北一輝と哲学者で政治家の北昤吉の兄弟であろうか。北兄弟が眠る墓地は北家の菩提寺、勝広寺から少し離れた原黒《はらぐろ》の勝広寺青山墓地にある。両津市教育委員会の案内板に、北が二・二六事件の首謀者とされて昭和一二年に処刑された後、「昭和二十一年の大赦令により赦免となった」と書かれている。北の名誉回復は、昭和二〇年一〇月、GHQが政治犯の即時釈放を指令したことによる。これを受けて日本政府は「陸海軍刑法中反乱の罪」の該当者を大赦の対象とした(岡本幸治『北一輝』ミネルヴァ書房、二五一頁)。

反逆者の名誉回復は近代日本でも見られる。西南戦争で逆臣となり、すべての官位・名誉を剥奪された西郷隆盛の銅像の除幕式が、死後二〇年余り経った一八九八年一二月に上野公園で挙行された（その九年前の大日本帝国憲法発布によって、すでに賊名は除かれている）。この日本政府の寛大さと、手の平を返すような処遇に、当時日本にいた外国人たちは驚いたと伝えられている。北一輝の場合もドラマティックだったと言えよう。戦前の逆臣が、占領による体制転換によって一気に赦免が実現したからだ。敗戦によって、「正義」も転換したのだ。

北一輝の実家は造り酒屋であった。その家はいまでも「北一輝の生家」という大きな看板がかけられ残っている。加茂湖の傍の八幡若宮社には北兄弟の彰徳碑もある。近くの案内板には、北が一九歳で離島上京した一九〇一年、歌誌『明星』（第一一号）に投稿した歌二首が示されている。北が恋人を見送ったときの「相聞歌」とある。

佐渡には寺と神社が多い

佐渡を歩くと「寺社密度」の高さに驚く。国分寺史跡公園には、佐渡国分寺（七六四年）跡と、江戸時代初期に再建された国分寺（真言宗）がある。聖武天皇が仏教による国家鎮護のために全国各地に建立を命じた国分寺が佐渡に建てられたのは、この島の地形、そして国府から遠くないため国司が監督しやすいという地理的条件がそろっていたためと言われる。

国分寺から県道を東に二キロメートルほど行くと、県内唯一の五重塔を持つ妙宣寺（日蓮宗）がある。文政一〇（一八二七）年に建てられた地味なたたずまいの妙宣寺五重塔の心柱は杉の一本づくりだ。妙宣寺は日得上人の開基と言われるが、何度か場所を変えている。日蓮が佐渡に流されたときに北面の武士であった遠藤為盛（日得上人）が妻千日尼とともに深夜ひそかに食物を送ったという話がある。この寺には日蓮真筆の曼陀羅と消息文が所蔵されている。

日蓮の凄さは、彼の宗教的情熱だけではない。「法に依れ、人に依らざれ」という『涅槃経』の中心教理から、経典『法華経』を信仰の中心に置いたということだ。「国は法に依って繁栄し、仏法はそれを信じる人によって輝きをます（『立正安国論』第七段）」。「法」が神法、自然法、あるいは人が定めたものかによるものの、この考えは「聖書に戻る」という姿勢、あるいは「人の支配ではなく、法の支配を」という西欧の自由主義思想にも一脈《いちみやく》通じるところがある。この「法に依れ」という信念は、法華信仰を捨てて念仏信仰を徹底しようとした法然の浄土教を批判することになったため、日蓮は既存の仏教界からも勘当・追放を受ける（高木豊『日蓮――その行動と思想』評論社）。

日蓮は「承久の乱」の翌年に生まれているが、この「乱」を「先代未聞の下剋上」と捉えている。朝廷には既に国家統治の力はなかったとし、「王法すでに尽ぬ」と解釈しているのだ。このあたりの仏教界と政治、とくに天皇と幕府の関係についての研究蓄積は相当厚そうだ。

日蓮の三〇代半ばからの三、四年は、地震と暴風、洪水の頻発した時期であった。こうした災害の原因をめぐり、「念仏が災いをもたらす」とした日蓮と浄土教徒の間の厳しい対立は『立正安国論』にも記されている。日蓮は幕府により、まず伊豆の伊東に流された。その二年後赦免されたものの再び佐渡に流謫。その理由は、浄土教の「念仏批判」だけではなく、先に触れた、門徒の武装を肯定したためだろうか。

佐渡では、日蓮が批判した念仏信仰も盛んで、三界万霊塔を見かけることが多く、墓地のそばには念仏堂もあると宮本常一は書いている。また島では一般に土葬が多いが佐渡北海岸の村では火葬場が目に付くとも指摘する。この小さな島はさまざまな信仰と習俗の坩堝《るつぼ》になっている。

島津光夫・神蔵勝明『離島 佐渡 第二版』（野島出版）によると、明治初頭の廃仏毀釈政策で仏教寺院が五三九から八〇に激減、その後、僧侶たちの陳情によって、明治三年には一三五、明治一四年には三一〇に回復したという。ちなみに現在の寺院数は約二九〇。佐渡には多くの宗派の寺院があるが、やはり日蓮宗と真言宗の寺が目立つ。

神社の数もこれまた多い。島津・神蔵『離島』には、両津をはじめ九地区で五六の神社名が挙げられているが、その中の六〇パーセント近くに能舞台が付設されている。能舞台は真野、羽茂《はもち》、両津に多い。ただ、金銀山で栄えた相川地区の神社で能舞台を持つのは、春日神社だけだ。同書は、能上演の主体が武士階級ではなく、地域の住民（農民）になっていたことを示すとしている。

猿楽師大蔵大夫の子、大久保長安の影響？

京極為兼が佐渡に配流されてから一四〇年近く経った一四三四年、七二歳の世阿弥が佐渡に流されている。佐渡に能舞台が多いのは世阿弥の影響かとふと思ったが、佐渡で能が盛んになったのは江戸時代に入ってからのようだ。

世阿弥が亡くなったと推定される一四四三年から一五〇年以上経ってから、佐渡奉行となった大久保長安《ながやす》が奈良の能楽師たちを連れて佐渡に渡っている。これは長安が武田信玄の猿楽師大蔵治部大夫の子として生まれたことと関係があろう。そのあたりの事実については専門家の研究を調べる必要があるが。

後に触れるように、石見《いわみ》銀山や、伊豆の土肥《とい》金山・大仁《おおひと》金山跡を踏査したときも、大久保長安の奉行として、鉱山管理者としての力の大きさを感じた。彼は実に「やり手」なのだ。戦国末期に甲斐武田氏に仕えて士分に取りたてられ、江戸時代前期の奉行衆、代官頭となり、行政能力と軍略手腕を発揮し、徳川幕府創業期の財政と地方産業振興に大きな功績を残している。ところが没後は、現役時代の金銀隠匿・幕府転覆の陰謀などの理由で、遺子五人を含む七名が切腹を命じられている（現代でも金の延べ棒を台所に隠していた政治家がいた！）。「やり手で善人」というのは古来稀ということか。

ちなみに、大久保長安が金山銀山の開発で同じように成果を上げた石見や伊豆では能楽が特に盛んになったという事実はなさそうだ。とすると佐渡の能楽にはやはり世阿弥の影響があったことは否定できそうにない。

下手は上手の手本

世阿弥が足利義満、義持の庇護と批判眼によって能を洗練させたことはよく知られている。しかし六代将軍義教が世阿弥を冷遇したため世阿弥一座は苦境に陥る。その後、世阿弥は（理由は今ひとつわからない、南朝方に関係があった？）佐渡に流されるのだ。ただ佐渡配流を証明する確実な歴史資料は意外に少ないと言われる。証拠とされているのは、奈良興福寺の薪能を懐かしみつつ配流の実情を書き残した八編の小謡曲集『金島書《きんとうしょ》』と、佐渡から娘婿の金春禅竹《こんぱるぜんちく》に宛てて返信したとされる手紙

(「佐渡状」)だけだ。前者は、明治四二年に発見され、後者は昭和一七年に見つかったものだ(小西甚一編『世阿弥集』筑摩書房)。

『金島書』から佐渡の世阿弥の「足跡」が多少たどれる。大田《おおだ》の浦(畑野町多田)多田に着いて船宿で一泊した後、笠取峠(世阿弥の道)を通り、長谷寺《ちようこくじ》で礼拝し故郷に思いを馳せたと『金島書』の「配所」にある(「そのまま山路を降り下れば、長谷と申して、観音の霊地わたらせ給う。故郷にても聞きし名仏にてわたらせ給えば、懇《ねんごろ》に礼拝して……」)。市役所近くの万(満)福寺跡には「世阿弥配処・万福寺趾」という石碑が立っている。

わたしにはこのあたりの真偽を推測できる知識はない。そもそも能に関する関心はほとんどなかった。高校でも大学でも、謡曲部の友人はいた。森田流の笛の師範になった友人の物理研究者もいる。能楽に関心のある外国からの研究者に、時たま能楽観賞の同行を求められたこともあった。彼らが発する質問に、わたしがほとんど答えられなかったため、不審の眼差しを向けられたことも一度ならずあった。

しかしひとつだけ記しておきたい自慢めいた思い出がある。わたしの母は、亡くなった歴史家・高坂正堯さんを敬愛していた。その母は、高坂先生が「下手は上手の手本」と揮毫した扇子を大事に持っていた。母が晩年、「これはどういう意味かしら」とふとわたしに問うたとき、『風姿花伝』の言葉だと答えることができたのだ。

そもそも、上手にも悪《わろ》きところあり、下手にもよきところかならずあるものなり。これを見る人もなし。主《ぬし》も知らず。上手は名をたのみ、達者に隠されて、悪きところを知らず。下手は、もとより工夫なければ、悪きところをも知らねば、よきところの、たまたまあるをも、わきまへず。されば、上手も下手も、たがひに人にたずぬべし。さりながら、能と工夫を窮めたらんは、これを知るべし。（中略）よくよく公案して思へ。上手は下手の手本、下手は上手の手本なりと、工夫すべし。下手のよきところをとりて、上手の物数に入ること、無上至極の理《ことわり》なり。人の悪きところをみるだにも、わが手本なり。いはんやよきところをや。「稽古は強かれ、情識はなかれ」とはこれなるべし

（第三　問答条々）

「上手は下手の手本」は常識としても分かりやすい。高坂先生は、それに続く「下手は上手の手本」の部分に注目する。味わい深いこの言葉を、相当強かった囲碁の世界に当てはめながら、外交における「冷静な対応」の重要さを一九八〇年代後半の日米貿易摩擦を例に説いている。その意味を次のように解説する。碁で次第に強くなる人は、どこか独特の強さを持っている。かつては彼より強かった者（上手）は、次第に強くなってきた者（下手）の弱点は知っているが、強さの方を十分には評価できない。したがって強くなってきた者に追いつかれそうになってくると腹が立ってくる。立派な打ち手であれば、かつて下手であった者の強さを正当に評価し、腹立ちまぎれのセリフは言わない。しかし概して、かつての上手は負け惜しみのセリフを吐くことが多い。異質な相手の良さ・強さが分からず、反発するだけに終始する。つまり、下手を手本としないのだ。そういう打ち手は強くなれないと

説く（『大国日本の世渡り学』ＰＨＰ文庫）。上手（米国）は下手（日本）を手本にできなかった。そのために米国は主要な製造業の衰退を招いたのだ。

金銀山四〇〇年の盛衰

佐渡へ流された人々の霊の話が長くなった。佐渡金銀山は、石見銀山とともに、経済史や地質学の研究が最も充実した分野のひとつと言われる。佐渡金銀山の研究文献を拾い読みしながら、主に田中圭一『佐渡金銀山の史的研究』（刀水書房）から、重要と思われるところをいくつか取り出し記しておきたい。

佐渡には一四の金銀鉱床が存在する。その中で最大のものは相川金銀山の母体である佐渡鉱床である。江戸初期に佐渡が大いに繁栄した時代には、鉱石一トン当たり一〇〇グラム以上の金が含まれているような高い鉱石もあった。しかし採掘が進むと鉱石の金含有量は落ちてくる。昭和初期は一トン当たり五グラム、一九八九年の休山時には一トン当たりわずか一グラムという枯渇状態に陥っていた。

技術面では、一六世紀初めに大陸から石見銀山ルートで伝わった灰吹法は、佐渡では一五四二年頃に鶴子銀山で初めて用いられている。選鉱の工程で集められた自然金や硫化銀を鉛とともに溶かして鉛と金銀の合金を作り、その合金を、灰が敷き詰められた鉄鍋に入れて加熱、灰が鉛を吸収し金銀が抽出されるという方法だ。この複雑な工程をどのような試行錯誤を重ねて発見したのだろうか。徹底した「実験の精神」によるというより他はない。金銀の含有率の高かった佐渡では、その後、「金銀吹分法」「焼金法」などの独自の技術も開発された。

佐渡金山で造られた小判は金の含有量が高いことでも知られる。佐渡の金貨で現存するのは、一八世紀初頭に鋳造された宝永佐渡小判、正徳佐渡小判、正徳佐渡一分金であり、すべて裏面に「㊮」の刻印がある。いずれも金八四パーセントという。元禄の改鋳で低下した金の品位を新井白石の治世で旧来の純度に改めた小判である。元文期以降になると大判・小判の純度は五〇～六〇パーセント程度に低下、幕末に鋳造された万延大判に至っては三七パーセントときわめて品位が低い。

明治に入ると、新政府はすぐに佐渡鉱山を官営化した。イギリス人のお雇い鉱山技師・エラスマス・ガワーを招聘して近代的な鉱山へと発展させる（ガワーについては山本有造『「お雇い」鉱山技師エラスマス・ガワーとその兄弟』〔中部大学〕に詳しい）。多くの鉱山が工部省、次いで農商務省の管轄下に置かれるが、生野と佐渡は貨幣鋳造の原料供給源として大蔵省管轄となった。一八八九年には皇室領となり御料局に移管される。その七年後の一八九六年、両鉱山は大阪精錬所と共に三菱合資会社に一七三万円で払い下げられた。

日中戦争後、海外からの物資調達のため金銀の需要は高まるが、一九四三年以降、海外からの輸入が制限されると、金銀ではなく、銅、鉛、錫、亜鉛といった「戦略物資」増産へと国の政策がシフトしたため、金銀山は相次いで閉鎖されることになる。

地底を総延長四〇〇キロメートルの坑道がめぐる

「こがねの島」佐渡は歴史のなかで激しい運命に晒されて来た。三〇棟以上の能舞台をもつ芸能の島、トキの生息地、金銀の選鉱・精錬を行った寄勝場《よせせりば》があった相川の佐渡奉行所（五度も焼失と再建を繰り返し、現在の建物は二〇〇〇年に復元されたもの）など、曇り空の下、方々に文字通り風雪を耐え抜いた風景が広がる。

一方、自然に加えた人間の激しい欲望の残痕も見逃せない。相川金銀山の日本最大の露頭掘り跡「道遊《どうゆう》の割戸《われと》」の山が真っ二つに立ち割られたような姿は、山の尾根から採掘を始めた露天掘りによって生まれた不気味な形だ。割戸の深さは約七四メートル、幅は約三〇メートルにわたり、山頂から断崖絶壁を成している。

元禄期に掘削された南沢疎水道の示す「水との戦い」の跡、金銀を回収した北沢浮遊選鉱場の威容、間歩《まぶ》（採掘坑の入り口）、特に宗太夫間歩や鶴子銀山跡間歩など、地表にぽっかりと口を開けた穴、これらすべては、金に魅せられた人間の限りない欲望をすっぽり呑み込んできたように見える。開削された島の坑道の総延長は四〇〇〇キロメートルに及ぶという。

道遊の割戸

8　阿仁・尾去沢・小坂から十和田湖に出て五所川原へ

二〇年以上も前のことになるが、上野公園の桜を見に行った折、国立科学博物館で開かれていた「日本の鉱山文化」の特別企画展に立ち寄ったことがあった。その折に入手した解説図録『日本の鉱山文化――絵図が語る暮らしと技術』が書斎の書物の山の中から出てきた。懐かしさもあって改めて手に取って見た。美術館や博物館で展示を楽しむと、帰り際にほとんど衝動的に図録やカタログの類を買ってしまう癖がある。しかし後でゆっくり眺めることはあまりなく、図録類がたくさん陋屋《ろうおく》の一隅にうずたかく積み上げられたままだった。身辺整理の時間ができた今、そうした土産品がかつての見聞を思い起こすよすがとなっている。

この特別展では、地図と絵図が展示されていた鉱山の中で、阿仁、院内、尾去沢など秋田の鉱山が強く印象に残った。秋田における鉱山の経済的位置は、戦後（昭和二四年）新制大学として発足した秋田大学に、基幹的学部として鉱山学部が設置されたことにもあらわれている。大学設立の数年後に鉱山博物館も開設された。秋田大学は、戦前の秋田師範学校、秋田青年師範学校、秋田鉱山専門学校を母体として出発した。秋田鉱山専門学校（採鉱学科、冶金学科）の設立は一九一〇年にまで遡る。

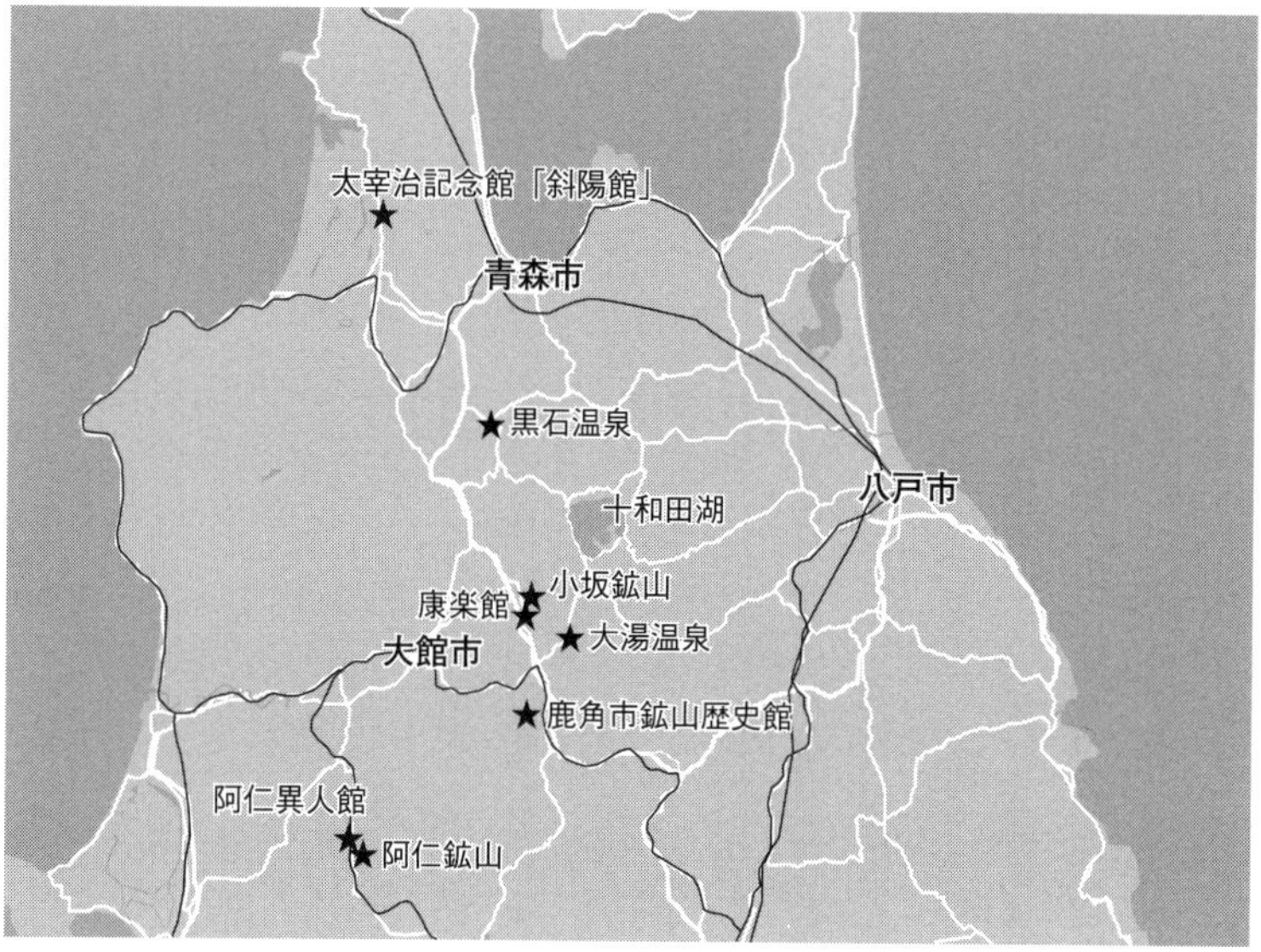

現在は、広く資源・エネルギー問題を対象とする「国際資源学部」と名前を変えている。

上野の「日本の鉱山文化」展で観た絵図は、過酷な鉱山労働の実態を描いているにもかかわらず、そのおさえた色彩と細密さには美しいものがあった。メインの展示ではなかったが、「試金石」と呼ばれるものがどういう形で、どのように使われるのかをはじめて知ったのもこのときだ。金の品質などを知るには、金品位が既知の純度の異なる金の棒を数本黒色の石英質の鉱石にこすりつけて線を描き、その線の色を比較して純度を測るという。

そんなことを思い出しながら、次の旅についていつもの同行者たちと話しているうちに、やはり秋田の鉱山をよく見ておきたいということで意見が一致した。秋田県地下資源開発促進協議会・財団法人秋田県鉱山会館編集『秋田県鉱山誌』という大部（約七〇〇頁、重さ約三キログラム）の資料の目次を見て秋田県の鉱山の多さに驚いた。非鉄金属鉱山だけでも一二五、石炭、硫黄、鉄を含めると総数は一五〇を超える。とても二、三泊の旅で見て回れるような数ではない。

江戸期には、阿仁と南の院内は秋田（久保田）藩に、北の尾去沢周辺は南部藩に属した。いずれも幕府直轄の鉱山ではなかった。阿仁には平賀源内が銅精錬の技術指導（効果はいまひとつだったらしい）に現れ、蘭画の技法をもたらしている。

まずは阿仁鉱山、花岡鉱山を回り、大館市で一泊、翌日北へ移動して尾去沢鉱山の選鉱場跡、製錬所跡を見ることにした。そのあと小坂町に向かい、小坂鉱山事務所と芝居小屋「康楽館」を見学して鹿角の大湯温泉で一泊、翌朝十和田湖から弘前市に向かうという旅程を組んだ。（2011.9.23〜9.26）

阿仁鉱山の旧鉱山外人官舎

最初の目的地、阿仁町へは、秋田市街の南東の秋田空港から車で二時間近く走らねばならない。阿仁は、北秋田市の鷹巣盆地にある大館能代空港の方がはるかに近い。しかし能代空港は羽田便のみ。関西からは秋田空港への直行便はない。結局、新幹線で名古屋まで出て、中部国際空港（愛称セントレア）から秋田空港に向かうことになった。

阿仁町は「平成の大合併」によって、北秋田郡の鷹巣町、合川町、森吉町とともに北秋田市に新設合併された。北秋田郡が北秋田市になったわけだが、合併で生まれた市の名前はなんとも風情のないものが多い。合併市の名前に「時の厚み」が感じられないのは寂しい。大都市などでの「町名変更」も同じだ。なにか歴史自体を思いつきで「上書き」してしまったように感じるのはわたしだけだろうか。

阿仁鉱山は、一四世紀に金山として発見され、続いて銀山にシフト、そのあとは「阿仁六カ山」のひとつ小沢銅山が大坂商人によって発見され、一七世紀末には秋田藩（佐竹氏）直営となり、一八世紀前半の享保年間には一時別子銅山を凌いで「産銅日本一」を誇るほどの繁栄を遂げた。

明治維新後は工部省の官営とされ、一八八五年には古河市兵衛に払い下げられて「古河阿仁鉱山」となる。昭和に入ると採掘量は減少、一九三一年昭和恐慌の余波で休山となる時期もあった。三〇年代には二十四孝金山が発見され、採鉱が再開される。戦中戦後は銀山として往時を凌ぐ活況を呈した時期もあった。一九七〇年には鉱源枯渇で操業中止、一九七八年についに閉山に追い込まれた。各地に離散していた鉱山人が、一九九一年、休山二〇周年に望郷の念を抱いて鉱山跡に集まり、記念碑を建立している（秋田県産業労働部鉱務課『秋田県鉱山誌』）。

阿仁鉱山は高度経済成長期まで操業されていたにもかかわらず、鉱山の遺跡はあまり残っていない。はっきりと形が認められるのは、官営時代に工部卿伊藤博文の肝いりで招聘されたドイツの鉱山技師、アドルフ・メッケルらのために建てられた「阿仁異人館」二棟のうちの一棟である（他の一棟は一九五八年に焼失）。

阿仁郷土文化保存伝承館

異人館と地下で通じている「伝承館」には貴重な資料が多く展示されていた。その中で、阿仁銅銭と阿仁波銭を見たときには感激した。阿仁銅銭は、佐竹氏が元文二（一七三七）年に銅銭座の許可を得て、領内限り通用の通貨として鋳造したものである。波銭は幕末の文久三（一八六三）年から慶応二（一八六六）年まで鋳造された。鉱山内だけで通用する銭で、貨面には二一の波の模様がある。貨幣は、閉じた社会の中での交換を容易にするため（「交換の正義」を維持するため）の手段として生まれ出る。それが鋳造通貨として鉱山内で流通していたことは興味深い。

鉱山労働者の間で生まれた「友子制度」に関する資料も展示されていた。阿仁の後にわれわれが訪れた花岡鉱山にも、小坂鉱山にも、「友子」に関する資料展示があった。友子制度とはひとことで言うと「鉱山労働者たちの相互扶助の組織」である。鉱山労働者の労働と生活につきものの、事故、病気、死、失業などがもたらす経済的困窮から相互に守りあうという役割を果たした。親分・子分の契りを交わす儀式（友子結盃式）があり、子分になったものは（多くの場合）三年三カ月一〇日の間、親分の家で苦楽の生活を共にする、そして子分は親分を、親分は子分を何事があっても守るという掟の下で行動した。万が一掟を破ることがあれば、全国の鉱山に除名が通報された。

友子制度については村串仁三郎氏の労作『日本の鉱夫——友子制度の歴史』（世界書院）に詳しい。同書からその特質をいくつか記しておこう。この鉱山労働者の互助組織は、全国的なネットワークをなしており、友子になると親分の紹介で全国の他の鉱山で働くことが可能になった。また「交際金」という積立制度があり、そこから見舞い金等を賄った。親分の死に際しては、子分たちが共同で親分の墓碑を立てて友子の共同墓地に葬った。

友子制度は徳川家康の「金銀山　定式山例　五十三箇条」をその原点とするとされる。江戸時代にすでにその骨子は確立していた。しかし明らかな形をとるのは明治期以降である。鉱山内、それも息苦しいほど狭隘な坑道の中で長時間労働に従事する坑夫たちが、いかに社会的秩序を保つかは大きな問題であったはずだ。そこに、「交換の正義」を保証するために地域貨幣という媒体を導入、さらに労働者間の相互扶助の厳しい掟を遵守するため、「上下関係」の明確な秩序維持の制度を案出したのだ。同時に、友子制度は、「組織間（鉱山間）の横断的移動」のコストを低減させる機能をもった。

花岡の殉難中国人の慰霊式

阿仁から車で三〇分ほど北へ走ると大館市に出る。大館には、高度成長期に「石田労政」で名を残した石田博英の私邸がある。文理両道の大学者・狩野亨吉の生誕地でもあると聞いていたので探したが発見できなかった。旅程の時間遵守で、大館の五キロメートル北に位置する花岡に向かう。

花岡鉱山は明治中期に発見された。黒鉱（black ore、鉛、亜鉛、銅などの黒い鉱石）の露天掘りで知られたが、一九九四年に閉山している。この鉱山の悲劇的な歴史は「花岡事件」として、一九九〇年代の裁判報道で知る人も多い。『大館の歴史』（大館郷土博物館編）からその経緯を要約しておこう。

戦時中の日本は、成年男性が徴兵され相当深刻な労働力不足に陥っていたため、女子挺身隊員、学徒勤労動員が多くかり出されて工場や鉱山で働くようになった。それでも不足する分を、植民地であった朝鮮と占領地の中国から連れ出し労働に就かせた。一九三九年七月二八日には「朝鮮人労務者内地移入ニ関スル件」が閣議決定、一九四二年一一月二七日には「華人労務者内地移入ニ関スル件」が決定され、朝鮮人と中国人のいわゆる強制連行が進んだ。そのような情況の中で事件は起こる。

一九四四年五月二九日、落盤（七ツ館坑落盤事故）で日本人と朝鮮人がそれぞれ一一名死亡するという大惨事が起きた。花岡川の伏流水が坑内に流れ込んだことが直接の原因であった。修復の大工事を鹿島組が請け負い、中国からの労働者一〇〇〇名弱が投入された。しかし労働条件があまりにも過酷であったため、終戦も近い一九四五年六月三〇日夜、中国人労働者約八〇〇名が一斉に蜂起、補導員四名を殺害して逃亡する。しかし警察、警防団、在郷軍人会の出動によって全員が逮捕され、首謀者探しの厳しい取り調べと拷問で中国人約一五〇名が死亡、その後も死亡者は増え、総計四一九名にのぼった。終戦の年の一〇月、米軍が欧米人捕虜解放のために花岡を訪れた時、中国人労働者たちの無残な最期の姿を発見する。

終戦直後から現在までのさまざまな調査によって、「供養塔」(一九四九年)「中国殉難烈士慰霊之碑」(一九六三年)「日中不再戦友好碑」(一九六六年)が建てられるに至る。いまも花岡町信正寺で中国人殉難者慰霊祭が行われているという。また一九八五年以来毎年、大館市主催で、中国人殉難者慰霊式が十瀬野公園墓地で蜂起の日、六月三〇日に行われている。

記念館を出たあと同行三人、みな言葉少なに大館市に戻る。ご当地名産の比内地鶏の親子どんぶりを食べ、その夜は大館駅南のビジネスホテルに投宿する。

一路、尾去沢鉱山へ

大館市から尾去沢までは車で二〇分ほどだ。尾去沢鉱山は、ここで産出された金を奈良東大寺の大仏の鋳造に使った(史実ではなさそうだ)と伝えられるから、一三〇〇年の歴史と語られることがある。銅鉱の本格的な開発は寛文年間で、往時は別子、阿仁、と並ぶ三大銅山と呼ばれた。最盛期の人口は一万人を超えた。アリの巣のように曲がりくねった坑道は実に八〇〇キロメートルに及ぶ。

高度経済成長期に入ると、海外の低価格の銅に太刀打ちできず一九七八年に閉山に至る。そのあと尾去沢は、往時の面影を見出しにくい都市近郊のベッドタウンに姿を変えた。わずかに観光レジャー施設の「マインランド尾去沢」で、「旧石切沢通洞坑」の坑道見学コースが作られているくらいだ。中に入ると、採掘跡だけでなく、事務所、修理所、休憩所、坑内山神社をはじめ金山奉行所も置かれていた。坑内の休憩所は、戦後撮られた写真で見ると空間的にも広く、食事をしている人たちが半裸という以外、会社の社員食堂と変わらないような雰囲気だ。

坑道には、江戸幕府に弾圧されていた「隠れキリシタン」が西国から秋田に流れて来て、鉱山労働者になったと記された案内板がある。後にわれわれが訪れた院内銀山は、キリシタン潜伏の拠点であったらしい。鉱山は、「山法」を守りさえすれば、働く者の出自は不問に付されたから、隠れキリシタンには有難い避難所となったのだ。

尾去沢鉱山をめぐる三つの事件

尾去沢の山はいまは静かでのどかだ。身をかがめながら坑道を歩いても、激しい歴史的事件があったとは想像しにくい。しかし近代に入ってから、尾去沢では少なくとも三つの重大事件が起こっている。明治政府の腐敗が露見した尾去沢疑獄事件、大正時代の尾去沢鉱山争議（一九二六年）、そして昭和の尾去沢鉱山鉱滓ダム決壊事件（一九三六年）だ。尾去沢疑獄事件については、海音寺潮五郎の『明治太平記』という傑作歴史小説がある。尾去沢銅山の採掘権をめぐるこの疑獄事件は、征韓論をめぐる論争によってかき消されてしまう。そうした事情を西郷びいきの海音寺潮五郎は、西郷隆盛の言行を軸に歴史小説に仕上げている。

一八八七年に三菱鉱業に買い取られた後、尾去沢は大正時代に多量の銅の産出を記録したが、労働条件の厳しさから、一九二六年一〇月、坑夫たちが賃上げ闘争を行い、五〇〇名余りがストライキに入った。日本鉱夫組合本部からのテコ入れがあり、一〇日後には全山一二〇〇名のストライキに発展、労働者側は賃金の一割増と組合加入の自由を獲得した。

しかしその後の展開は、「指名解雇」をめぐる争議が起こり組合側は敗北する。この時代、「労働組合法」はなかった。指名解雇によって争議が激化し長期化するのは日本の労働争議の特徴のひとつであった。会社側は活動家の解雇を通告、それに対して穏健派は分裂し「第二組合」を結成する。「第二組合」は御用組合と呼ばれることがあるが、その実体は「早く仕事をしたい」という熟練労働者によって結成されることが多い。組合の分裂は組合の力を急速に減退させ、結局、一〇〇名余りの解雇者たちは退山を余儀なくされた。

その一〇年後、一九三六年一一月二〇日夜、三菱鉱業尾去沢鉱山山中之沢精錬所の硫化泥沈殿貯水池のダムが、不完全な建設工事により決壊して下流の八集落の民家二五八棟を埋没させ、三六二名の死者を出すという大事故が発生する。さらに一カ月後にも応急補修工事中に、ダムが再び決壊して一二名の死者を出し、尾去沢の「泥海地獄」と報道された。

鹿角《かづの》市鉱山歴史館で、こうした尾去沢鉱山の激しく厳しい歴史を学びながら、この地域には多くの霊が眠っていることを知る。地下深く延べ八〇〇キロメートルを掘り進みながら、鉱夫たちは地上においても死闘を強いられていたのである。

小坂は大鉱山であった

一九世紀に入ってから本格的に開発された小坂鉱山は花輪盆地の北端部東側の山地にある。第一次世界大戦ごろには、鉱産額日本一を誇る大鉱山となった。だがその歴史は思いのほか短い。この鉱山

康楽館 （大正初期ガラス板写真より）

小坂鉱山 （1930年代）
（提供：上下ともに小坂町教育委員会）

町の特徴と印象深い事柄をいくつか記しておきたい。

観光資源がいくつかある小坂は現在でも活気がある。意匠を凝らした鉱山事務所（一九〇五年に鉱山現場近くで完成したものを二〇〇一年に復元移築）が威容を誇る洋館として活用されている。明治末の完成当時は、大都会でもこのような本格的な洋館建築物はめずらしかっただろう。いまは建物内部に「モダン衣装室」があり、レンタル衣装で好きな場所で写真を撮ってくれるというサービスもある。三階まで吹き抜けのエレガントな螺旋階段で写真を一枚、という気持ちになるのだ。鉱山事務所の前の「明治百年通り」の向かいにあるのは、鉱山従業員子弟の幼児教育機関、天使館（旧聖園マリア園）である。

鉱山関係者の福利厚生の娯楽施設、「康楽館」（一九一〇年柿落し）は見ものだ。日本最古の現役の木造芝居小屋だ。外観は完全な洋風づくりで中は純和風の劇場となっている。われわれが訪れた前年に創建一〇〇年を祝っている。その折に刊行された康楽館の「公式ガイドブック」に「劇団 誠」座長の松井誠氏のインタビューが掲載されていた。東京や関西の歌舞伎役者や俳優たちのコメントもあるが、松井氏の話が特に印象に残る。一部引用しておこう。

> 私の母は芝居小屋の奈落（舞台の下）で私を生みました。私は芝居小屋で生まれ、芝居小屋で育ちました。（中略）何度も康楽館の舞台に立たせていただきましたが、演じる側としていつも感じるのは〝芝居小屋が助けてくれる〟ということです。例えば市民会館のようなホールだと、芝

居が始まった時、お客さまはまだホールの中にいらっしゃる。私どもはまずお客さまの手を取って、そこから芝居の世界に引っ張り込まなくてはいけません。（中略）それが康楽館で演じると、幕が開いた瞬間、もうお客さまは芝居の空間にいらっしゃる。（中略）これ程役者を助けてくれる小屋はそうありません。

やはり人間にふさわしい規模（human scale）というものがあり、役者と観客の間の相互のコミュニケーションと一体感が必要ということだろう。一九八七年、康楽館は再出発を遂げた。大衆演劇だけでなく、毎年「康楽館歌舞伎大芝居」と銘打った大歌舞伎が上演されている。

もひとつ、小坂鉱山の歴史についてのエピソードを付け加えておこう。藤田組・藤田傳三郎による民営の小坂鉱山が、閉山に追い込まれそうになった時、鉱山経営を継承した久原房之助（日立製作所の祖）は、傳三郎の次兄の息子、つまり傳三郎の甥にあたる。久原房之助がその後の小坂鉱山の繁栄をもたらしたことは言うまでもない。日本の「民間のエネルギー」を示す閨閥である。藤田傳三郎の大阪の「藤田美術館」（五年近い改修工事のあと、二〇二二年四月一日、リニューアル・オープンを果たした）は国宝や重要文化財を蔵する知る人ぞ知る、世界に誇るべき大美術館である。

久原房之介　鉱山王の大邸宅は神戸市本山の六甲山麓にあった。広大な邸内には病院、発電所も建てられた。

日本の産業発展を論ずるとき、「日本資本主義の父」として渋沢栄一がしばしば引き合いに出される。だが幸田露伴が指摘するように、渋沢の凄さは官を辞するあたりまでで、民間に入ってからは、「神輿に乗った」という感が強い（拙稿、「幸田露伴『澁澤榮一傳』をめぐって」）。現実の産業化のプロモーターは久原房之助のような一群の起業家たちではなかったか。

十和田湖から五所川原へ

小坂から鹿角市十和田の大湯温泉で一泊。翌朝大湯から車で二〇分ほど樹海ラインを走り十和田湖に出る。小学校時代、国語の教科書で「十和田のひめます」を読んだことを思い出す。「和井内貞行」という名前も懐かしい。十和田湖は高校生の時の北海道への修学旅行で立ち寄って以来だ。この「懐かしい」という気持ちは不思議な感覚だ。それは、源に戻るという安心感、安寧や美しさと結びつくような何かだ。湖畔近くでコーヒーを皆で一服。これから目指す五所川原へは車で一時間半はかかる。

五所川原では太宰治の立派な実家、「斜陽館」を観る。元貴族院議員、衆議院議員だった太宰治の父が、金融業店舗を兼ねた住宅として建てた入母屋造りのデッカイ建物だ。太宰自身が認めているように、風情も何もない、ただただ大きい。戦後になって太宰の実家が手放し、旅館「斜陽館」として観光の名所になった。案内書によるとヒバを使った階下一一室、二階八室。宅地は七〇〇坪近い。

旅の疲れのせいか、「こういうところで生まれ育ったのか」という感慨しか湧き起らない。わたしは元気な高校生時代には、なぜか太宰に不思議な魅力を覚えた。それは骨太な強さや深さへの崇敬の念ではなかったようだ。彼の語りの巧みさと「ひねり」の才能への驚きだったのだろう。歳をとった今は、なにか「思い出の中の作家」になっていることに気づく。昔親しかった友人に偶然出会って、久闊を叙した後、特に話すことが無い、というような気分であろうか。

その夜は黒石温泉郷の宿「花禅の庄」の湯に浸かる。

9 協和町鉱山跡から院内を歩き、湯沢温泉郷で休む

北秋田の鉱山に続いて、秋田市南の（旧）協和町の鉱山跡から南東の山形（新庄領）との県境の院内銀山跡へと至る旅について記しておこう。北秋田の鹿角《かづの》の鉱山群は南部藩に属したが、中部（阿仁等）と南の鉱山群は秋田（久保田）藩佐竹氏の領地であった。

この佐竹藩について少し面白い話を耳にした。日頃わたしもお世話になっているのど飴の「龍角散」の商標は秋田藩佐竹氏の家紋らしいと、文学部史学科出身の出版社の編集者から聞いたのだ。調べると、龍角散は佐竹藩の御典医・藤井玄淵が初めて製薬したとある。今も日本国内で大変な人気を誇るだけでなく、近年は中国からの大勢のツーリストたちが大量に買って帰る「神薬」のひとつとなっていると聞く。藩薬としての龍角散は、明治維新後に藤井家に下賜され、一九二八年に株式会社・龍角散が設立された。鈴木昶《すずきあきら》『日本の伝承薬――江戸売薬から家庭薬まで』（薬事日報社）によると、龍角散と佐竹藩には因縁浅からぬ関係があることがわかる。

佐竹氏の家紋と龍角散のロゴを比べてみると、龍角散は「下り藤」なのだが、佐竹氏は「扇に月丸」となっている。久保田藩の家紋として調べてみると、確かに「下り藤」も出ているが、どうも商

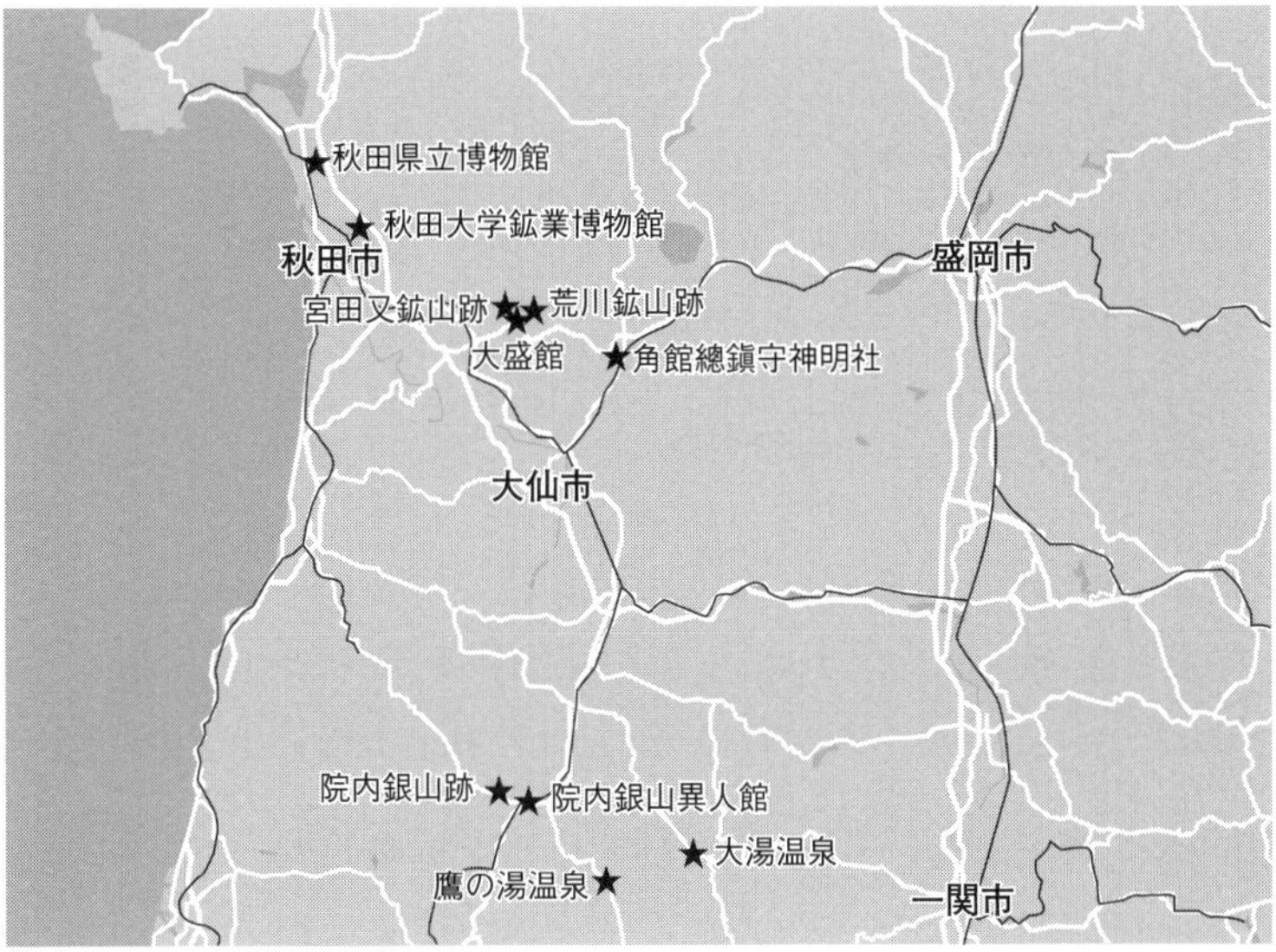

標は藤井家の家紋を用いたようだ。

　冒頭から話が少しズレてしまったが、この旅が結果として当初の目的からズレてしまったことは否めない。重要鉱山跡を歩いてはみたものの、図らずも秋田という土地が生み出した芸術家、奇才、天才の足跡を辿る旅になってしまった。鉱山跡以外に秋田には訪ねたい場所があまりにも多かったからだ。わずか三泊四日の旅程とはいえ、山形との県境、秋田の南東にある湯沢の温泉郷も素通りできない。

　広い道路に並ぶ武家屋敷で知られる角館《かくのだて》も訪れたい。久保田藩が戊辰戦争で新政府側についたため、奥羽越列藩同盟に加わった近隣諸藩の侵攻を受けた。だが角館は幸いにも戦禍を免れ、独自の文化遺産を遺す町としてツーリストの人気を集めることになった。こうした場所を「一筆書き」のように、最短コースで、しかもすべてゆっくり回れるような順路はなかなか見つか

らない。(2012.9.7〜10)

幕府は佐竹氏の「ふたごころ」を疑った?

夕刻、秋田駅で綿密な旅程を組んでくれたT先生と落ち合う。駅前の久保田城址の近くのホテルに投宿、翌朝、秋田大学附属の鉱業博物館へ向かう。秋田大学大学院工学資源学研究科の前身、秋田鉱山専門学校の大正二年の開校式では、鉱山学の祖とも言われる佐藤《さとう》信淵《のぶひろ》(一七六九―一八五〇)の肖像画が式場に掲げられたそうだ。この博物館は確かに見応えがある。阿仁鉱山・加護山精錬所について、お雇い外国人(特にドイツ人鉱山技師アドルフ・メッケル)について、そして午後に訪ねた荒川鉱山と鉱山墓地などについても多くを学んだ。

秋田では戦国時代に銀貨が生産され、佐竹氏が極印銀として発行し管理した。しかし幕府からの許可が下りないこともしばしばあり、多くは密造通貨となった。その理由のひとつは、初代藩主佐竹義《よし》宣《のぶ》が関ヶ原の戦いで「両端《ふたごころ》を持した」ことにあった。義宣は石田三成と親しく、関ケ原の戦いの際には、家康に敵対する気持ちが無いように見せつつ、三成を支援、家康を牽制しようとしたからだ。そのため領国没収、常陸水戸から秋田へと減封・転封を受けた。

先に触れたように幕末・戊辰戦争において新政府側についた秋田藩は、南から仙台・庄内藩、北から盛岡藩の挟み撃ちに合い、藩の過半は焦土と化した。東北で唯一「奥羽越列藩同盟」から脱退し、奥羽征討軍の助けで戊辰戦争の「勝者」となった。幕末秋田藩の勤王への動きは、秋田出身の平田篤胤の国学が影響したとも言われる。だが尊皇思想だけでなく、藩の長い歴史自体も影響したのではなかろうか。

実際、この博物館の説明にも、幕府権力の弱まった幕末には、秋田藩は阿仁鉱山の近くの加護山吹分処（製錬所）で大量の密鋳銭を発行して軍事費を調達したとある。阿仁鉱山の銅を使った貨幣の製造をするために「銭座」を申請していたという事実も重要だ。一七三七年許可が下り、秋田川尻に銭座が設置された。そこで鋳造された寛永通宝（川尻銭）も展示されている。展示の解説によると、「永」の字の右の「払い」がはねているのが特徴だという。しかしこの「川尻銭」が余りに大量に製造されたため、八年後の一七四五年には銭座の停止を命じられる。政治権力と貨幣鋳造権の密接な関係を示す興味深い話だ。

平田篤胤の墓

博物館から歩いて五分のところに、初代藩主佐竹義宣夫人、二四歳で夭逝した正洞院《しょうどういん》の墓がある。平田篤胤の奥墓は、そのすぐ傍の手形山だ。国指定史跡となったのは一九三四年五月。日本が国際連盟を脱退した翌年のことだ。篤胤は、天保一二（一八四一）年、六六歳の時、その思想が幕藩体制を揺るがすとみなされ、幕命によって国元に帰藩させられた。晩年を郷里で過ごし、天保一四（一八四三）年久保田城下中亀ノ丁（現在の南通亀の町）で病没している。享年満六八歳。遺言に従って衣冠束帯の姿でこの地に

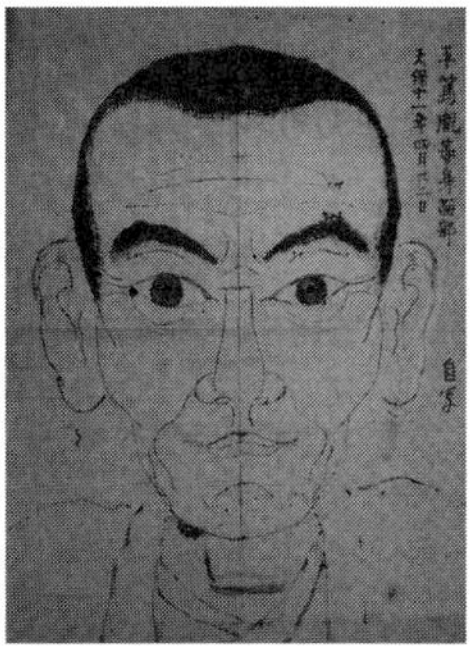

平田篤胤　霊の行方を知らねばならない。そのためには天・地・泉の三つの世界の形成を知らねばならないと考えた。

葬られ、亡骸は「師」と仰いだ本居宣長のいた伊勢の方角に向けられているという（秋田市教育委員会が作製した案内板より）。

篤胤は、宣長の没後二年を経た一八〇三年まで宣長の名前すら知らなかった。妻の持っていた宣長の著作を読んで国学に目覚め、夢の中で入門を許可されたとして、「没後門人」を自称した。墓はそうした「熱さ」とは程遠いシンプルなつくりだ。

平田篤胤というと、「皇国史観」のレッテルが貼られ、それ以上の関心が注がれない傾向が続いた。実際、わたしも島崎藤村『夜明け前』を読むまでは、篤胤について知るところはほとんどなかった。戦時中に、その思想、芸術、学問が政治的に利用されたというだけで、戦後長く「無視」されてきた不運な思想家や芸術家のひとりだ。

世評とは概して不正確なものだ。人は、他人の不正を批判することによって自分の正義を証明しようとする。人を貶めて、それによって自分が上昇するという類の正義感に酔いやすい。真に偉大な人間は、悪人や不正義な人間の存在を必要とはしないはずだ。

技術一辺倒の現代人は、平田篤胤のような科学的精神と非合理なものとが共存している人間や、「あの世」「死後の世界」へと強い関心を向けることは少ない。篤胤の思想は、人間にとって避け得ない「死」という冷厳な事実をベースにしたものであるから、単なる神秘主義や精神主義というよりも、むしろ「死」という現実に向き合う真のリアリストではなかったか。だが、かく言うわたしも『霊《たま》の真《み》柱《はしら》』に挑戦してみたが、今のところ曇った鏡を見ているようだ。

『東洋経済』の秋田疎開

午後は、秋田市から大仙市協和の荒川鉱山、宮田又鉱山に向かう予定だった。だが時間に少し余裕ができたので、その前に秋田県立博物館に立ち寄ることにした。面白い展示が多いなかで、印象深かったのは、石橋湛山が論陣を張った「東洋経済新報社」の創設者・町田忠治（一八六三―一九四六）の写真とパネルだ。秋田出身の町田は政党政治家（民政党総裁）として名を成した。しかしジャーナリストとしての力量ももっと注目されてよい。ノントー（ノンキナトウサン）のニックネームがあったが写真を見て納得する。

町田は帝国大学法科大学選科を修了後、法制局に入った。その後、郵便報知新聞、東洋経済新報社、日本銀行、山口銀行と職場を変え、一九一二年に衆議院議員に初当選。以後通算一〇選。報知新聞の連載漫画「ノンキナトウサン」（作：麻生豊）（一九二三年）の主人公が社長の町田にそっくりだったので、翌年から町田の綽名《あだな》となったらしい。

展示の年譜には、彼が敗戦後の一九四五年一一月、日本進歩党の総裁になったことは記されているが、翌四六年に公職追放令で政界を引退したとの記述はない。その同じ年の一一月に八四歳で亡くなっている。

一九四五年三月一〇日の東京大空襲で石橋湛山の芝の家は全焼し、『東洋経済新報』も東京での発行も遅延を来し始める。秋田県横手町にかねて小さな印刷工場を買っていたので、四月末に編集作業の一部と工場を疎開させ、石橋自身もその指揮のため横手に赴いている。この辺は『湛山回想』に詳しい。横手にもわずかだが空襲はあった。何とか五月五日には『東洋経済新報』の印刷を開始、空襲の混乱の中でも汽車は走っていたので、東京と文書のやり取りができて、横手で作った（紙不足のため）「薄っぺらな」雑誌を何とか発刊することが出来たという。横手での雑誌作りが少し軌道に乗った六月二〇日、いったん横手を離れて東京に戻ると、いたるところ焼け野原の光景に唖然としたと湛山は回想している。

東京滞在中、六月二九日に経済倶楽部で陸軍報道部長の松村秀逸少将の講演を聴き、彼は日記に「過去の作戦の失敗を老人の罪に帰し、彼自身の主張は、最初より本土決戦にありたるも用いられざりしとの弁明聞くにたえず、軍人まったく自信を失えり」と書いている。そして、陛下の放送を横手で聞き、八月一八日の日記には、「考えて見るに、予は或意味において、日本の真の発展のために、米英等と共に、日本内部の悪逆と戦っていたのであった。今回の敗戦が、何ら予に悲しみをもたらさざる所以である」と記す。

町田忠治の写真と「ノンキナトウサン」の漫画を改めて見比べる。東洋経済の横手への疎開は、秋田出身の町田の縁と力であろう。

宮田又鉱山、荒川鉱山へ

協和町の鉱山を訪ねるため大仙市に向かう。（旧）協和町の主要鉱山としては、荒川、宮田又、畑の三つがある。鍋倉山の西側に位置する宮田又沢の上流にある宮田又鉱山については、日本鉱業史研究会の進藤孝一氏によって『宮田又鉱山誌』が執筆されている。綿密な記録だ。この鉱山は、江戸時代享保期に開発された銅山であるが、幾多の盛衰を経ながら、戦時中、国策会社の帝国鉱業開発株式会社が買収して大きく発展した。

一九三九年七月、政府は国民徴用令を公布、日本人のほかにも朝鮮人や中国人の徴用を行った。宮田又には一九四三年秋、第一次徴用として四〇名、翌四四年には第二次徴用として四五名が山に入り、食糧不足と悪条件の中、長時間の労働を強いられた。終戦の年の二月に朝鮮人労働者の暴動が起こった。発端は、朝鮮人労働者の特配米を鉱山側が横流ししているという情報が流れたことにある。「日本は負けるらしい」との噂が朝鮮人鉱夫たちの間で流れるようになってから、日本人に対する彼らの態度が変わり始めたと『鉱山誌』にある。次第に仕事を休みだし、ドブロクを飲んで訳の分からない歌を唄い、酔って日本人に暴力を加えるようになった。権力の移行過程でしばしば起こる「手の平を反すような」現象だ。ついに終戦の九月には、朝鮮人労働者は連合軍の指令で、勝利の旗を立てたガソリンカーで歌を唄って下山して行くのを、進藤氏は鮮明に記憶していると記している。宮田又鉱山は、高度成長期に需要の増えた黒鉱（black ore）の鉱脈が見つからなかったこともあり、一九六五年に閉山となった。

宮田又鉱山と南で接するのが荒川鉱山である。鉱山町としては荒川鉱山の方が大きい。三菱合資会社が鉱業権を獲得し、役場、郵便局、風呂屋、病院、劇場（「共楽館」）、小学校、商店街、長屋住宅などがフルセットで設置された。共楽館では歌舞伎や宝塚歌劇団が公演している。一八九七年に発電所が前年に建設されたこともあって、秋田市内より早く電灯がついた。しかし資源枯渇に早く見舞われ、一九三〇年ごろから衰退の兆しがあらわれる。戦時政策として、「重点鉱山開発」を理由に効率の悪い鉱山は整理されるようになり、一九四〇年七月、精錬所は閉鎖、同年九月には休山が宣言され、鉱夫の多くは宮田又鉱山へと異動した。

大仙市協和荒川の「大盛館」と呼ばれる民俗資料展示館では、(旧)協和町の鉱山についての詳しい資料が見られる。友子制度(鉱夫たちの共済組織)の下で出された「自坑夫免状」(一九三一年)も展示されている。先に述べたように、鉱夫が新しく「友子」に加入する際には、盃をかわして親分・子分の関係を結ぶ取立結盃式が行われ、各人に友子の掟などを記した免状が配られた。友子組織は仲間意識と団結心の強さを示す結社であった。友子には、独身で全国各地の鉱山を渡り歩く「渡り坑夫」と、ひとつの鉱山に定着して妻子を持ち、親分の許で働く「自坑夫」がいた。荒川鉱山は「自坑夫」が中心であった。

大盛館を後にして湯沢市秋ノ宮にある鷹の湯温泉に向かう。宿まで車で一時間半ほどだ。役内川の渓流に面した露天風呂に明るいうちに入りたい一心で、T先生が車を飛ばしてくれる。源泉温度は七三℃。加水ありの源泉かけ流しだ。

院内銀山跡地

翌朝、秋田県南の山形と接する湯沢市の院内に向かう。江戸初期に発見され、豊富な銀の産出を誇った院内は、一時は人口一万を超す鉱山町として栄えた。小葉田淳『日本鉱山史の研究』によると、『院内銀山記』は院内の繁栄をやや誇張気味に語っているが貴重な資料だという。享保一五(一七三〇)年の秋田藩の城下町久保田の人口が二万程度と推定されているから、いかに院内が大きな町であったかがわかる。『銀山記』には院内に集まった人々の出身地が数え上げられている。そのなかでは、備前国（岡山県）が突出して多い。中国地方は鉱業が盛んであったから、製錬技術者が東北にも流れたのであろう。商人は伊勢、京、大坂出身の者が目立つ。院内銀山はまさに「全国区」の鉱山だった。

しかしその後、湧き水による大浸水で銀山は衰退を余儀なくされる。一八世紀初頭に大規模な排水溝が建設されたが再生の力とはならなかった。だが一九世紀に入ると、銀と金の産出が一時盛り返す。江戸後期の院内銀山の実相は、幕末秋田藩の実情も含め、医者であり、宿屋の経営者でもあり、鉱山経営の役員をしていた門屋養安が三五年間にわたってほぼ毎日つけた日記によって知ることができる。翻刻された浩瀚な日記を（例によってほとんど衝動的に）購入したが、いまだ手つかずのままだ。編者のひとり、茶谷十六氏の『院内銀山の日々　「門屋養安日記」の世界』（秋田魁新報社）は読了した。この日記が秋田地方の日常生活を具体的に知るための一級の史料であることがわかる。

その後、小野組、工部省、古河市兵衛へと経営主体が次々と変わり、明治二〇年代から三〇年代後半にかけては産銀量日本一を誇ったが、一九〇六年の坑内火災によって銀山市場最大の災害事故が起こり一〇〇名を超す死者が出たこと、世界的な銀価格の低下、精錬所の煙害の補償問題とそれに伴う争議などによって急速に衰退し始める。鉱山事業を廃止し完全な閉山に追い込まれたのは一九五四年のことであった（渡部和男『院内銀山史』無明舎出版）。

現在は、院内銀山史跡としていくつかの建物が残っている。院内は奥羽本線の駅名であり、「院内銀山異人館」という名の資料館が駅に併設された。奥羽本線「上り」の次の駅名は「及位」とある。「のぞき」と読むのには驚いた。いわゆる難読地名である。

近くに院内銀山三番共葬墓地があった。全国から入山した鉱夫たちの多くは、この銀山で生涯を閉じ、それぞれの宗門寺院に葬られた。宗門不明の者がこの共葬墓地に埋葬されている。その数三千余柱にのぼる。湯沢市教育委員会の説明板には、「この無名の人々の苦労によってその潤された経済圏は佐竹藩の台所をささえ、地元はもとより平鹿・仙北まで及んだことはいまさら言うまでもありません。幸いこの墓地も昭和四十八年より老人クラブの手により年々清掃されており、又、供養のため隣りに静観音を建立いたしました。地下に眠る霊も定めし意を安じていることと思われます」とある。

隠れキリシタンの墓
（提供：田村太一）

墓石を見て回ると「帰天」という文字がある。おそらく、地下に潜入したキリシタンたちの墓であろう。院内銀山史年表には、寛永一（一六二四）年、銀山キリシタン二五名が久保田で処刑されたとある。

その夜は栗駒山西麓の大湯温泉・阿部旅館に泊まる。客室が一〇もない小さな宿だ。源泉温度は九〇℃を超える。温泉の流れる皆瀬川がそのまま露天風呂になっている。湯けむりが凄まじい。これぞ日本の温泉宿だ。

角館の菅江真澄と平福百穂

湯沢の小安峡温泉郷から北の角館を目指す。この旅の計画を立てはじめたときから角館に立ち寄りたいと考えていたが、どうも良いルートが見つからない。結局、朝早く起きて、車で二時間ほどかけて角館に到着する。京都から移植されたという豪華な桜の大木が立ち並ぶ。桜の季節ではなかったが、小京都というよりも、武家屋敷群が示すように「骨太の京都」という感じだ。この地は菅江真澄《すがえますみ》、平福百穂《ひらふくひゃくすい》と縁が深い。

みちのくの旅を紀行文あるいは旅日記として残した文人は少なくない。すでに今まで幾度か触れた松尾芭蕉は言うに及ばず、管見の限りでも、江戸後期の「遊歴の文人」と呼ばれる菅江真澄、外国からの訪問者ではイザベラ・バード、ブルーノ・タウトなどが知られる。陸奥と蝦夷地を旅し、没するまでほとんど秋田にとどまった菅江真澄をわたしが知ったのは、錦仁《にしきひとし》氏（新潟大学）の知己を得て、同氏の『なぜ和歌《うた》を詠むのか──菅江真澄の旅と地誌』（笠間書院）を読んでからであった。秋田県立博物館で、「菅江真澄資料センター」の展示を観た。彼の画才にも舌を巻く。

三河国に生まれた真澄は、三〇歳の時に信濃へと旅立ち、陸奥と蝦夷地を旅した後、再び秋田に入り、その後二八年間を秋田で過ごした。七六歳で没するまで実に四七年間を他国で過ごしたことになる。その間、真澄は旅する「観察者」、「博物学者」としての謙虚な姿勢を貫き、日記、地誌、写生帖、随筆を多く残した。一緒に「センター」での展示を観た同行のT先生も菅江真澄の凄さにいたく感心している。

晩年、仙北郡の雲然村と梅沢村で「月の出羽路仙北郡」の地誌の執筆にとりかかっていた菅江真澄が、どこで没したのかについては正確なことはわからないそうだ。梅沢村で病み、角館總鎮守神明社に移った後に死去したという説と、梅沢村で死去して亡骸を角館に移したとする説があるという。角館神明社には「菅江真澄終焉の地」として石碑が立つ。

先にふれたように、徳川時代に佐竹氏の領地であった角館は、戊辰戦争で奥羽越列藩同盟の周辺諸藩の侵攻を受け、久保田藩側の拠点も次々奪われ角館は次第に孤立した。しかし東北諸藩が続々と新政府に降伏していくのを見た列藩同盟側が、久保田藩領からの撤退を開始したため角館は戦禍をまぬがれた。

角館は秋田文化の多様な側面を示している。平福百穂という画家を知る上でも、そしていわゆる写実表現を追求した「秋田蘭画」なるものの歴史を知る上でも、秋田市内の千秋美術館だけでなく角館の平福記念美術館の存在は貴重だ。平賀源内、その弟子の小田野直武、佐竹曙山（秋田藩主）に始まる秋田蘭画を、角館の百穂が二〇世紀初頭に世に広めたということ、そしてそれより前に秋田藩の安藤昌益を「発見」した狩野亨吉はすでに蘭画の存在に気づいていたことなど、秋田という地域の文化的厚みを感じさせる。ちなみに安藤昌益の墓は先に訪れた大館市にあった。

京都に戻って平福百穂『日本洋画の曙光』（岩波文庫）を手に取って見た。今橋理子氏による解説は、秋田に存在した「知の共同体」を指摘しており興味深い。巨大都市は文化を消費するが、文化を生み出す精神的な共同体は人と人が直接に交流しうる地域社会なのだろう。

10　日立から水戸、内原を通り袋田温泉へ

経済学の古典、アダム・スミス『国富論』は読みづらい箇所もあるが、人間社会への深い洞察がいたるところにちりばめられており、歴史書として読んでも飽くことはない。昔一緒に読んだ大学院生や友人たちを思い出しながら『国富論』をめくっていたら、日本の「銅」も例にあげながら金属の価格と地代との関係を論じた箇所（第一篇第一一章「土地の地代について」）に出会った。アダム・スミスが日本のことを書いているのに大学院生たちが感激していたのを思い出す。スミスはどこから日本についての知識を得たのか。一七世紀末に二年ほど日本に滞在したドイツ人医師エンゲルベルト・ケンペルが著した『日本誌』を、モンテスキュー、ヴォルテール、カント、ゲーテは読んでいたようだ。英訳は一七二〇年代にグラスゴーで刊行されているから、アダム・スミスも読んだに違いない。

スミスが『国富論』の粗稿を書き上げたのは一七七三年頃とされる。すでにその頃、日本の銅がヨーロッパの銅の市場価格に影響を与えていた。スミスの所論のポイントは、概略次のようなものである。石炭の価格の場合は、輸送費の占める割合が大きいから炭鉱がどこにあるかが重要になる。しかし金属鉱物の場合は、価格において地代の占める割合は小さい。貴金属、卑金属を問わず、金属の価

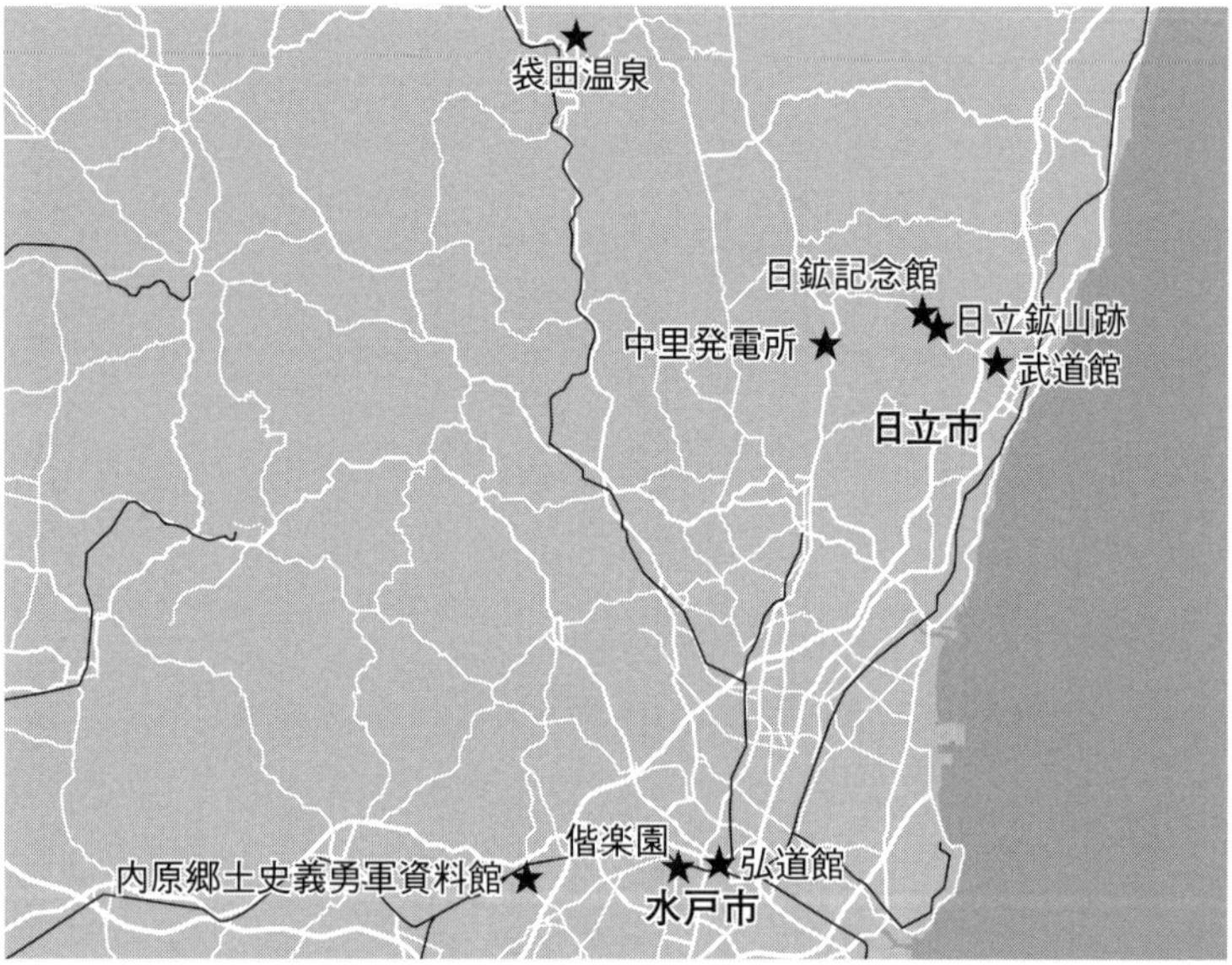

値にとって輸送経費の負担は大きくないから、金属の市場は近隣諸国に限定されることなく全世界に広がる。その結果、はるか遠方の日本の銅も世界市場に登場する。このスミスの記述からも、一七、一八世紀の日本の銅輸出が世界的に注目されていたことが分かる。とくにオランダ東インド会社が日本銅の輸出に果たした役割は大きい。

明治維新後の重要な銅山として、鉱山史家は、足尾、別子、小坂、日立などに指を屈するはずだ。足尾は鉱毒問題をめぐって身を挺して戦った田中正造の活動で知られる大鉱山である。夏目漱石は、足尾での鉱夫だったある青年から聞いた身の上話をベースにして小説『坑夫』を書いている。漱石自身は足尾に行ってはいない。他人の話だけで迫力をもって足尾銅山の姿を描けるところが、漱石の凄さなのだろう。想像力のとぼしいものは、どうしても行って見てみた

いと思うものだ。

実際、二〇一〇年七月末に足尾へと旅したことがあった（第12章参照）。足尾を文字通り足を棒にして見て回り、足尾からバスで日光に出て、娘一家と日光東照宮前で落ち合った。若い人たちが「日本のバロック」東照宮を初めて見て、心底驚いていたのが印象的だ。東照宮を後にして、『奥の細道』に出てくる日光の「裏見の滝」がどんな滝なのか見ようと皆で出かけた。

芭蕉は「岩洞の頂より飛流して百尺、千岩の碧潭に落ちたり。岩窟に身をひそめ入りて滝の裏より見れば、裏見の滝と申し伝へはべるなり」と書き、

しばらくは滝にこもるや夏《げ》の初め

と詠んだ。

つまり「裏見の滝」は、岩窟に身をかがめて入り込み、滝の裏側から見るので、そう呼ばれるとある。どんな形状なのかと、緩やかな山道を車で進んだ。ところが（雨の後だったせいか）ぬかるんだ道が途中で遮断されており、結局引き返さざるを得なかった。あとでわかったことだが、「裏見の滝」は、すでに一〇〇年ほど前、滝の上方が崩壊して、滝を「裏」から見ることはできなくなっていたのだった。

水戸にはかねがねゆっくり見たい所がいくつかあったので、日立鉱山、水戸の偕楽園、弘道館、袋田温泉なども目的地に含む旅を計画した。運悪く、徳川斉昭自身が設計したという偕楽園の好文亭と

弘道館は休館中であった。しかし予定にはなかった水戸市郊外の内原郷土史義勇軍資料館を訪れることができた。一九三〇年代に満蒙へ送られる少年義勇兵の訓練所についての展示を観たのは、この旅の思わぬ収穫であった。（2011.7.22〜24）

日立鉱山と中里発電所

東京上野から特急「スーパーひたち」に乗り込み、車中で昼食を取る。日立駅からレンタカーで里川水系五発電所のひとつ、中里発電所を見学する。日立鉱山への電力供給のために建設された中里発電所の歴史は古い。一九〇四年、久慈郡太田町（現在の常陸太田市）の呉服商の前島平《まえじまたいら》が有志と里川水利地点開発を申請し、翌年に茨城電気（株）を設立したことに始まる。案内書には、「……『前島平』という人が一九〇四年ドイツのシーメンス社に関係していた野口という人から水力発電の話を聴き……」とある。この「野口」とは恐らく日本窒素肥料（現在のチッソ）を創設した実業家・野口遵《のぐちしたがう》であろう。野口は帝国大学工科大学電気工学科（現在の東京大学工学部電気工学科）を出たあと郡山電灯に就職、一八九八年にはシーメンス東京支社に入っている。

実際の発電は日立鉱山の手によって一九〇八年にスタートした。何度か経営母体は変わったが、戦後は関東配電から、一九五一年には北海道電力・東北電力・東京電力・中部電力・北陸電力・関西電力・中国電力・四国電力・九州電力の九電力体制の下で東京電力株式会社の操業となった。その後、東京電力グループの姫川電力に譲渡され、現在の社名は東京発電株式会社となっている。現在この発電所は完全無人で、群馬事業所がパソコンで二四時間、運転監視を行っている。黒川水系の五発電所で発電した電気は東京電力に引き取ってもらい、近隣地域に供給している。一般家庭での電力消費に換算すると約六〇〇〇戸分というから相当の供給量だ。

ダムでせき止めたきわめて小さな「水路式発電所」を見るのは久しぶりだ。T先生が見学の予約を取り、定期的な巡視・点検の方に話を通してくれていたので、小さなシステムが実際どのように稼働するのか、その仕組みの説明はわたしにも十分理解できた。せき止めた水を取水口から水路に流し込む。途中、水に含まれた土砂を取り除くため、沈砂池《ちんさち》をもうけ、きれいになった水を水槽まで送る。そして水槽から水圧鉄管を通して、発電所まで流れ落ちる水の力で水車を回して発電するのだ。発電が終わった後の水は放水路をとおって元の川に戻る。

人間の知恵で自然の力を利用しつつエネルギーを生み出す、まことに分かりやすい構造だ。Human Scale（人間に合った大きさ）とはこのことを言うのだろう。水圧鉄管は「有効落差」三四・三メートル、総延長は六八・九八八メートルと記されている。既設管は大正九（一九二〇）年に日立製作所によって製造され、新設管一〇メートルは東開工業の製作とある。

これまで「黒四」はじめ、大きな水力発電所ばかりを見て来たが、このような小ぶりの発電所は発電の原理がよくわかる。水力発電では熱もCO_2もほとんど出ない。地球の資源を減らすこともない。突然エコロジストに変身するわけではないが、人間・自然・エネルギーの関係を考え直すよい機会となった。

中里発電所から車で小一時間かけて日立市内に戻り食事。元気で愛想のよい海鮮料理屋の主人から、四カ月前の東日本大震災の際の近隣の被害や浸水状況の話を聴く。日立の市街はこんなに海に近かったのかと改めて感じながら、夏の宵を市内幸町の宿までぶらぶら歩いて戻る。

福沢諭吉と森村市左衛門の影響力

早めの朝食を済ませて、日立製作所の歴史を学ぶために日立鉱山跡と日鉱記念館（一九八五年完成）に向かう。日立鉱山の歴史に関しては、立派な『日立鉱山史』（日本鑛業株式会社日立鑛業所）をはじめ文書資料は多い。「正史」はこれらの文献にゆだね、ここでは日立製作所の歴史にとって二人の重要人物について触れるにとどめる。ひとりは日立鉱山の「大煙突」生みの親、久原房之助、もうひとりは後で触れる日立製作所の創設者・小平浪平《おだいらなみへい》だ。

第8章でも触れた久原房之助は、慶應義塾を出て、一八九一年、叔父の藤田傳三郎が経営する藤田組に入社。閉山の危機にあった秋田の小坂鉱山に赴任し、小坂を有数の銅山として再生させた。一九〇五年には赤沢銅山を買収、「日立鉱山」と改称している。一九一二年には久原鉱業株式会社を設立し、海運、水産、電力など、他分野の事業にも進出した。

久原の履歴で注目したいのは、大学を出たあと、当時ほとんど知られていなかった貿易商社「森村組」に、父や周囲の反対を振り切って入社していることだ。この選択には福沢諭吉の影響があったようだ。森村組を経営する森村市左衛門は、豊前中津藩出入りの御用商人で、森村はその縁から福沢の知遇を得、三田演説会で自分の事業観や人生観を説くようになり、塾生に大きな影響を与えた。久原は、森村の講話は「弁舌も訥々として必ずしもさわやかではなかったが、すべて体験から出たもので、着眼点も斬新であり一種の異彩を放っていた」と語っている。その後の久原の波乱に満ちた生涯はドラマティックだ。詳しくは『久原房之助 小伝』（日本鑛業株式会社）に譲る。

記念館でまず目に入るのは、社頭・福沢諭吉、塾長・小幡篤次郎、試業・門野幾之進から、大阪府平民・久原房之助に明治二二年一二月二五日に授与された慶應義塾の卒業証書だ。そのほか「山中友子制度」をはじめ鉱山関係の貴重な資料も展示されている。

一九三一（昭和六）年に日立鉱山で配られた「九月一日　酒なし日　全国一斉」のビラが目に入る。関東大震災の記念に「死んで帝都の礎となった同胞を想ふとき――酒なぞ飲んで居られようか!!　けふを機會に断然！　酒をやめませう!!」と書かれたものだ。実際、日立鉱山の場合、一九三九年には「禁酒貯金額」が二十数万円に達し、大蔵省貯蓄奨励局から表彰されている。その表彰旗には「貯蓄報国」、大蔵大臣・賀屋興宣、とある。この禁酒会貯金は会員が従業員の八割を占め、給料からの天引きであったとも記されている。文字通りの「強制貯蓄」だ。

日立鉱山は従業員の福利厚生施設として、本山劇場と共楽館の二つの芝居小屋を建てた。戦後は日立市内に映画館を含めると八つの劇場があった。このうち共楽館（現在は「日立武道館」）は、一九一七年二月の柿落《こけらおと》しに澤村源之助、市川九團次を招いている。舞台や花道は撤去されているが、正面は二つの唐破風、裏は切妻の大屋根、収容人員が四〇〇〇人という堂々たる劇場である（全国芝居小屋連絡協議会『芝居小屋のある町』）。

一五五メートルの大煙突

銅の生産量の増大は、煙害（亜硫酸ガスを含む）を深刻にした。「悪魔の息の如き毒煙」は日立村をはじめ周囲の山村に大きな作物被害をもたらした。宮田地区の水田の八割で田植えができなくなったというから住民の訴えは無視できない。久原は問題の重大さを十分認識し、小坂銅山での経験を生かして、一九一四年三月からの一年間の工事で、一五五・七メートルの大煙突を建設する。煙突を高くすれば煙害がかえって広がるとの論もあったが、結果的には煙害の減少に十分な成功を収めた（『大煙突の記録――日立鉱山煙害対策史』）。

それにしても一五五メートルという高さは常軌を逸している（三二五メートルの山の上に建てられているから、写真で見るとその高さは異様に映る）。久原の経営者としての責任感とスケールの大きさを象徴するような構築物だ。この日立鉱山の煙害対策は、「公害問題」が地域住民との話し合いで、完全ではないにしろ、交渉による解決に至った代表例となった。日立鉱山は、新しい用水路の建設、被害地の買収、作物被害の補償なども併せて行った。ちなみに朝鮮経済史の木村光彦氏に、この日立の大煙突を上回る一八三メートルの煙突が、一九三六年に北朝鮮の日本鉱業鎮南浦の銅精錬所に建設されていると教えられた（木村光彦・安部桂司『北朝鮮の軍事工業化』知泉書館）。そうした日本の煙害対策がほとんど忘れられているのは残念なことだ。

煙の量と方向は天気に左右される。地形によっても煙害の大きさは異なる。鉱山側がいくつかの場所に気象観測所を設けて、そこからの情報で煙の排出量を減少させようとしたことも、住民の理解を得るための効果が大きかった。

煙害問題交渉の住民側リーダーであった関右馬允《せきうまのじょう》は、精錬中止を求めるのではなく、補償による解決を求めたため、久原の考えと方向が一致した。この交渉の経緯は関右馬允『日立鉱山煙害問題昔話』に詳しい。新田次郎『ある町の高い煙突』の主人公は、関右馬允をモデルとしている。

関右馬允の子息、関勝馬も参加した座談会「街の大煙突を語る」が、先に挙げた『大煙突の記録』に掲載されている。久原房之助が心からの敬意を持って語られているのが印象的だ。地元と企業が直接話し合いをして第三者を介入させなかったことが大きかったと指摘されている。「窓口の方々が大変立派な人格者なので」、そうした人々が日立を去る時には町の有志が記念品を贈呈したほどだった。

また、『公害原論』の著者宇井純氏が「全国各地の公害闘争を紹介する中で、日立については地元住民の地道な努力と会社側の補償に対する柔軟な誠意ある姿勢を高く評価し」、「経営者も日立を見習え」と言ったとの発言もある。

過去を少し美化してしまうということもあるかも知れない。しかしこうした記録に目を通すと、現代ではあまり感じ取れなくなった経営者の人格が、この

大正３年の煙害激甚期、発煙する右からダルマ、八角煙突、神峰煙道。山頂には建設途中の大煙突。

大煙突完成後の製錬所。谷間から煙は消えている（大正４年10月頃）。

日立鉱山の大煙突
（提供：上下ともにＪＸ金属）

「大煙突」の建設をめぐるやり取りから読み取れる。人々の間に信頼関係が存在していたということだ。

「大煙突」は一九九三年二月一九日、下三分の一ほどを残して倒壊した。その瞬間を目撃した人がいた。大煙突がわずかながら震えたのか、何かおかしな動きがあったように感じたその瞬間、大煙突は音もなく、わずかな時間に、その形を保ったまま、ゆったりとたおれていった。スローモーションの映像を見ているようだったという。「ですから一瞬とても厳かな感じがしました。本当にそんな感じがしたんです」との証言がある（『大煙突の記録』）。

久原の小坂鉱山時代の部下、小平浪平

久原房之介のもとには優れた技術者が集まっていた。小平浪平もその一人だ。小平は東京帝国大学工科大学電気工学科を卒業後、藤田組に入社。小坂鉱山に電気主任技術者として赴任した。その時の縁で、小坂鉱山を買収した久原の誘いによって、久原鉱業所日立鉱山に移り工作課長を務める。そこで機械設備、新技術の導入、水力発電所の建設などを着実かつ迅速に進めた。日立鉱山を近代鉱山としてゆるぎない地位へと発展させたのはこうした小坂鉱山から移動した技師たちであった。日立が、開業後わずか数年で日本の大銅山として頭角を現したのは、人材を熱心に育てた久原房之助の経営者としての手腕によるものであった。

それまで日立鉱山では外国製の電気機械が使われていた。小平浪平は日本人の手になる鉱山用の電気機械を製作する仕事に取り組み、日立鉱山の初代工作課長として四〇坪にも満たない小屋で、わず

か五人の同僚と外国製の機械の修理をしながら、一九一〇年三月、五馬力誘導電動機（モートル）を完成させる。その力が認められ、久原に電気機械製作の工場を建設してもらい、一九二〇年、久原鉱業所からの独立を果す。「日立製作所」の誕生である。

この小平浪平を顕彰する「小平記念館」が日立製作所日立事業所内にある。この記念館を後日、二人の同業の友人（経済史のY先生、日本思想史のM先生）と磐城炭鉱を調べに行った折に訪れたことがあった（2015.9.25）。（創業の場所にあったこの記念館は二〇二一年に解体されて、展示資料は日立大みか町の「日立オリジンパーク」の新館に移されている）

小平記念館で気づいた展示について記しておく。小平浪平の着実で「静謐」とも評すべき人柄が伝わるような品の良い展示がいくつかあった。小平が何十年もの間、書き継いだ膨大な量の日記（『晃南日記』）の存在には驚いた。一本芯の通った粘り強い人物の淡々とした生活の記録であろう。

小平浪平　久原鉱業所日立鉱山に工作課長として入社し、電力の確保と工場内設備の内製に成功した。
（提供：日立製作所）

一九四五年六月一〇日、日立製作所海岸工場一帯は、B29からの五〇八発の一トン爆弾による空襲で壊滅状態になった。この時、工場防衛の任にあり、その職に殉じた諸士の慰霊のために、一九七八年六月一〇日に殉難の壕に碑が建てられた。空襲で避難した地下防空壕の壁が、盤石と思われていたにもかかわらず崩れたため、多くの職員が内部に閉じ込められてしまったのだ。四カ月後に遺体で発見された日立製作所職員岩間正二さんの遺書が展示されている。妻へ、両親へ、会社の上司、同僚へと書き留めたものだ。

内原訓練所に来たヒトラー・ユーゲント

日立鉱山・日鉱記念館を後にして、常磐自動車道で南の水戸に向かう。途中、偶然見つけた内原郷土史義勇軍資料館に立ち寄る。満洲事変以降、中国満洲地方と隣接の内モンゴルへの農業移民は「満蒙開拓」と称され、関東軍と拓務省の主導によって入植が進められた。広田弘毅内閣は、二〇年間で満洲へ一〇〇万戸を送出する計画を国策として決定した。この計画はそのままの形では実現していないが、敗戦時までに約二七万人の日本人が満蒙に渡った。一九三七年には数え年一六歳から一九歳の青少年を「満蒙開拓青少年義勇軍」（終戦までの約八年間で総計八万七〇〇〇人）として送り込んでいる。自由応募を原則としていたが、実際には高等小学校の教師が卒業生に働きかけた例が多かったといわれる。全国から集められた青少年は、茨城県東茨城郡下中妻村内原（現・水戸市内原町）の訓練所で数カ月の訓練を受けた後、満洲での現地訓練を経て義勇隊として入植した。

資料館の展示でめずらしい写真が目に留まった。訓練所創設間もない一九三八年九月、ドイツからヒトラー・ユーゲント代表団が視察のために内原を訪れ、訓練中の日本人青少年と交歓する風景を写したものだ。一九三八年夏以降、日独伊防共協定の強化のための交流事業の一コマである。さらに二年後の一九四〇年一一月八日、ドイツからハインリヒ・ゲルス他六名の視察団が内原訓練所を視察したとの記録がある（ちなみにこの「ゲルス」なる人物を、Roberts. Wistrich, Who's who in Nazi Germany〔Routledge, 1982〕で調べてみたがリスト・アップされていない。大物ではなさそうだ）。

終戦の翌年二月、元内原訓練所義勇軍病院跡に全国農業会「内原病院」が開設された。一九五〇年には県立精神病院となった。JR内原駅近くの東光山地蔵院の納骨堂には北満の地で命を落とした出身不明の訓練生の遺骨が祀られている。

水戸から久慈郡へと再び大子町方面に車を一時間ほど走らせ、滝川上流（久慈川の支流）の「袋田の滝」を観る。新しく観瀑台ができたあとなので、いくつかの高さから眺めることができる。西行がこの滝を絶賛したそうだ。確かに美しいが、その形状はむしろ「奇観」と言うべきだろう。

その日は袋田温泉で泊まる。いい宿であったが源泉温度が低い。しかしよく考えると、大災害と戦争の爪痕を改めて知ったいま、温かな湯につかりのんびりと、というのは申し訳ないことだ。

「水戸」で連想するのは、水戸黄門、水戸学、弘道館、天狗党、と歴史のさまざまな局面で登場する思想や人物だ。クラシック音楽ファンにはよく知られた「水戸芸術館」もある。一度はここで好きな音楽を聴いてみたいと思う。水戸芸術館は、わが尊敬する吉田秀和先生が長く館長を務めておられた。その吉田先生も今は亡い。

現在の鬼怒川沿いの風景から、かつて長塚節が『土』で描いた明治の小作農の姿を想像することは難しい。高度経済成長期の大規模工業開発で鹿島港付近も姿を変えた。特に小さくなった神之池が、その名前とは縁のないような姿に変貌している。

秩父はわたしにとってほとんど未知の土地だ。明治中期に経済的苦境に陥った農民が武装蜂起した「秩父事件」が起こった場所、秩父セメント工場のあった町、東京の奥座敷の国立公園、という程度の知識だ。姪の家族が上尾市に住んでおり、埼玉県と全く縁が無いわけではない。しかし秩父を含めて埼玉県の地形について、あるいはどこにどの町があるかと問われても、その位置関係は覚束ない。関西育ちのものには秩父は遠い。

江戸時代から様々な金属が採掘されてきた秩父の鉱山は、専門家にはよく知られている。だがアマチュアのわたしには、どこが秩父鉱山の見どころなのかがわからない。秩父盆地の南、「神の山」と呼ばれる武甲山の北側斜面には石灰岩の大鉱床があり、採掘の坑道が数多く存在する。ダイナマイトの爆破で山の形が変わるほどまで採掘された。ここから掘り出された石灰岩によって秩父セメントという会社は誕生した。第一次世界大戦後のことだ。

一〇〇年経った今も石灰岩採掘は続いている。構造不況業種とみなされたセメント製造業は、規模縮小の過程が続いたが、外国産に完全に置き換えられることはない。セメントが重くてかさばるため、

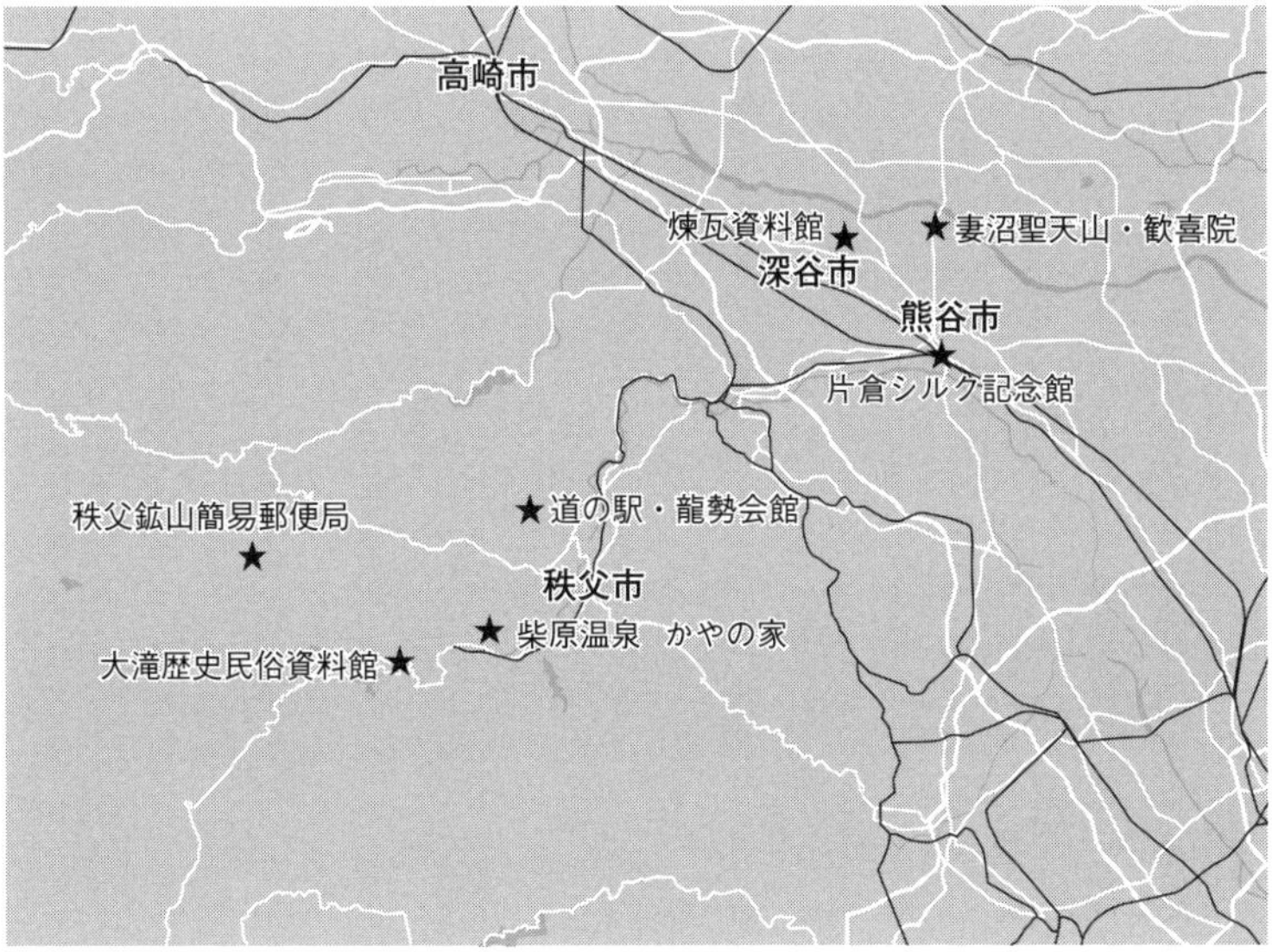

輸入に頼るのは輸送コストからみて採算が合わないのだ。

鉱山と温泉は隣接しているはずだと思い調べると、奥秩父の鉱山付近にも温泉がある。「日本秘湯を守る会」の会員宿で、荒川小野原の柴原温泉に「かやの家」という温泉宿を見つけた。単純硫黄冷鉱泉（源泉温度、九・六℃）だ。源泉温度が高いのが好みなのだが、鉱泉を加熱したのもいいかもしれない。

交通事情を調べると、池袋から秩父まで西武鉄道で約一時間半、秩父鉄道を乗り継ぐと「かやの家」まで総計で二時間もかからない。これでは単なる温泉旅行になってしまう。少し遠回りをして、埼玉県北部の熊谷で集合し、深谷、そして秩父の中津川にある秩父鉱山を訪ねるという旅程を組んだ。（2014.4.17〜19）

大学で午前と午後二つの授業を終えて、渋谷からＪＲ埼京線通勤快速で大宮に向かい、大宮で新幹線に乗り換えると一〇分余りで熊谷駅に着く。駅近くの老舗居酒屋で夕食を取り、そのまま「キングアンバサダー」という派手な名前のホテルに向かう。行き届いた実質的なビジネスホテルだ。授業の疲れが十分とれるほどよく眠った。

主君の子の身代わりにわが子を殺す？

翌朝八時半過ぎ、ＪＲ熊谷駅そばでレンタカーを借りる。発進してすぐ、駅北口に騎乗の武者像に気づく。近づいて見ると熊谷次郎直実像だ。歌舞伎の「熊谷陣屋」などを思い出しなぜか懐かしさを覚える。

わたしは高校時代はじめて歌舞伎を京都の南座で鑑賞した。二年間クラス担任をしていただいた数学の森住弘先生が、クラシック音楽と歌舞伎の愛好家だった。授業中に証明の難所にくると、突然、歌舞伎の「みえ」を切って生徒を戸惑わせた。高校二年生の時、課外授業と銘打って歌舞伎鑑賞に連れて行ってもらった。その折、實川延二郎（のちの三代目延若）の『仮名手本忠臣蔵』六段目の早野勘平の早変わりを観て感激したものだ。

だがその感激がそのまま続き、歌舞伎の大ファンになったわけではない。歌舞伎が好きになった友達としばしば観賞することはあった。しかし『一谷嫩《ふたば》軍記』三段目の切り、「熊谷陣屋」を観たときに持った違和感を長く引きずることになる。「熊谷陣屋」の熊谷次郎直実には泣けてはくるのだが、同時になにか不条理なものへの憤りのようなものを感じてしまった。このような「忠君」の思想は日本だけだと思い、主君の子の身代わりにわが子の首を差し出すという行為は受け入れられなかったのだ。

『伽羅先代萩《めいぼくせんだいはぎ》』にしてもそうだ。乳母の政岡が幼君鶴千代を逆臣から守るために、毒味役にしたわが子を見殺しにする。政岡は表情一つ変えずに鶴千代を守り切るのだ。この「忠君」は、自分の子供への愛という原初的な感情を否定する道徳を称揚しているようで、どうも虚偽を感じ取ってしまう。

ところがその後、アダム・スミスの『道徳感情論』（第六部第二篇）に、「自分の昔の主君であった人物の唯一のか弱き遺児の生命を守らんがために、自分の子供の命を犠牲にしようとした中国の大官」の話として、ヴォルテールの『中国の孤児』が紹介されていることを知った。過剰な「忠君」の精神は日本だけかと思っていたが、中国にも、主君のためにわが子を犠牲にする話があり、それにスミスが「いとしささえ感ずる」と書いているのを意外に思ったのである。いずれにしても、歌舞伎や人形浄瑠璃でこうした人間精神を美しいとみなしていることを素直に受け入れられず、わたしの歌舞伎熱は燃え上がることが無かった。

だが、『平家物語』の「敦盛最期」の熊谷次郎直実には心を揺さぶられる。直実は平家の大将クラスを討ち取って手柄を立てたいと勇んでいる。平家の武将が敵に背中を見せて沖の船へと逃れようとしているのを見つけ出し、直実が戻るよう促すと、武将（敦盛）は堂々と引き返して来る。その武将を討ち倒し、いざ首をはねようとしたところ、まだ一六、七の若者ではないか。直実自身の子供と同じくらいの年格好だ。自分の子が軽い傷を負っただけでも苦しく思うのに、ましてやこの武将の父はわが子が討たれたと知れば、どれほど嘆くことだろうか。迷う直実に、組み伏せられた若き敦盛は、「早く首を取れ」と促す。放心状態の中、直実は泣く泣く敦盛の首を斬る。討った首を包もうとして、敦盛が錦の袋に入れた笛を腰に差していることに直実は気づき、「東国武士はこのように戦陣に笛を持ち込むことはない」とその優雅さに感動するのだ。この出来事をきっかけとして、直実は出家したと『平家物語』にはある。

「敦盛最期」には、戦場の武士の色彩豊かな装束、人間の野心と誇り、大度と人情が、短い文章の中に見事に描かれている。これは、わが子を主君の子供のために差し出すという「忠君」の思想より、はるかに普遍的な人間感情ではないか。熊谷駅前で熊谷次郎直実の像を見たあと、そんな記憶がよみがえった。

妻沼聖天山「本殿」のバロック風彫刻に驚く

ＪＲ熊谷駅から車で数分のところに妻沼聖天山・歓喜院がある。この真言宗の寺は、『平家物語』、『保元物語』、『平治物語』、『源平盛衰記』などに登場する武勇に優れ人情にも篤い斎藤別当実盛公の開創による。斎藤別当実盛は平治の乱（一一五九年）を源氏側で戦った。平家側の嘆願により助命された実盛は、故郷越前に落ち延び、隠棲した後、今度は木曾義仲を追討する平維盛《これもり》軍で従軍する。源平合戦の時代は、自分や家族と一族の土地を守るために主君を次々に変えることは自然なことと考えられていたようだ。むしろ恩義の方を重んじたと言われる。実盛は平家軍が敗走する中で、篠原の戦いで最後の最後まで一騎で踏みとどまり奮戦。その際、「老いぼれ」と見抜かれないために、白髪と髭を黒く染めていた。

これが最後と覚悟して、白髪を染めて実盛が戦った相手は、二八年前に「大蔵館の変」で実盛が命を助け、信州まで送り届けた幼い駒王丸、木曾義仲であった。実盛が力尽きて倒れたのは、一一八三年、齢七三歳の年であった（『妻沼聖天山〈熊谷〉』改訂版 さきたま文庫）。

源平合戦の時代、武蔵の国は源義朝・義賢から平家へ、そして再び源頼朝へとその支配勢力が目まぐるしく変わる。そのなかで斎藤実盛、熊谷直実はドラマティックな、しかしひとつの気高い倫理観に支えられた生き方を示している。

まるで別世界を観るような気分で実盛の創建とされる歓喜院本殿を見て回る。八棟からなる「奥殿」は各壁面がすべて彫刻で装飾され、原色に近い華麗な色彩を放っている。建立後二五〇年ほど経つ二〇〇三年から八年ほどの歳月をかけて、総事業費一三・五億円の保存修理工事が行われ、外壁は創建時の鮮やかな色彩が復元された。その翌年の二〇一二年には国宝に指定されている。

補修前から「埼玉の小日光」と呼ばれていただけあって、その「バロックぶり」にはただ驚くばかりである。わたしは日光東照宮の色彩感覚にはどうもなじめない。この聖天山奥殿の壁面彫刻も同じだ。ただ一つずつよく見ると、なんともかわいい場面に出会う。布袋、恵比寿、大黒天が囲碁遊びをしているのもそのひとつだ。

カイコの神秘

熊谷駅から西に向かい、高崎線が新幹線ルートと分かれるあたりに、片倉シルク記念館がある。片倉製糸紡績は明治から大正にかけて日本の生糸輸出の主翼を担った大製糸会社だ。信州諏訪の岡谷が発祥の地であるから、熊谷に片倉シルク記念館があるのは意外であった。館内に入って、片倉製糸の最後の製糸工場が熊谷工場であり、その熊谷工場の繭倉庫を利用してできたのが片倉シルク記念館だと知った。

生糸は近代日本の産業発展を先導した繊維産業のひとつだ。明治から昭和の初めまでの日本の総輸出額の約四割を生糸が占めた。戦後日本の自動車産業の比ではなかった。自動車は、一九七〇年代から生産と輸出が加速して貿易摩擦の原因となったが、生糸はその自動車の「怒濤のごとき」輸出も及ばないほどの勢いであった。昭和初期までの生糸は日本経済の主柱のひとつであり、すでに明治末期に日本は生糸の生産量・輸出量世界一となり、かつては貴族階級の奢侈品であった絹が、一般庶民の需要にこたえ得るような製品となった。貿易面から考えると、生糸の役割の大きさは群を抜いていた。特に岡谷は、日本の生糸輸出の四分の一を占めるほど製糸業が盛んな地域であった。

二〇年ほど前まで、夏になると野尻湖で遊んだ帰りに上諏訪温泉に立ち寄り、諏訪湖畔にある岡谷の「千人風呂の片倉館」を楽しんだことがあった。ステンドグラスの美しい、ヨーロッパの大浴場顔負けの古風で上品な内装に、戦前日本の大企業の文化福祉事業への熱意を感じたものだ。ちなみに「千人風呂」というのは、大きな風呂という意味で、実際に千人入るのはもちろん無理だ。百人で一杯であろう。青森の酸ヶ湯《すかゆ》温泉の「千人風呂」も同じだ（第25章参照）。

熊谷のシルク記念館では、実際に使用されていた機械が見学できる。戦後使われた「自動繰糸機」の性能には感動する。生糸の太さを自動的に感知する装置、繭が足りなくなると自動的に補給する装置などが組み込まれ、どの生糸を接緒しなければならないかを探し出して自動的に接緒するような賢い機械だ。製糸機械製造の技術は歴史的にはフランスが強かったが、日本が、技術的にもコスト面でもはるかに優れた機械を次々に生み出していった。

しばしば「日本が得意なのは改良技術だ」と言われるが、そのような通説・俗説で説明されるような話ではない。これは基礎技術の開発であり、生産性にとって決定的な効果をもたらす大革新であった。近年海外の製糸業で用いられていたのは日本から輸出された自動繰糸機である。

片倉工業は一九九四年に熊谷工場を閉鎖した。一二〇年に及ぶ製糸業の足跡をわかりやすい形で展示したのがこの記念館だ。片倉工業自体は現在、繊維製品の製造販売以外に、不動産業や自動車部品等の製造販売へと業種転換を行っている。「産業の主役の交代」という時代の流れなのだ。

それにしてもカイコは神秘的な虫だ。桑の葉を食べて成長し、カラダの中で糸の原料を作り、口から平均一・三キロメートルもの長さの糸を吐きだしながら繭となり、吐きだし終わった後は、しばらくすると脱皮してサナギになる。そしてやがて蛾として羽化する。羽化した蛾はすぐに交尾して一晩で約五〇〇個の卵を産むという。蛾は飲まず食わずのまま交尾と産卵を終えて一生を閉じるのだ。なんという自然の不思議、なんという神秘であろう。生きとし生けるものそれぞれに、誕生と死の形がある、しかしその基本的な形には大きな違いはないのかもしれない。

渋沢栄一　幸田露伴は渋沢が「国民の態度というものを、だんだんと進歩せしめていかれた」点を高く評価した。

日本レンガ・誠之堂・清風亭

最終目的地の秩父鉱山へ行く前に、深谷へと回り道をする。近代経済史を勉強したものとしては渋沢栄一ゆかりの地を見ておきたい。熊谷宿の次の深谷宿は、中山道の九番目の宿場だ。熊谷から深谷までは車で三〇分ほどかかる。

深谷の「日本煉瓦製造株式会社」の旧事務所（ドイツ人煉瓦技師チーゼ〔Nascentes Ziese〕の居宅だった）が現在は資料館になっている。

明治政府が東京日比谷周辺を官庁街にする計画を立て、その建物群を威風堂々のレンガ造りに仕立て上げようとしたために大量のレンガが必要になった。政府は、すでに財界の重鎮であった渋沢にレンガの大量生産を可能にするよう、機械式レンガ工場の建設を要請する。深谷はそのための良好な条件を備えていた。ひとつは、深谷には良質の粘土が存在したこと、それまで瓦生産が盛んであったこと、小山川から利根川、江戸川を経て、隅田川へという水運を利用してレンガを比較的低コストで東京へ運ぶことができたことがある。

操業開始時（明治22年）の日本煉瓦製造株式会社
（提供：深谷市教育委員会）

明治二〇年、渋沢栄一他四名は、「会社設立願」を東京府庁へ、「煉瓦製造所設立願」を埼玉県庁へそれぞれ提出し、認可が下りる。煉瓦技師チーゼや建築技師ヴィルヘルム・ベックマンを雇い入れ、ドイツ人フリードリッヒ・ホフマン考案の「ホフマン式輪窯第一号」を完成させる（日本煉瓦製造株式会社「旧煉瓦製造施設」の解説より）。

われわれは運よく、傍の旧変電室の見回りと点検に来ていた管理の方から、製造所近傍について丁寧な説明を聴くことができた。近くに渋沢の喜寿を祝って第一銀行の行員たちの出資で建てられた

「誠之堂」が東京から移築されているとのこと。誠之堂のレンガがこの深谷市の上敷免産であることは、「上敷免製」の刻印があることからもわかるという。

渋沢栄一の生家（「中《なかんち》の家」の主屋）は、正面から見ると小学校のように横長で、天窓（煙出し）のある養蚕農家の形を成している。養蚕業だけでなく藍玉、雑貨、金融などの多角経営を行った豪農の家だ。実用の美はあるが芸術美は特段感じられない。栄一の妻の兄で彼の論語の先生でもあった尾高惇忠の生家も近い。渋沢家の本家・分家を含めた墓碑が集められた立派な墓所が近くにあった。

昼食に渋沢の生家の近くで深谷の郷土料理屋「割烹 楓」で「煮ぼうとう」を食する。渋沢もこの「煮ぼうとう」を大変好んだという。レシピを調べると、手打ちの平麺に（深谷産）ネギ、いちょう切りのダイコンと人参、ざく切りの白菜、他にしめじ、ゴボウ、干しシイタケ、鶏肉、油揚げなど、いろいろ入れるのがよいとある。関東風のしょうゆ味のうどんだ。「混ぜれば深い味がでることがある」のは料理も例外ではなさそうだ。

奥秩父へ

道の駅「龍勢会館」に併設された「秩父事件資料館・井上伝蔵の丸井商店（復元）」を起点に、小一時間ばかり歩き続けると、秩父事件のあらましがわかるようになっている。

秩父事件は、一八八四（明治一七）年に貧民救済を訴えて起こった「日本近代史上最大の農民蜂起」と資料館の説明書（文責 色川大吉）にある。秩父困民党軍は、西南戦争で西郷軍が押し立てた「新政厚徳」の旗を掲げて行進したという。この蜂起は自由民権運動の一環として捉えられるが、その経済的な背景は軽視できない。西南戦争の戦費調達で濫発された不換紙幣がインフレ昂進の原因だとする大蔵大輔（のち大蔵卿）松方正義は、不換紙幣の回収・焼却を強く主張、大隈重信と対立しつつも実施に移した。このデフレ政策は繭や米の価格の大幅な下落を招いた。この「松方デフレ」政策は、養蚕・製糸業が盛んだった秩父郡に甚大な打撃を与えたことは言うまでもない。農民の抱えた高利の借金一〇年据え置き、四〇年年賦、減税などを嘆願するために、秩父の村々を中心に、上州・信州の農民も含め、蜂起参加者は最盛時では一万人にも上ったと言われる。有罪判決を受けたものは約三八〇〇人、最高幹部は死刑ないし無期懲役となった。

秩父困民党の会計長を務めた井上伝蔵も、事件後に同志の土蔵に匿われ、翌年、欠席裁判で死刑を宣告される。その後、下吉田村から逃亡、北海道に渡り、石狩原野の開拓民となった。開拓生活の後、札幌に移住、一九一八年、死の間際に家族を病室によび寄せ、自分が秩父事件の会計長・井上伝蔵であることを明かし、自らの来歴を語ったという（資料館の展示より）。

懲役一一年を言い渡された飯塚森蔵も事件直後から行方を晦《くら》まし、九州四国方面に逃れたらしい。井上伝蔵の墓も、そして飯塚森蔵の墓も旧吉田村にある。

午後五時ごろ、この日の宿、奥秩父の柴原温泉の「かやの家」を目指す。宿に着く前に見た桜に似た花々の深い色どりが印象に残る。山間の宿は榧の木を用いた瀟洒な佇まいだ。浴槽も榧製だ。源泉温度は一〇℃に満たない。湯ぶねに浸りながら、同宿の客と「あの花の色は珍しいですなぁ」との話になる。しかし誰もその花の名前を知らない。

秩父鉱山へ

ゆっくり休んで翌朝、最終目的地の秩父鉱山に向かう。秩父鉱山では石灰石（大理石）だけでなく、亜鉛、鉄など様々な鉱物が採掘されてきた。問題は目指す場所をどこにするかだ。秩父市中津川ではあるが、訪ねる建物や採掘場が決まらないのだ。一番近くの簡易郵便局のアドレスをカーナビに入れて、とにかく行けるところまで行ってみようということになった。はたして、「秩父鉱山簡易郵便局」は見つかった。しかし土曜日で閉まっている。周りにはほとんど生活の気配はない。近くを歩き回ると、社宅だろうか、木造の崩落寸前の大きな建物が目に入る。現在はニッチツ（日本窒素）が石灰石を採掘しているようだ。

帰路、道の駅・大滝温泉の秩父市立大滝歴史民俗資料館に立ち寄る。ここで珍しい鉱石を観た。日本窒素から寄贈された、きわめて稀な「自然金」である。自然金が閃亜鉛鉱に密着したような形で掘り出されたらしい。「黒地に金は美しい配色であるが、一九六五（昭和四〇）年ごろまでの秩父鉱山から局部的に産出されただけで国内では他に例がなく、世界的にも珍しい産出状態である」と解説にある。この資料館で刊行された手作り感のある解説書「秩父鉱山の鉱物」は、秩父鉱山の鉱石がいかに多種多様であったかを知る上で参考になった。

道の駅で昼食を済ませて西武秩父駅に向かう。車で一時間半ほどかけて駅の近くにたどり着く。市内を一望できる羊山公園では、ちょうど芝桜が、文字通り「花の絨毯」のように咲き誇っている。見事なものだ。「美しすぎる」ためなぜか現実感が湧かない。

12　足利から富井（篠井）鉱山跡を通り白河の関へ

人と接すると知見が豊かになり、物の見方や考え方が広がる。ひとりの人間が考え付くことには限度がある。人と接することの重要さについて、福沢諭吉は「共に会食するもよし、茶を飲むもよし、尚下りて筋骨の丈夫なる者は、腕押し、枕引き、足角力も一席の興として、交際の一助足るべし」と説いた（『学問のすゝめ』十七篇）。だが大学では、共同研究が主流の理系学部の研究室は別として、個人研究が中心の文系の研究室は同僚や外部からの来訪者を疎ましく思っているかのごとくドアは閉じられ、「タコつぼ」状態になっていることが多い。この傾向は外国でも似たり寄ったりみたいだ。

わたしの教職生活の最後となった青山学院大学での四年間は、さまざまな経験に恵まれた歳月であった。しかし同僚の先生方の多くは「タコつぼ」に潜んでおられ、休憩室で雑談する機会はほとんどなかった。わたしの「おもり」をしてくれたのは、旧知のK氏など二、三の先生に限られた。

ある日、K氏が週末を利用して栃木に赴き、復原された「足利《あしかが》学校」を見学した話を、昼食をとりながら熱っぽく語ってくれたことがあった。わたしがまだ行っていないと知ると、「先生ダメじゃないですか。足利学校はルイス・フロイスの『日本史』にも出てきますよ」と言われ、（氏がこの大作を

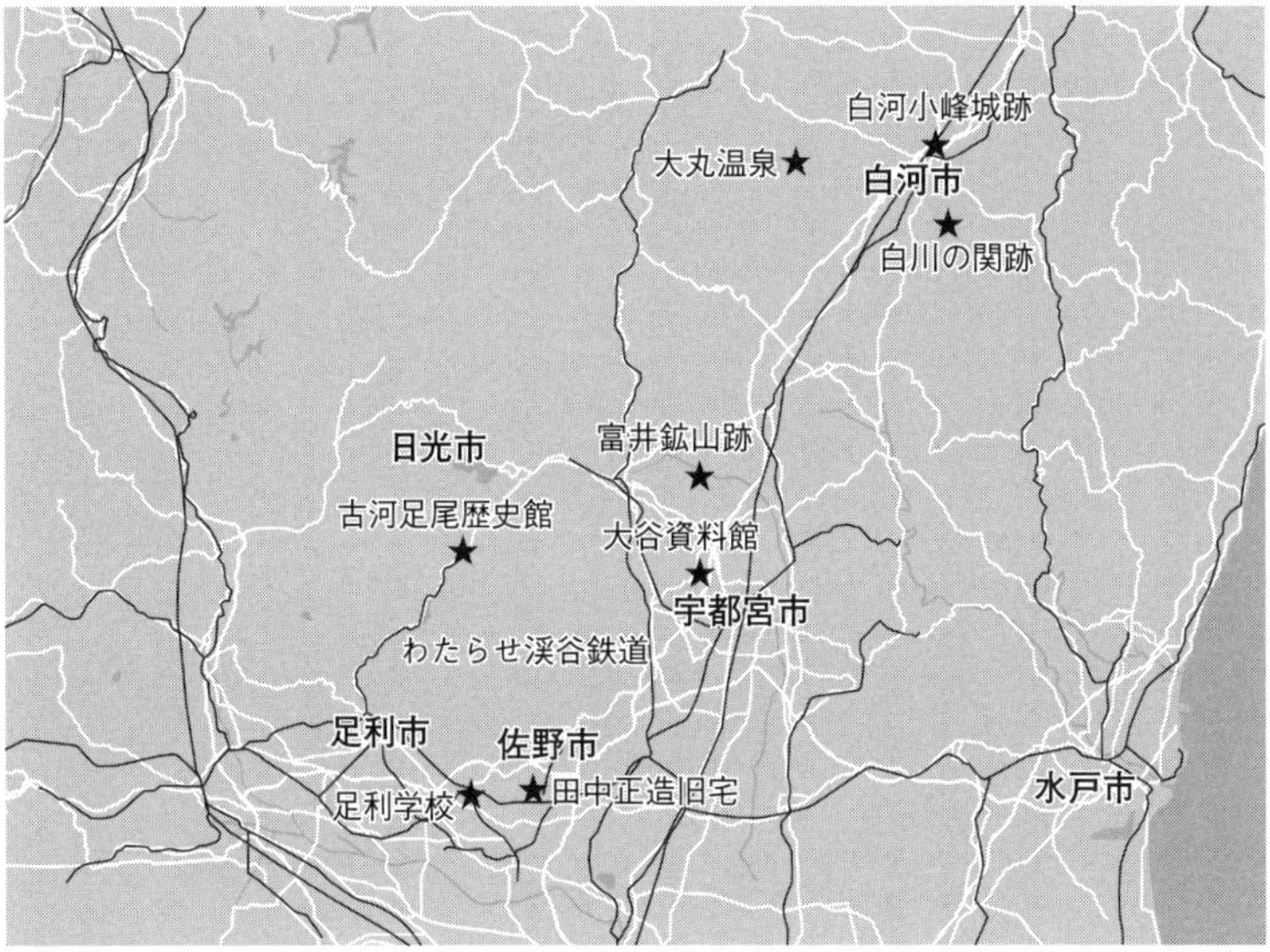

全巻読了していることは知っていたので）これは是非行かねばと思い立ち、足利学校を見学する鉱山跡調査旅行はできないものかと考えた。近くの鉱山を調べると、宇都宮市大谷町の「大谷石」の発掘場所が見学できることがわかった。ただ篠井《しのい》町にある「富井鉱山跡」はほとんど何も残っていないとある。いささか牽強付会ではあるが、無いところから、かつて在ったものを想像するのも一興かと思い、栃木県足利市から東北自動車道で那須塩原を通って福島の白河に抜ける旅を計画した。（2015.2.22〜24）

足利学校で見た「宥坐之器」

新幹線小山駅で夕刻T先生と合流。翌朝小山から足利まで西へ一時間ほど車を走らせ、まずは「足利学校」に立ち寄ることにした。この学校は平安時代に小野 篁《おののたかむら》が創設したと言われているが、創建の正確な時期については諸説あるという。一六世紀中葉に日本を訪れたフランシスコ・ザビエルがゴアへ送った書簡で、この学校は凡そ三五〇〇人以上の学生を擁し、日本に於いて最も有名で、最も大きい、坂東（関東）の大学だと書き送っており（一五四九年一一月五日）、フロイスも『日本史』の中（第一部序文）で足利の学校が豊臣秀吉によって破壊されたことなど、この学校に何度か言及している（足利学校展企画委員会『足利学校――日本最古の学校 学びの心とその流れ』）。足利学校のあった地区の町名が「昌平町」とあるのは、孔子生誕の地、山東省昌平に由来する。東京の神田湯島の昌平坂学問所の場合と同じだ。日本人の孔子崇拝が相当であったことを示す。

保存整備事業の復原工事によって、新しい足利学校は平成二（一九九〇）年一二月に落成式を迎えている。訪ねてみると、なかなか壮観だ。正面「入徳門」から入り、孔子像を左にながめつつ、「学校門」を抜けると立派な楷《かい》の大樹が眼に入る。孔子の墓所の楷樹（ナンバンハゼ）の種（雌木）を日本にもち帰り、大正時代に植えたもようだ。庶民にも開かれた岡山の藩校、閑谷《しずたに》学校にも大きな楷の樹がそびえていたのを思い出す。

さらに進んで「杏壇門《きょうだんもん》」をくぐると「孔子廟《びょう》」が現れる。これら建造物の遺構の多くは一六六〇年代のものであった。「孔子廟」の隣の庫裏《くり》、書院、方丈などにはさまざまな文化財が陳列されている。宋、元、明、朝鮮本の典籍も多く、国宝、重文などが含まれている。これら典籍の価値を知るものには有難い展示であろう。

方丈の入り口近くに、復元された「宥坐之器《ゆうざのき》」なるものが置かれているのに気づいた。銅製の壺状の器を、鎖で少し不安定な状態のままぶら下げたものだ。器が空のときは大きく傾いている。そこに水を柄杓《ひしゃく》で適量入れればデリケートなバランスで水平状態になる。だが、水を入れ過ぎると再び器は傾いてすべてこぼれ出てしまう。『荀子』「宥坐編」に出てくる不思議な器である。孔子が「欹器《きき》」と呼んだこの装置が、実際どのような設計であったのかは長いあいだ不明だったそうだ。その幻の器を館林市の銅司、針生清司氏（平成一一年「現代の名工」）が足利学校所蔵の「欹器図」を参考にして現代によみがえらせたのだ。これは「過ぎたるは猶及ばざるが如し」（論語）という「中庸の徳」を具体的に示すための器で、「腹八分目」を知るための絶好の教育器材だ、との説明も付け加えられている。

足利学校の「学校門」（大正時代）

宥坐之器
（提供：下：史跡足利学校）

旅から帰って調べてみると、『荀子』に、孔子はこれを弟子たちに試させて、「ああ、いっぱいに満たされてひっくりかえらないものがどうしてありえよう」と中庸の重要さを説いたとある。道徳の教えを具象物として示す面白いアイディアだと感じ入ると同時に、

田中正造　真の文明は山を荒さず、川を荒さず、村を破らず、人を殺さざるべし。

「宥坐之器」を見事に復元した名工の技に脱帽する思いであった。ただこの「器」の示す教訓は、「腹八分目は嘘だ、腹は十二分目だ」と言っていた父の言葉に共感していたわたしの心に、トゲのように刺さったまま残った。確かに、尊敬する英米文学のK先生から、徳川家康が論語をもじって「及ばざるは過ぎたるより可なり」と言ったと教わったこともあった。

ちなみに江戸初期から大正末にかけて、足利学校へは多くの文人や政治家が訪ねている。わたしが名前を知っている人だけを挙げても相当な数だ。来訪者リストを見ていると、幕末以降に限っても、吉田松陰、高杉晋作、渡辺洪基《ひろもと》、東郷平八郎、大隈重信、吉田東伍、渋沢栄一、井上馨、根津嘉一郎、九鬼隆一、井上哲次郎、乃木希典《まれすけ》、嘉納治五郎、徳富蘇峰、新渡戸稲造、加藤高明と、その数は驚くほど多い。戦後、この学校についてあまり語られなくなったのは、日本人の儒教に対する考えの変化ゆえであろうか。

田中正造の闘い

足利市に近い佐野市には自由民権運動の政治家、田中正造の生家がある。田中は足尾鉱毒事件で獅子奮迅の働きをした義の闘士として知られる。その足尾銅山を見ておきたいと思い、栃木県日光市の足尾町を訪ねたことがあった（2010.7.29〜30）。高崎から両毛線で桐生に出て、「わたらせ渓谷鉄道」で一時間ほど揺られて足尾の通洞駅に到着。深い谷あいの町の坑道内を歩いて回り、古河足尾歴史館の展示と資料を観た。

幕末から明治初期にかけて閉山状態に近かった足尾銅山は、明治一〇年、古河市兵衛が明治政府から払い下げを受けた。古河は一八八〇年代前半の開削の過程で発見された大鉱脈を、西欧技術（水力発電やベッセマー転炉など）の導入によってわずか一〇年足らずで足尾を東アジア有数の銅生産地へと発展させた。しかし銅の精錬の過程で発生する「燃料の排煙」、「鉱毒ガス（主に二酸化硫黄）」、「排水に含まれる金属イオン」が、渡良瀬川流域の広大な農地・森林を中心に、近隣環境を破壊するような甚大な被害をもたらすことになる。

この足尾鉱毒問題に立ち向かったのが、土地の農民運動と自由民権運動の中心人物であった田中正造である。田中は明治二四（一八九一）年一二月、第二回帝国議会で足尾銅山の鉱毒問題を取り上げ、国の鉱山行政を厳しく批判した。その五年後、渡良瀬川の大洪水によって、足尾鉱山の鉱毒問題は大きくクローズアップされる。

明治三三（一九〇〇）年二月には、足尾鉱毒について直接東京の政府へ訴えようとする農民と官憲が、川俣宿で衝突（「川俣事件」）。この流血事件の裁判中、正造は法廷で官吏を侮辱したとの罪で重禁固四〇日、罰金五円の判決を受けて刑に服する。

こうした事件の流れのなかで鉱毒反対運動が退潮しつつあると見た田中は、明治三四年一二月一〇日、第一六回通常議会開院式からの帰途にあった明治天皇へ、足尾鉱毒事件について決死の覚悟で直訴におよんだ。その場で警官に取り押さえられるが、そのわずか一〇日後、本郷中央会堂で足尾鉱毒地救助演説会を開くなど、田中の活動は激しさを増して行く（木下尚江編『田中正造之生涯』大空社）。

これに対して内村鑑三は翌明治三五年の六月二一日、「田中正造翁の入獄」と題する文章を『萬朝報』に載せ「義の為に責めらるゝ者は福なり」として獄中の田中正造を激励する。年譜によると、同年一二月二六〜二七日、内村は足尾銅山鉱毒被害地に『聖書之研究』読者へのクリスマス寄贈品を届けるため現地を訪ね、田中正造の案内で視察している（『内村鑑三全集』40、岩波書店）。

だがすでにこの時点で、田中の運動への内村の批判的な眼差しが生まれ始めている。それは、「キリスト教無しの社会主義」への批判として、内村の中にわだかまり続けていた問題と深く関わってい た。一方田中は、内村に対して、「聖書の研究なんて、そんな事を早く止めて、鉱毒事件に従事しなさい」、あるいは「古書を棄て現代を救え」と主張し、両者は決裂に至る（大竹庸悦『内村鑑三と田中正造』流通経済大学出版会）。

佐野の生家と墓碑

田中の生家は足利市の南東、佐野市小中町にある。田中正造邸宅の隠居所（正造が父母のために建てた）をぬけて、正造の生まれた母屋に入り、そこで展示品を観る。管理の老婦人に、田中正造資料展示（〔天皇への〕直訴状など）のある大橋町の佐野市郷土博物館が「月曜休館」だったのは残念だと話すと、「これをどうぞお持ち帰りください」と田中正造誕生地墓碑拓本を分けて下さった。

ちなみに、鉱毒水によって魚類が死に絶え、数万の人民のうち財産を失う者、失業して食事もとれず病になる者が続出し、働き盛りの者が故郷を離れて他国をさまよう状況をめんめんと綴った直訴状は、正造の依頼を受けた幸徳秋水が起草している。この隠居所に展示されているのは複製だ。また母屋の正造の写真は、亡くなる一年前の正造七二歳の時に佐野町の写真館で撮影されたものである。なかなかの迫力だ。写真の横には「愛」の文字の額が掲げられている。川俣事件で負傷した山崎銈次郎宛ての手紙に同封されていた正造直筆の書とある。意外なほど繊細な字だ。直筆の掛け軸もある。彼が生涯多くの歌を詠んだ歌人であったことと併せ考えると、神経の細やかさと剛毅な気質が共存する大人物であったことがわかる。

この墓碑は、旧小中村の人々が田中正造の意思を受けて結成した「小中農教倶楽部」によって建てられた。正造の遺骨は本葬（大正二（一九一三）年一〇月一二日）の後、各地に分骨された。小中町では、田中家の菩提寺、浄蓮寺に分骨安置されたが、その後、田中家の南の現在の場所に墓所を定め埋葬された。墓碑の題字「義人田中正造君碑」は田中の盟友であった島田三郎（一八五二―一九二三）の書である。島田三郎と田中正造の交友から生まれた貴重な墓碑だ。小中農教倶楽部の案内板には、墓碑に刻まれた短歌の書は正造の自筆とある。「悪筆の達筆」というか、なんとも味わい深い。しかしとても読めない。「冬ながら啼かねバならぬほととぎす　雲井の月の定めなけれバ」という歌は、正造が、「明治三二（一八九九）年二月四日、政情不安定を憂えて、自己の血を吐く思いをほととぎすに託して詠んだもの」という。碑の簑笠姿の正造翁は、同じ小中出身の東京美術学校助教授を務めた小堀鞆音《こぼりともと》の筆になる。この拓本は、鉱山跡の旅でしばしば一緒する、島田三郎の伝記執筆中だったM先生に謹呈した。

帝国ホテルの大谷石

田中正造の生家を後にして、道の駅「どまんなかたぬま」で昼食。そのあと、大谷石の採掘跡と地下軍事工場を観るために宇都宮市大谷町へ向かう。

大谷石といっても全く馴染みはなかった。専門家の解説では、加工がしやすい軽くて柔らかい石材で、化学的には、「軽石凝灰岩」と称されるという。大谷石の採石場跡は現在は「大谷資料館」となっている。採石場の地下空間は近年コンサートなどの会場にも利用されている。予想以上の広さだ。戦時中は、陸軍の地下秘密倉庫として使用されただけではなく、中島飛行機（現富士重工）の戦闘機「疾風《はやて》」（通称ハチヨン）の機体工場にもなったと説明板にある。正規従業員・徴用工・女子挺身隊員・通年動員による旧制中学三年以上の男女学生・坑内工事関係者・関係軍人を「延べ」で合計すると約一万五〇〇〇名が勤務していたと言われる。信じられない数字だ。まさに「地下都市」だ。坑内気温は八月、九月でも平均一八度強、一月、二月は平均で二度を上回ることがないという。

白地に茶色の塊（ミソ）が点在する洒落た色合いの大谷石は、米国の建築家フランク・ロイド・ライトによって帝国ホテル旧本館（現在は愛知県犬山市の明治村に移築されている）に使用されたことでも知られる。大正一二（一九二三）年九月一日、帝国ホテル完成披露の日、あの関東大震災が起こった。しかし未曽有の大激震にもかかわらず、小さな破損はあったものの、帝国ホテルはほとんど無傷であった。この知らせを受けて、ライトは喜んだといわれるが、ことの真相には不分明なところが多い（ブレンダン・ギル『ライト・仮面の生涯』学芸出版社）。ライトは日本の帝国ホテルの設計依頼を受けるまでに幾多の私生活上の不幸とスキャンダルに巻き込まれており、一九一三年に来日してからも、依頼主側との衝突が続き、一九二三年の「大震災」の時点では工事半ばで、米国に帰国している。

大谷石の採石場を観た後、篠井町の富井鉱山へ向かう。この鉱山は、江戸時代は金、昭和期にはいると銅を産出していた。ただ近くに行っても、雪も残っており目印となる建物や坑道跡が確認できない。前に挙げた『日本の鉱山文化』（国立科学博物館編）には「野州篠井村金山図」などが掲載されているが、近年はアメジストや石英などの採掘などで知られるようになった。

何も無いところから存在をイメージすると言っていたが、思い浮かぶものもなく満たされぬ思いのまま撤退するよりほかなかった。東北自動車道を一時間半ほど走り抜けて、奥那須の温泉宿・大丸温泉旅館にたどり着く。乃木希典夫妻が毎年湯治に訪れていた宿だ。ロビーの奥に日記、手紙、着物など乃木さんゆかりの品々が展示されている。宿の裏を流れる川の瀬が大きな露天風呂になっている。湯は透明な単純泉七〇度。焼酎の温泉割をほんの少しだけ口にすると、疲れた身体に沁みとおる。

白河関の森公園

翌朝少し早めに宿を出て、白河の関の跡を観るため白河市に向かう。車で一時間ほどの距離だ。白川庄は鎌倉・室町時代は結城家が治め、徳川時代の末ごろに阿部家が藩主となった。

芭蕉が『奥の細道』のはじめに「春立てる霞の空に、白河の関越えんと」とあり、白河に着くと、「心許なき日かず重るまゝに、白河の関にかゝりて旅心定まりぬ」と、「白河越え」の一節がある。芭蕉も白河に至って、やっと旅の中に浸る気持ちになり、昔のひとがこの関を越えた感動を都に伝えようとした気持ちに共感しているようだ。いよいよ陸奥《むつ》へ入ったのだ。歌詠みであれば、いろいろと思い浮かぶ歌の数々があるのだろう。

白河まで来てみてわかったのだが、関が初めて置かれた年代も不明、そもそも「白河の関」が正確にどこにあったのかは確定できていないようだ。江戸時代後期、「寛政の改革」を指導した教養人、藩主松平定信（吉宗の孫）の考証により現在整備されている場所を、「ここが白河関跡だ」と定めた。県道七六号に近い「延喜式内社　白河神社」がある白河関の森公園には、「古関蹟の碑」と書かれた木の札が立てられている。定信が寛政一二（一八〇〇）年八月に、「ここだ」と断定したことを記した碑だ。神社すぐ傍には「古歌碑」があり、白河関を詠んだ平兼盛、能因法師、梶原景季《かげすえ》の歌三首が刻まれている。

さらに「幌掛けの楓《かえで》」という札もある。源義家が安部貞任《さだとう》攻め、清原氏討伐（前九年の役）のために白河関を通過する時、この楓に幌をかけてしばし休息したと伝えられている。無粋な詮索だが、幌を置き忘れたということなのだろうか。この種の不思議な観光スポットがあるのは日本だけではない。アメリカ・ボストン郊外プリマスに一六二〇年、一〇二人の清教徒（ピルグリム・ファーザーズ）を載せたメイフラワー二世号が着いた時、最初に船から降りたものが「踏んだ石」（プリマス・ロック）がある。「ここだ」、と決めたい気持ちはわかる。

文部科学省と白河市教育委員会の案内板によると、昭和三四（一九五九）年から昭和三八年に実施された発掘調査によって古代から中世の遺構・遺物が発見されているが、この「白河関」の全体像は不明な部分が多いという。

それでも神社境内を歩くと面白いエピソードに出会う。『奥の細道 曾良随行日記』にも記されている「二所ノ関明神」は大相撲二所ノ関部屋の発祥地とされる。参道奥の本殿近くに土俵のようなものもある。八月には二所の関古式相撲が嵐祭りとして奉納されると案内板にある。

白河藩は幕府の「老中」を多く出した名藩であった。奥州の玄関口の白河には親藩や譜代大名が配置された。先にふれた松平定信はその代表格だ。定信の画才と見事な書は政治家の余技ではない。実物を見る機会は逸したが（そもそも白河に残っているものは少ないそうだ）、定信の詩文は、「白河関」を様々な角度から検証の上に建立した「古関蹟」の碑の裏面にも刻されている。

こうした白河藩の「雅と剛」、「文と武」の伝統は、幕末維新期に数奇な運命に晒される。藩主阿部正外《まさと》は幕府老中として諸外国との交渉役を担い、勅許を得ずに兵庫港の開港を断行する。それが攘夷派の反発を招き、一八六六（慶応二）年、白河藩最後の藩主阿部家は棚倉藩に移封され、その後は幕領となった。本城の小峰城（南北朝時代の白河城とは別）は戊辰戦争では、新政府軍と奥羽越列藩同盟軍が激しい攻防を繰り返し、慶応四年五月一日の大激戦で落城、大部分が焼失した。藩が存在しない関門の地、白河口は一〇〇日間の激戦地となった。

新撰組局長近藤勇はすでに下総国流山で捕らえられ、中山道板橋宿近くで処刑されている。なぜか「佐幕」が好きなわたしは、白河口における新撰組隊士の最期を想像すると心静かではいられない。

13 登米、栗原から鶯沢の細倉鉱山へ

高校の日本史の授業で、十一世紀に東北で「前九年の役」と「後三年の役」と呼ばれる陸奥《むつ》と出羽《でわ》の国の武士団（土豪）の戦いがあったと教わった。この戦役の奇妙な名は教科書にも記されていたが、それがなぜ、いかなる勢力の間の対立で起こったのかについての記憶がない。忘れたというよりも、そもそも理解していなかったのだろう。高校時代の歴史理解はこの程度のものだったのだ。しかしこの戦役の起こった年や登場人物の名前を学校で教えられたことは、決して無駄ではなかった。

わたしは昔、日本の中学・高等学校の歴史教育は暗記に偏り過ぎて、歴史の不思議さ、人間の複雑さ、偉大さと卑小さを学ぶためになっていないと「正論」を吐いたことがあった。しかしこれは日本の歴史教育の不十分さを指摘しているだけであって、若い時代の暗記重視の教育の長所を十分理解しない、いささか浅薄な論であったと反省している。高校時代の世界史と日本史で憶えた知識は、歴史を学ぶ場合、最低限の正確な知識を獲得するために必須だと最近痛感するようになったからだ。

例えば、中国の王朝や帝国の名称と、その交替、順序、分裂と統合の年号は、みな高校時代に憶えたことだ。その知識があってはじめて、個々の時代の出来事を適切に位置付けて、さらに詳しく学ぶ

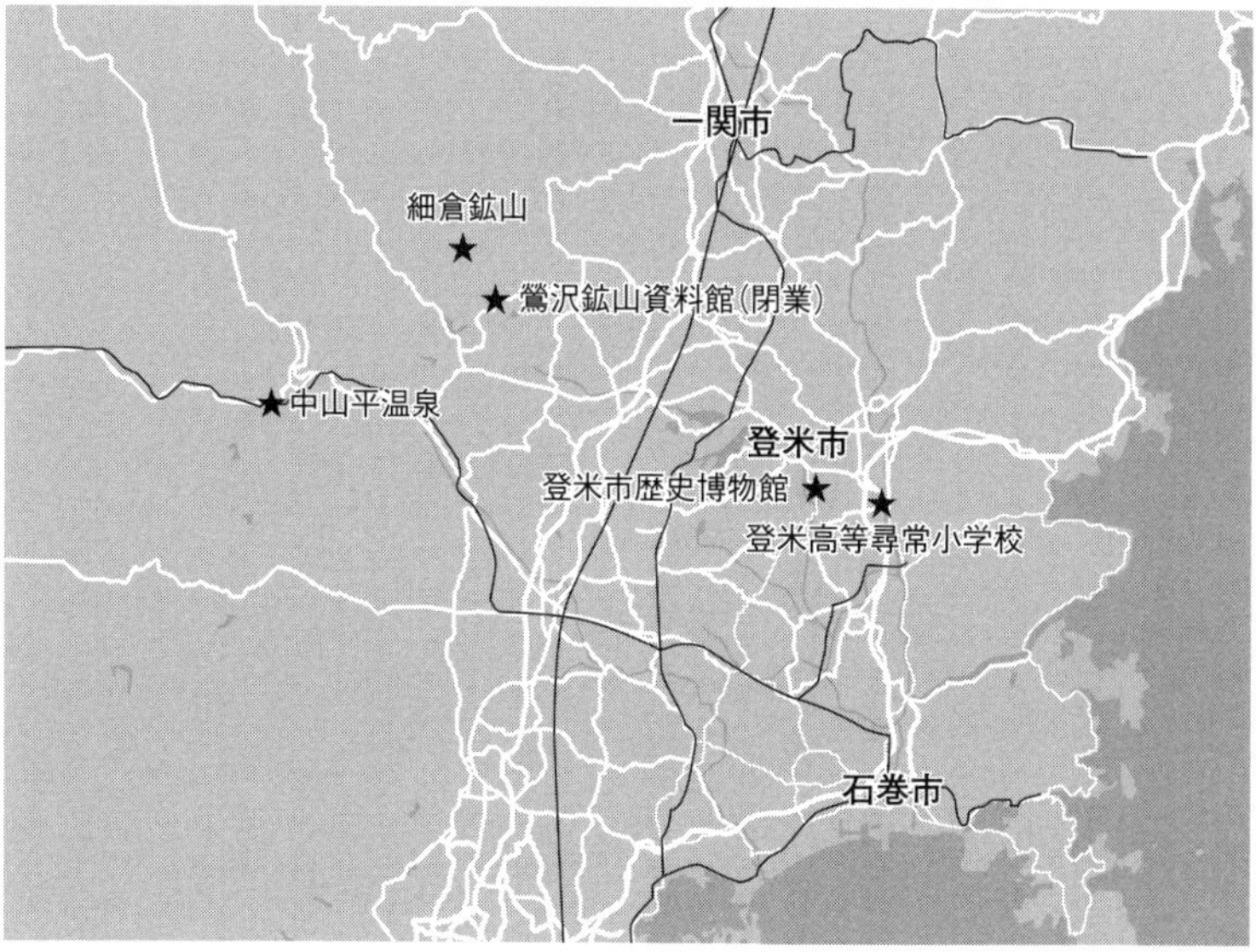

ことができる。

歴史において、人名、年、月、日、場所を正確に知ることは重要だ。この点が曖昧だと、とんでもない推論やでたらめな解釈をしてしまう。暗記や暗誦を軽んじてはならない。不正確な知識、細部への関心の欠如は歴史理解をゆがめかねない。

教科書に、「前九年の役」については安倍氏と清原氏・源氏の名前が記されている。源氏が出羽国の清原氏の助けを借りて陸奥の安倍氏を抑えて戦いを平定したとある。「後三年の役」は、「前九年の役」の安倍氏征伐で十分な恩賞を得られなかった源義家が、清原氏を亡ぼし、奥州藤原氏の権力基盤を確かなものにした戦いだとも説明されている。しかしその戦役の原因については、朝廷との関係、当時の税制や経済構造を知らない高校生の理解を超える。したがって、事実だけを丸憶えしておいて、のちになって「ああこういうことだったのか」と理解すればいいのだ。今回の登米《とめ》、栗原、細倉鉱山への旅も、結果として、「こういうことだったのか」と東北の歴史についての己の無知を再確認するような旅となった。

まずは夜半、JR東北新幹線「くりこま高原」駅で下車し、駅のすぐ傍のホテルで一泊。翌日登米市に向かう。登米市は水沢県の県庁所在地でもあったから、「宮城の小京都」登米《とよま》町を中心に、観るべき旧跡は多い。そのあとは北上川周辺の鉱山（細倉鉱山）を踏査しようということになった。

（2015.6.25〜27）

登米《とめ》市登米《とよま》町

「登米」をどう読むか。市の名称の時は「とめ」、町は「とよま」と読むのが正解だ。したがって登米市登米町は「とめし、とよままち」となる。風情があるとも言えようが、人泣かせな命名だ。なぜそんなヤヤコシイことになったのか。ひとつに、明治のはじめ、現在の「登米町《とよままち》」が、登米県・水沢県の県庁の所在地となったが、「とよま」という地名の呼び方も知らない県庁職員が多数往来したので、「とめ」と呼ぶようになった、という分かりにくい説明もある。呼び名は慣れや慣習によるところがあるからそうなったのかもしれない。

このヤヤコシサを具体的に示すと次のようになる。町の施設としての小学校は「とよま町とよま小学校」「とよま町とよま中学校」と呼ばれるが、高校は県立になり、「宮城県とめ高等学校」となる。国や県の施設は、すべて「とめ」と読み、「仙台地裁とめ支部・仙台法務局とめ支局」が正式の読み方となっている。

こうした使い分けはわたしが最も不得意とするところだ。選択肢が二つの場合、一度間違えると、「その逆」を正しいと考え、いざ使う段になるとさらに「その逆」を言ってしまう。同じ文字を書いて、異なる読み方をするケースが人名や地名に多いのは日本語の特徴だ。

些末なことに紙幅を費やしたわけではない。名前というものの深い意味を考えると、この「とめ・とよま」問題は、大げさかもしれないが町の魂に関わる問題のようにも思えるのだが……。

そんなことを考えながら、まず登米《とめ》市歴史博物館で幕藩体制下の武士や庶民の生活についての常設展示を観る。佐沼城址のそばにあるこの博物館は、以前は「迫《はざま》町歴史博物館」（二〇〇〇年一〇月開館）と呼ばれた。二〇〇五年の「平成の大合併」によって、登米《とめ》郡迫町が登米市迫町として登米市に合併されたので名前が変ったのだ。

この博物館の常設展示「武家文化と民衆のくらし」はわかりやすい。江戸時代、仙台藩に属した佐沼郷の経済生活が、文字だけでなく、絵や図、表などに上手にまとめられている。江戸時代の幕藩体制の経済構造も簡潔に示されている。修学旅行でこうした歴史博物館を観ると、地方の生活を通して歴史が具体的にイメージしやすくなるだろう。

改めて驚いたのは、江戸時代前期の新田開発と北上川の大掛かりな改修工事だ。江戸初期に大規模な堤防工事が行われ、それまで登米の町の西側を流れていた北上川が、（現在のように）町の東側を流れるようになった。その結果、湿地帯での新田開発が進み、佐沼郷が仙台藩の重要な穀倉地帯となる。当時の土木技術のレベルの高さに驚くが、登米伊達氏の祖、伊達宗直の英断にも三嘆する。

農民の暮らしについても、奉行や代官などの役人だけではなく、有力者の村役人、特に大肝煎、肝煎が年貢の割り付けと徴収、検地帳の作成・保管をどのように行っていたのかが分かり、農村生活の厳しさが伝わってくる。こうしたイメージを得ることは歴史を学ぶ上で大事だ。肝煎あたりが一番強い権力を持っていたのではないかと想像する。

展示にある、百姓の弥五右衛門が肝煎の栄之助に宛てた離縁願(寛政一〇年)には、病気で働きが悪い嫁を離縁すると書かれている。離婚を村役人に願い出ている書類だ。

品格日本一の学舎

迫町の西の端から車を走らせると、ほんの十数分で北上川河畔の町、登米町に入る。町には、九日町、前舟橋、桜小路、前小路、鉄砲町など、江戸時代の地名がそのまま残っている。名前を変えるな、町名は変更するな、と考えているわたしにはうれしい。

「宮城の明治村」と呼ばれるように、登米町の中心部にはいくつかの美しい歴史建造物が存在する。一番感動したのは(旧)登米高等尋常小学校だ。これまで、日本にまだ遺っている明治時代の小学校をいくつか見たことがある。松本の(旧)開智学校、静岡県賀茂の(旧)岩科学校、甲府市の(旧)睦沢学校校舎(現在の藤村《ふじむら》記念館)など。これら校舎のたたずまいは、いずれも当時の日本人が教育に対して抱いた信念と希望を示している。登米高等尋常小学校の品格ある堂々とした姿にはある種まぶしさを感じる。

木造二階建て、素木《しらき》造り、屋根は寄せ棟瓦葺きと説明書にある。中央にヴェランダ付き玄関が突き出ているのは威風堂々としているだけでなくなかなかシャレている。教室として使われていた部屋にはさまざまな陳列品のケースがあった。石巻尋常高等小学校の「当校教員注意要項」は面白い。先生に対して、「こういうことに注意しなさい」といったチェック項目が列記されている。「手ぶらで教えよ」（パワーポイントなどを使わず板書せよ）「劣等生を愛せよ」（優等生だけを競争させるのが教育ではない）「言葉遣いを丁寧にせよ」（「タメぐち」で話すな）「品格を保て」（徳の涵養のためには、先生の率先垂範が必要）。

建物の外観にふさわしい品位ある立派な人間を育て上げるために、一町村としては未曽有の六〇〇〇円という巨額の費用を投下するという、若者の教育に大きな夢を託した時代の大事業だったのだ。

仙台伊達伯爵家三傑

水沢県庁記念館は登米高等尋常小学校のすぐ傍にある。明治に入ってから宮城県が行政区画を何度も変更させられたのは、仙台藩が戊辰戦争で新政府軍に敗れたことが影響したのだろう。旧仙台藩は仙台を中心に六郡二八万石となり、版籍奉還で土地と人民を朝廷に返した後、登米県庁舎の建設が始まり、一八七一年の廃藩置県によって登米に一関《いちのせき》県の県庁がおかれることになった。その後、一関県は水沢県と名前を変え、いまは「水沢県庁記念館」となった建物を水沢県庁舎としてスタートした。ただ一八七五年には水沢県は廃止されて磐井《いわい》県となり、県庁は一関に移転している。したがって、記念館となっているこの建物が水沢県庁舎であったのは四年足らずということになる。何という朝令暮改の連続であろうか。維新後の日本が統治と行政にあまたの試行錯誤を余儀なくされたかがわかる。

この「水澤縣廳記念館」といういかめしい看板がかかった木造平屋建ての建物に入ると、まず目に入るのは、仙台伊達伯爵家三傑と書かれた説明板の写真だ。「三傑」とは郷土の誇り、高橋是清、後藤新平、斎藤實《まこと》の三人だ（写真には他に伊達邦宗、菅原通敬《みちよし》の姿もある）。

後藤新平は、若かりし頃この水沢の胆沢《いさわ》県庁の給仕として働いていた。記念館には彼の揮毫《きごう》「自治三訣」が掲げられている。大正一一（一九二二）年、少年団（ボーイスカウト）日本連盟初代総統となった後藤は、「自治こそは人間生活の根本であり、信と愛の奉仕こそは社会生活の源泉である」として「自治三訣」、すなわち「人のお世話にならぬやう人のお世話をするやうそしてむくいを求めぬやう」を唱えた。

この三訣についてちょっとした思い出がある。わたしの父が、晩年話してくれた後藤新平についてのエピソードだ。父は三重県の伊賀上野の中学で学んだ。上野中学三年か四年の頃、後藤新平が中学に講演に来た。後藤が生徒にこの三訣を力説すると、講堂の奥の方で聴いていたKくんが、「みんながお世話すれば、お世話される人がいなくなる」と叫んだという。Kくんは東北帝国大学で教えていたお父さんが亡くなったため、（恐らく母方の実家のあった）伊賀上野に移って来た転校生だった。少し反抗的な、しかし快活な少年だったらしい。このKくんの言葉に、父は「なるほど」と思ったと晩年笑いながら話していた。昭和三年か四年のことだ。後藤は昭和四年に亡くなっているから最晩年ということになる。実証を重んずるには、後藤新平がいつ上野中学に来たのかを調べる必要があるのだが、まあいい話なので記しておく。

旧水沢県は現在の宮城県と岩手県にまたがっている。登米は今は宮城県だ。旧登米警察署庁舎の建物も（現在は警察資料館）美しい。旧登米高等尋常小学校校舎を設計した宮城県技手・山添喜三郎の手になるもので、明治二一年に竣工している。山添はウィーンやフィラデルフィアの万国博覧会などに行き、欧米の建築の構造とその醸し出す雰囲気を学び取って来たのであろう（警察資料館の展示による）。二階バルコニーは当時「遠見台」と呼ばれた。警察署庁舎がかくもモダンで贅沢なのは意外である。警察（内務省）の力がそれだけ強かったということだろう。

この旧登米警察署庁舎で見た「違式詿違条例《いしきかいい》」（原本写し）は面白い。明治五年一一月八日の東京府達、明治六年七月一九日、太政大臣（三條実美）布告の条例である。「違式」とは一定のやり方・決まりに違反すること、「詿違」とは欺いて人をだますことを意味する。違式罪目と詿違罪目が列記されており、文字が読めない人のために軽犯罪をいろいろ巧みに絵で示している。「自分ははたして無縁か」と思わず釘付けになった。

「偉大なる凡人」斎藤實

斎藤實　朝鮮統治を「武断政治」から「文明の政治」へと転換させた。

水沢は多くの傑物を生み出している。古代、大和朝廷の侵攻に対して戦った蝦夷《えみし》のリーダーのアテルイ、幕末の高野長英、現代の大谷翔平君など、偉人・有名人の輩出率は高い。近代に限ると、先に触れた後藤新平（台湾総督府民政長官、満鉄初代総裁のほかに大臣や東京市長を務めた）はしばしば話題に上る。しかし一九三六年の二・二六事件で陸軍の青年将校たちに殺害された斎藤實は、海軍大臣、朝鮮総督、内閣総理大臣など重要ポストを歴任しているが地味な存在だ。わたし自身、斎藤實について詳しく知ることはなかった。この旅の数年後、再び友人A氏と宮城県大崎市の吉野作造記念館理事長のS氏とその友人の四人で水沢を訪れる機会があり、斎藤實記念館に立ち寄ることができた。(2019.9.1)

斎藤實は大変な読書家であった。自分が少年時代に十分な読書ができなかったことから、蔵書約三万八二〇〇冊を収納する図書館(閲覧室兼用)を自宅脇に完成させている(水沢図書館の水沢文庫)。その原資として、斎藤が計十年務めた朝鮮総督を退任する際、朝鮮の人々から贈られた餞別も用いたという(斎藤實顕彰会発行の会報『自力更生』第一七号)。

二階の展示室は二・二六事件が中心になっている。この暴虐きわまる蛮行で惨殺された斎藤實と高橋是清を偲んで、昭和天皇が翌年詠まれた歌、「降り積もる雪を今年も眺めつつ逝きし二人の大臣《おとど》をぞおもふ」に、この事件が昭和天皇へ与えた衝撃の大きさが読み取れる。

事件の翌二月二七日、斎藤家弔問から帰った駐日アメリカ大使ジョゼフ・グルー(一八八〇―一九六五)が次のように記している。

昨日彼が殺されたその家で、彼の遺骸が白布をかぶって畳の上に安置されている部屋へ案内されたが、恐らく彼が殺されたその部屋なのであろう。跪いて焼香し、喪にある家族の方を振向いて、私はあの愛すべき斎藤子爵夫人が私の真ん前に坐っているのに気がついた。昨日夫人は傷の手当を受けて病院にいたのだが、愛する夫の遺骸とともにあるため、腕を三角巾で吊って無理に出てきたのに違いない。
彼女は私に顔を見たいかと聞き、そこで白布を取りのけた。銃弾の傷が一つ見えたが（三十六の傷の一つである）彼は安らかに眠っているようだった。われわれはどれほど彼を愛し、彼に敬服し、彼を尊敬したことだったろう。彼の顔からは愛嬌のいい微笑が消えたことなく、彼の白髪は、彼が高い位置や有益な生涯で獲得した高貴さとは全く別な、高貴さを彼に与えていた。暗殺のたった数時間前、彼は私たちの食卓につき、元気に愉快にアリスの横に座を占め、一方彼の夫人は私の横に、また受けた傷から死に瀕している鈴木提督は、私と向合いに坐っていたのだ。

（グルー『滞日十年』*Ten Years in Japan* 石川欣一訳）

斎藤實内閣は、政官財界を巻き込んだ帝国人絹の株式をめぐるスキャンダル「帝人事件」によって二年余りで総辞職に追い込まれた（一九三四年七月）。この「事件」なるものは、検察ＯＢの平沼麒一《きいち》郎《ろう》を中心とする右翼勢力の倒閣運動として仕組まれたとみられる。斎藤の死後、一九三七年一二月に「帝人事件」で起訴された全員の無罪が確定した。この記念館の収蔵資料として、「帝人事件」に関わると推定される高橋是清から斎藤實宛の書簡があり、その内容が会報『自力更生』第一七号（二〇一二年七月）に紹介されている。

細倉鉱山から中山平温泉へ

登米から細倉鉱山のあった栗原市鶯沢《うぐいすざわ》へは車で一時間ほどかかる。鶯沢は北上川水系の迫川《はさまがわ》の上

操業開始時の細倉鉱山
（提供：細倉マインパーク）

流の栗駒山（須川岳）の麓に位置する。細倉鉱山は、鉛、亜鉛、硫化鉄鉱の鉱山だ。次章でふれる岐阜県奥飛騨の神岡鉱山（ノーベル賞をもたらした「カミオカンデ」でも知られる）とともに、日本を代表する鉛と亜鉛の鉱山であった。

細倉鉱山の歴史は古い。最初は銀の産出で注目されたが、次第に鉛の生産が中心となった。江戸後期で鉛を何に用いたのか。小葉田淳先生は、鉛の消費の大部分は金銀の精錬のためであったと説明する。鉛山の経営に必要な重要資材は三つあった。木材、食料および鉛精錬の溶剤としての荒鉄である。

明治二三年に成立した細倉鉱山株式会社は、明治二六年頃にはすでに大きく発展し、営業成績が最高を記録した明治二八年には、鉛の生産額は日本第一位となった。明治二六年の株主名と株主所有数が鷲沢鉱山資料館（現在は閉館）に展示されている。その中に、「福澤捨次郎二〇〇株一〇〇〇〇円」という名前を見つけた。捨次郎は福沢諭吉の次男で、米国で学んだ鉄道技師である。

細倉鉱山は、終戦の年の八月一〇日早朝にグラマン一六機の空襲を受けた。鷲沢鉱山資料館にはその折の爆弾破片が展示されている。

この鉱山でも鉱害が発生した。煙害、鉱滓《こうさい》が田畑に流れ込んだこと、カドミウム汚染などによる塵《じん》肺《ぱい》問題がクローズアップされた。鉱山は一九八七年に閉じられたが、鉛鉱石の精錬は続いた。塵肺患者らの損害賠償請求訴訟は、三菱マテリアル側がその社会的責任を認めることによって一九九六年に高裁の和解勧告を受け入れている。

かつての鶯沢町には、佐野地区鉱山住宅がかなり良好な状態のまま残っている。まだ人が住んでいる棟もある。最盛期（高度経済成長期の初期）には一万三〇〇〇程の人口を数えたが現在は過疎の町だ。（旧）鶯沢町（現在は、平成の大合併で栗原市の一部）の人口は三〇〇〇人程度だと聞く。盛時には病院、公衆浴場、公園、小学校があった。

この鶯沢という名前は、前九年の役の伝承から生まれたという。安倍氏を容易に追討できず苦戦を強いられた源頼義に一羽の鶯が現れてひと啼きしたとたん、安倍氏が敗走したという伝説からだ。

夜は、鳴子峡の奥の中山平の温泉に宿泊。湯量が豊富なだけでなく、源泉温度は一〇〇℃と『日本の秘湯（第二〇版）』（日本秘湯を守る会）には記されている。それで「加水なし」という。露天風呂が三つある。『奥の細道』の尿前《しとまえ》の関も近い。

14　神岡鉱山から白山中宮温泉を経て尾小屋鉱山へ

白山という山があるわけではない

石川・岐阜・福井にまたがるいくつかの山々、御前峰《ごぜんがみね》、剣ヶ峰、大汝峰《おおなんじみね》などが総称として白山と呼ばれている。霊峰白山の山々は、長年の、といっても想像できないほどの長い時間を経た火山活動に加えて、白山を水源地とする加賀（石川）の手取川、越前（福井）の九頭竜川《くずりゅうがわ》、美濃（岐阜）の長良川の浸食で、その姿を大きく変えてきた。もともと三〇〇〇から三五〇〇メートル級の山々が集まっていたのが、いつの間にか二〇〇〇メートル級に背が縮んだとされる。

二〇年近く前、ドイツ文学者の川村二郎さんの『白山の水』（講談社）を読み、この霊山に魅了された。川村さんは泉鏡花を愛好された。新聞社の読書委員会でご一緒したときの、言葉少ない、しかし的を射た川村さんの批評の矢の鋭さは忘れ難い。金沢下新町の鏡花の生家跡にある泉鏡花記念館で、鏡花の魅力を語る川村さん出演のビデオを観たときには何とも懐かしく感じたものだ。

白山という単峰の山は無いから、白山を目標地としてどう旅を計画するかは難しい。白山に少し近

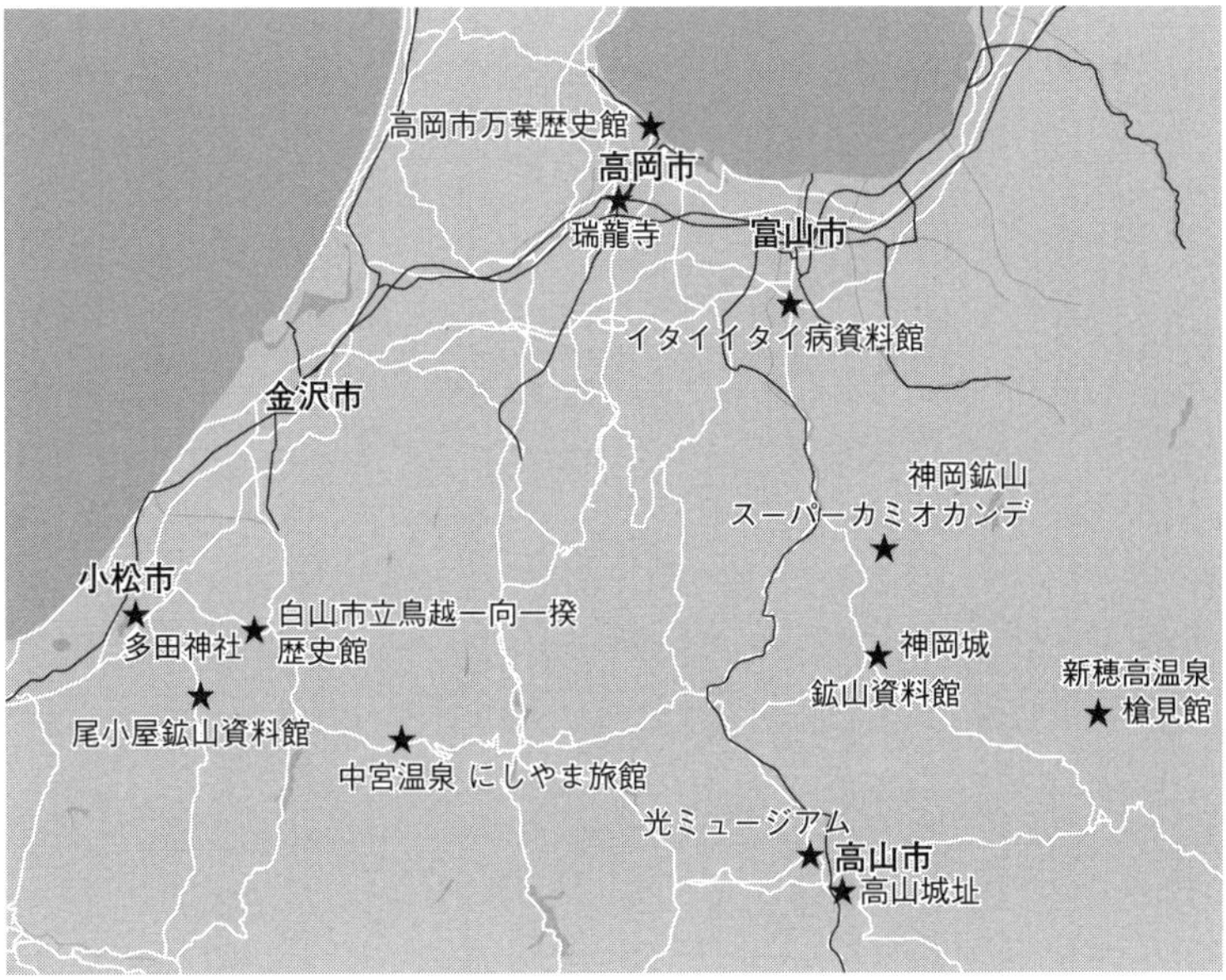

づこうとして、家内が元気だったころ飛騨の高山市と白川郷あたりを旅したこともあった(2001.1.20.)。観光地特有のレトロな雰囲気が強い高山市の「さんまち通り」の町並や、厳寒の一月に見た雪の白川郷の合掌造り集落には、白山に近づいたと思わせる霊気は特に感じられなかった。白山中宮温泉は「閉湯」であることは知っていたが、白山への接近を阻むような大雪のあとだったこともあり、京都に戻るときに車が立ち往生し、岐阜羽島駅になかなかたどり着けなかった苦い思い出がある。

　かくのごとく霊峰白山を拝んだという感覚はない。そのため、夏の飛騨高山を訪れ、奥飛騨温泉郷で休んで、神岡鉱山(スーパーカミオカンデで知られる)から高岡に出て再び南下、白山白川郷ホワイトロードを走って、白山中宮温泉へ向かった後、小松の尾小屋《おごや》鉱山を通り北陸自動車道へと抜ける旅を計画した。遠回りをしたり、戻ったりの複雑なルートだ。毎年一緒する日文研時代の若い研究者達三人との旅である。（2015.8.27〜29）

加賀馬場、美濃馬場とともに、神仏習合の白山信仰の馬場のひとつ、越前馬場の中心は白山中宮、平泉寺（勝山市）であった。しかし明治維新期の廃仏毀釈で白山神社を残して平泉寺は廃滅している。平泉寺がもはや無い（一部は現在の白山神社の社務所）ことは、翌年、山と温泉に詳しい高校時代の友人三人で白峰温泉へ「愁学旅行」に行った折に改めて知った。（2016.6.26〜27）

噂の「光ミュージアム」を観る

昼過ぎにＪＲ高山駅で皆と落ち合い、まず駅前で美味いうどんを食べる（やはり、蕎麦、きし麺ではなく、うどんだ！）。時間に余裕があるというので、「光ミュージアム」に寄ることにした。

新興宗教の教団には素晴らしい美術館を持っているところがある。熱海のＭＯＡ美術館（世界救世教）、滋賀県信楽のＭＩＨＯミュージアム（世界救世教から分かれた神慈秀明会）などは西洋古代の彫刻、近代絵画の傑作、日本の国宝・重要文化財級の名品を所蔵している。これらの美術館に行くとその蒐集品の質と量に驚く。飛驒高山の光ミュージアムは崇教真光の総合博物館だ。浮世絵と近代日本画、西洋絵画だけでなく、東西の古代文明の文物も収蔵している。葛飾北斎の「日蓮」などの肉筆浮世絵も観ることができる。

時間に追われていたわけではない。だが、どうもわたしの絵画鑑賞の仕方が定まらず、散漫な気分に終始しがちだ。集中してじっくり見る絵は少なく、駆け足で見てしまう。何かをしながら名曲をＢ

GMとして聴くようなものだ。贅沢な体験かもしれないが、芸術鑑賞の本道ではない。

ただ、芸術品をこうして所有者以外の者が鑑賞できるのは有難い。芸術美は秘蔵・死蔵されてはならない。かつて、ゴッホの「医師ガシェの肖像」を購入して独りで愛でていた大会社の会長さんが、「自分が死んだらこの絵を棺に入れて一緒に燃やしてほしい」と言って、海外から厳しく批判されたことがあった。美はやはり私物化されてはならない。善へとつながる公共性があるからだ。

多くの芸術品を集めえた宗教団体の経済力への驚きも冷めやらぬまま、続いて高山城跡、高山陣屋跡などを見てまわる。幕府は元禄五（一六九二）年に飛驒を幕府直轄領としている。したがって明治維新に至るまで、江戸から代官・郡代が派遣され、行政、財政、警察の業務を高山陣屋で執り行っていた。役人たちが執務した「御役所」の広さは二八畳と説明にある。郡代の日常生活の「御居間」も立派なものだ。李白が阿倍仲麻呂の乗った船が沈没したと聞かされ、その死を悼んで詠んだ詩「晁《ちょう》卿衡《けいこう》を哭《こく》す」の掛け軸が目に留まる。「清らかな月のような晁衡どのは深い海に沈んでかえらぬ人となった白い雲が憂いをおびて……」と友を失った李白の悲しみが胸を打つ（晁衡は阿倍仲麻呂の中国名）。ちなみに船の難破したのは事実であったが、仲麻呂の死は誤報であった。

一日目の夜は、蒲田川沿いの新穂高温泉郷の槍見舘で一泊。「槍見」というのは、蒲田川の向こうに槍ヶ岳の尖峰が見えることからきた名前だ。川べりの露天風呂から眺める槍ヶ岳と穂高連峰は天下一品。源泉温度五五℃の単純温泉、源泉かけ流しだ。翌朝早く、この宿の大浴場から槍ヶ岳の品格のある雄姿を見ることができた。

神岡城・鉱山資料館・郷土館

朝食を済ませて神岡城へと向かう。神岡城は戦国時代に飛騨・越中攻撃の拠点とされた城だが、徳川幕府の「一国一城」制度によって閉城・破却となった。現在見るのは一九七〇年に元の城郭様式を再現して建てられたものだ。鉱山資料館と高原郷土館が併設されている。

鉱山の町、神岡の開発は三井グループの力による。三井金属鉱業株式会社の明治初年以来の事業に対する地元諸彦《しょげん》への大きな協力があったからこそ取り組めた事業だと「有史有魂」と題された碑文（一九七六年）にある。碑は謝恩の気持ちを述べたあと、次のように続く。

惟《おも》うに第二次大戦後　経済の発展は真に目覚しきものある反面　聊《いささ》か物質文明に酔夢し依るべき人心の精神的支柱を軽んずるの弊あり　将来の為これを憂うるも　世相澎湃《ほうはい》としてこれに順じ能《よ》く口舌の弁をもってしても如何とも為し能《あた》わず（中略）郷土の諸彦よ　又この地を訪ぬる人々よ　この古城址を脚下として遠山近郊と眼下の清流を眺望し　何物かを思考し　何物かも学得し以てこの秀麗の地に限りなき慕愛の念を賜わらんことを切望して止まず

少し難しい文章であるが、後にふれる三井金属鉱業と神岡との深くも悲しい関係を思い起こすと、行間に込められた気持ちの重さが推し量られる。三井は、三井組、三井鉱山合資会社を経て、明治末に三井鉱山株式会社となって以降、特に大正初めに亜鉛焼炉を、戦時中には焼鉱硫酸工場を完成させて、鉛・亜鉛鉱山として大きく飛躍した。選鉱、鉛精錬、亜鉛精鉱の焙焼、その焙焼ガスから硫酸を作る操業過程が鉱山資料館にわかりやすく図示されている。亜鉛焼鉱から金属地金を生み出す過程で、カドミウムが生まれたのだ。

神通川下流域のカドミウム汚染

鉱山資料館のある神岡市から富山市に抜けるために北に車を走らせようとすると、すぐに道の駅「スカイドーム・神岡」が目に入る。昼食を取るために立ち寄ると、あの宇宙線研究施設「スーパーカミオカンデ」は神岡鉱山にあることに気づく。とはいえ、宇宙から飛来するニュートリノとは何か、重力波とは何か、それを測定するとはどんな作業なのか、その意味はわからない。六〇年近く前の大学受験で好きな物理を選択した。しかし好きなことと得意なことは別だということも学んだ。「好きこそものの上手なれ」だけではなく、「下手の横好き」も真実なのだ。

一緒に旅している先生方もカミオカンデには関心が無いようだ。それでも折角の機会だからということで、道の駅に設置されたスーパーカミオカンデ内部の写真を拝観した。

車で富山インターチェンジから一般道に出て、国道を岐阜方面に向かい、富山県立イタイイタイ病資料館（二〇一二年四月開館）を訪れる。新しい立派な施設だ。イタイイタイ病の発生、その病気の恐ろしさ、被害の実態、原因究明、その克服の苦難に満ちた歴史、環境被害対策についての解説をゆっくり読む。

神通川《じんずうがわ》流域の農村地帯は、水道が普及するまでは神通川の水が人々の炊事・洗濯と飲み水であっただけでなく、漁業（あゆ）と農業用水としても重要な位置を占めていた。したがってカドミウムによる被害は流域住民だけにとどまらず、魚や農作物を通して広きに及んだ。その病状と病苦は想像を絶する。

裁判を通して住民側が二審で勝訴した後、三井金属鉱業本社は、被害者への賠償、公害防止、汚染土壌の復元について誓約書・協定書を取り交わした（展示ガイドブックから）。企業側は住民の神岡鉱山への立ち入り調査（一九七二年以来毎年、住民や専門家の調査団による）を受け入れるという協定内容が、その後の環境の回復へ大きな影響を与えたという。ちなみに神岡鉱山での亜鉛、鉛鉱石の採掘が休止となったのは二〇〇一年六月であった。

蠟山さんお薦めの瑞龍寺を再び

高岡で訪れたい寺があった。高岡山瑞龍寺である。この禅宗の美しい（実に美しい！）寺院を最初に見たのには、ちょっとしたいきさつがあった。高岡短期大学の学長をしておられた大阪大学時代の元同僚の蠟山昌一氏を、旅の帰途突然訪ねたときのことである。わたしは当時、夏の休暇を信州野尻で過ごした後、北陸自動車道で京都に戻ることが多かった。野尻からの帰りに高岡近くを通ったとき、蠟山氏が「一度遊びにおいで」と声をかけてくれていたことを思い出し、不意に現れて驚かしてみようと思い立ったのだ。

学長室を訪ねると、蠟山さんは在室されていた。「ああ君か、来ると思ったよ」と、驚いた気配をみせようとせず、御自宅におられた洋子夫人に電話で、「猪木君が来たから昼食に出てこない？」と誘い出し、ホテルで家族も一緒にランチに招いて下さった。高岡の大学の統合問題で学長として多忙を極めておられたにもかかわらず、暢気《のんき》な昔の同僚との雑談に貴重な時間を割いてくれたのだ。

別れ際に二つのアドバイスをもらった。「富山の魚の美味さを教えてあげるから秋が深くなった頃にもう一度来ること」、そして「君は京都の寺は知っているだろうけど、高岡の瑞龍寺を見たら驚くよ」というものだ。「また秋に」と別れの挨拶のあと教えられた瑞龍寺へと赴き、その威容と簡素な美に感銘したのだ。

その年の秋が深まった頃、蠟山さんが重篤な病にかかられたことを知った。ご夫妻と高岡で魚料理をご一緒する機会はなくなり、再度高岡へ行ったのは葬儀の時となった。いまこうして不思議な力によって再び瑞龍寺を訪れることになった。

曹洞宗高岡山瑞龍寺は、加賀二代目藩主前田利長公の菩提寺として建立された。利長は関野に新しい寺を築き、街づくりをして「高岡」と命名し、高岡の地で亡くなっている。利長公の墓所は瑞龍寺から少し離れたところにある。墓碑も目立って高い。利長公の居城であった守山城は瑞龍寺の真南にあり、守山城、高岡城の延長線上には徳川家康公の岡崎城があると案内板の説明にある。

瑞龍寺も明治の廃仏毀釈で大きな打撃を受けた。しかし昭和末からの一〇年ほどの大修理でその姿がかなり復元された。山門（一六四五年竣工後、火災で焼失、一八二〇年再建）、法堂（一六五五年）、仏殿（一六五九年）の三棟は国宝だ。調べてみると国宝に指定されたのは一九九七年、高岡で蠟山さんと最後に会った六年前のことだ。彼は瑞龍寺を高岡の誇りとして私に薦めたのだろう。伽藍の他の建造物や回廊も、ほとんど重要文化財に指定されている。総門、山門、仏殿、法堂は一直線上に配置され、その左右に回廊で結ばれた禅堂と大庫裏は、存在と非存在を同時に感じさせるような不思議な空間だ。そのたたずまいは筆で尽くすことはできない。建物の姿で心が洗われることを改めて実感する。

その日は高岡市万葉歴史館に立ち寄ったあと、北陸自動車道を二時間ほどかけて五箇山を経由、開通間もない白山白川郷ホワイトロードをぬけて白山中宮に向かう。白山白川郷ホワイトロードは石川県白山市と岐阜県白川村を結ぶ全長三三・三キロメートルの全線舗装の有料道路だ。中宮温泉は標高七〇〇メートル。にしやま旅館の円形のヒノキの露天風呂から眺める山々の深い緑は長時間のドライブの疲れ（ただ助手席に座り続けただけなのだが）を癒してくれる。源泉温度六五℃、加水・加温なしの源泉かけ流しである。近隣の山菜をふんだんに用いた夕食は、ここでしか味わえない絶品だ。

鳥越一向一揆は一〇〇年続いた

高岡から白山中宮温泉へ、そのあと石川県小松市へと、遠回りをしつつ尾小屋鉱山へと向かう。車で一時間以上だ。途中、白山市立鳥越一向一揆歴史館があった。加賀一向一揆の中心舞台となったのがこの鳥越のあたりである。日本中世後期の一向一揆は、北陸に於いて「百姓の持ちたる国」を生むためのコミューン運動だという視点から、その史実を最新の映像技術も駆使して明らかにしようとする新しい歴史資料館だ。

一向一揆がどのように推移したのかについての知識はなかった。主な一向一揆だけでも、近江・金森合戦（一四六六年）から織田氏を苦しめた石山合戦（一五七〇—八〇年）まで、なんと一〇〇年余りの歴史を持つのだ。加賀一向一揆も長享一揆から一〇〇年近く続いているのには驚いた。

この歴史館で入手した大桑斉『一向一揆という物語』（真宗大谷派金沢別院）を読んだ。著者は、最近の石川県の歴史書では、「一向一揆」の章がなくなり、「大名と一揆と戦国合戦」として一向一揆の後半部分が述べられているだけで、その後は、「寺社勢力と新仏教の展開」として、文明・長享一揆が説明され、一揆が流れとして捉えられていない、単なる戦国合戦の一齣とされていることに「悲しみと怒りを禁じえ」ない、と同書を結んでいる。

日本では、キリスト教禁令下の「島原の乱」のような規模の大きな「乱」はあった。しかし概して宗教権力と政治権力の対立は弱く、宗教も、学問も、商売も、すべて政治権力に籠絡されていたと福沢諭吉は論じた。確かに中世ヨーロッパの世界は、その歴史的形成の始めから、ローマ法王と皇帝という二大権力を中心とする「楕円的統一体」をなし、そのいずれも他方を圧倒しつくすことのできない宗教と政治の緊張関係を維持し続けてきた。ひとつの社会が「帝国」であると同時に「教会」であるという並行現象を生み出していたのだ。それは中世ヨーロッパが古代ローマ帝国の歴史的継承であると同時に、中世社会の中心部はラテン語を共通語とする「見ゆる教会」の権威の下で精神生活が営まれていたことに起因する。さらに西欧では、権力が教会、皇帝、さらには自由都市、職人団体等々に多元化していたのに対して、日本では権力の一元化の傾向が強かったと言うことができよう。

福沢によれば、日本では宗教が政治に「籠絡」されており、「独り一向宗は自立に近きものなれども尚この弊（自立の宗政のないこと——引用者注）を免かれず」としている。実如《じつによ》上人の時に、資金不足で天皇の即位式ができないことを見かねて本願寺が資金を献上したことを取り上げ、これは公卿の西三条入道のとりなしで「銭を以て官位を買たるものなり」と断じている（『文明論之概略』第九章）。

ことの真偽は測りかねるが、西欧の場合のような構造とスケールでなくとも、一向宗が権力に対抗した宗教であったことは間違いない。

小松市尾小屋の鉱山資料館

織田信長の攻撃に最後まで抵抗した加賀一向一揆の拠点、鳥越城跡、二曲《ふとげ》城跡に少し近づいてから、車で尾小屋鉱山へと向かう。

明治以前の尾小屋鉱山の歴史については詳しいことはわかっていない。明治初期に銅鉱が偶然発見されたのを機に、加賀藩家老の横山家一三代の横山隆平が一八八一年に鉱業権を買い取り、叔父の隆興とともに日本有数の鉱山へと発展させている。その後、宮川鉱業に売却され、さらに日本鉱業へと譲渡され、戦時中の銅の量産に貢献した。戦後は最盛期には年間二〇〇〇トン（一九五五年ごろ）を超える粗銅を生産したが、貿易自由化による安価な海外銅の流入によって経営が振るわず、一九七一年には尾小屋鉱山は全面廃止となった。（県立尾小屋鉱山資料館・尾小屋マインロードでの施設案内と映像集団こまつ事務局のビデオより）最盛期に引かれた尾小屋鉄道（尾小屋―新小松間）は、一九七一年に鉱山が閉鎖された後も、地域住民の足として一九七七年まで残された。

周辺森林は、鉱石の精錬によって排出される煙害によって樹木・草類が枯死し、山腹の土が流出、岩石の露出する荒廃地になった。鉱山閉鎖のあと、石川県が「人工植栽」や空からの「航空直播」によって緑を回復したのは立派なものだ。この県立資料館の展示からも、この鉱山が足尾、別子と並び称された大銅山であったことは十分推測がつく。

道の駅「こまつ木場潟」で昼食に「オリジナル定食」とメニューにあるランチを食す。

老武者の最期ときりぎりす

小松市の市街に入ってからは、特に予定はなかったので、多太《ただ》神社を訪ねようということになった。本書第11章で触れた斎藤別当実盛は平家側で戦って加賀まで落ち延びて、篠原で再び陣を取ったが木曾義仲に敗れた。義仲が討ち取った男の首を洗わせると、黒い髪がみるみる白くなり、幼い自分を救ってくれた実盛であることを知る。実盛は老いを隠すために髪を染めていたという逸話を記した。

義仲は実盛の供養のために小松の多太神社に実盛の形見の兜と錦の切れ（実盛が源氏側で戦った頃、義朝公から下賜されたものと言われる）を奉納した（『平家物語』巻第七の「実盛最期」）。『奥の細道』で芭蕉は、小松の多太神社に参詣して実盛の甲冑や木曾願書を拝し、老武者の壮烈な最期と数奇なめぐりあわせを目の当たりにし、

むざんやな甲《かぶと》の下のきりぎりす

という句を詠んだ。老兵の最後ときりぎりすの鳴き声を重ねたのは、実盛が土に還ったことを暗示しているかのようだ。芭蕉の墓は、彼が愛した木曾義仲の葬られている近江大津の義仲寺《ぎちゆうじ》にある。ちなみに遺髪は、かれの生家のすぐそば、わが家の墓のある伊賀上野の愛染院《あいぜんいん》の故郷塚に収められている。

（補記）冒頭に記した高校時代の友人たちとの「愁学旅行」では、京都から勝山経由で白峰に行き、白山工房で牛首紬の工程を見学、白山登山者に愛されたという永井旅館で一泊している。記憶力のよい同行した友人から教えられたのだが、その翌朝、白山高山植物園から霊峰白山連峰を遠望し、平泉寺白山神社にも参詣している。白山が遠い存在であり、「霊峰白山を拝んだという感覚はない」という冒頭の記述は、わたしの記憶力の衰えと信仰心の薄さゆえのようだ。

15　松阪から尾鷲、十津川村、新宮を巡り高野山へ

奈良の大仏建立と紀和鉱山の銅

和歌山と奈良両県に接する三重県熊野市南西部の紀和町に、戦時中の銅産出に大きく貢献した紀和鉱山がある。その歴史は古く、奈良時代の大仏建設にまでさかのぼると伝えられる。

大仏建立のための主要原料である銅（大仏殿碑文には一万三二一〇貫とある）は、ほとんどが吉野熊野地方からのものであり、この地方の人々は一生に一度、東大寺に参詣し、金銀銅塊を大仏に供えたという専門家の推量もある。大仏鍍金に使われた金の原料も、楊枝川の河底から採取された砂金と考えられる。ちなみにこの紀和鉱山で採掘された金・銀・銅は、南北朝時代の南朝方の秘密軍資金になったという話もある。

戦国時代から江戸初期は、軍資金や恩賞用として用いられ、精錬法の進歩と相俟って、金銀銅の大増産期を迎えた。江戸幕府による金銀を中核とする貨幣制度が確立したことも、この増産を大きく刺激した。しかし金銀の海外流失が激しくなったため、一七世紀後半以降、銅が脚光を浴びるようにな

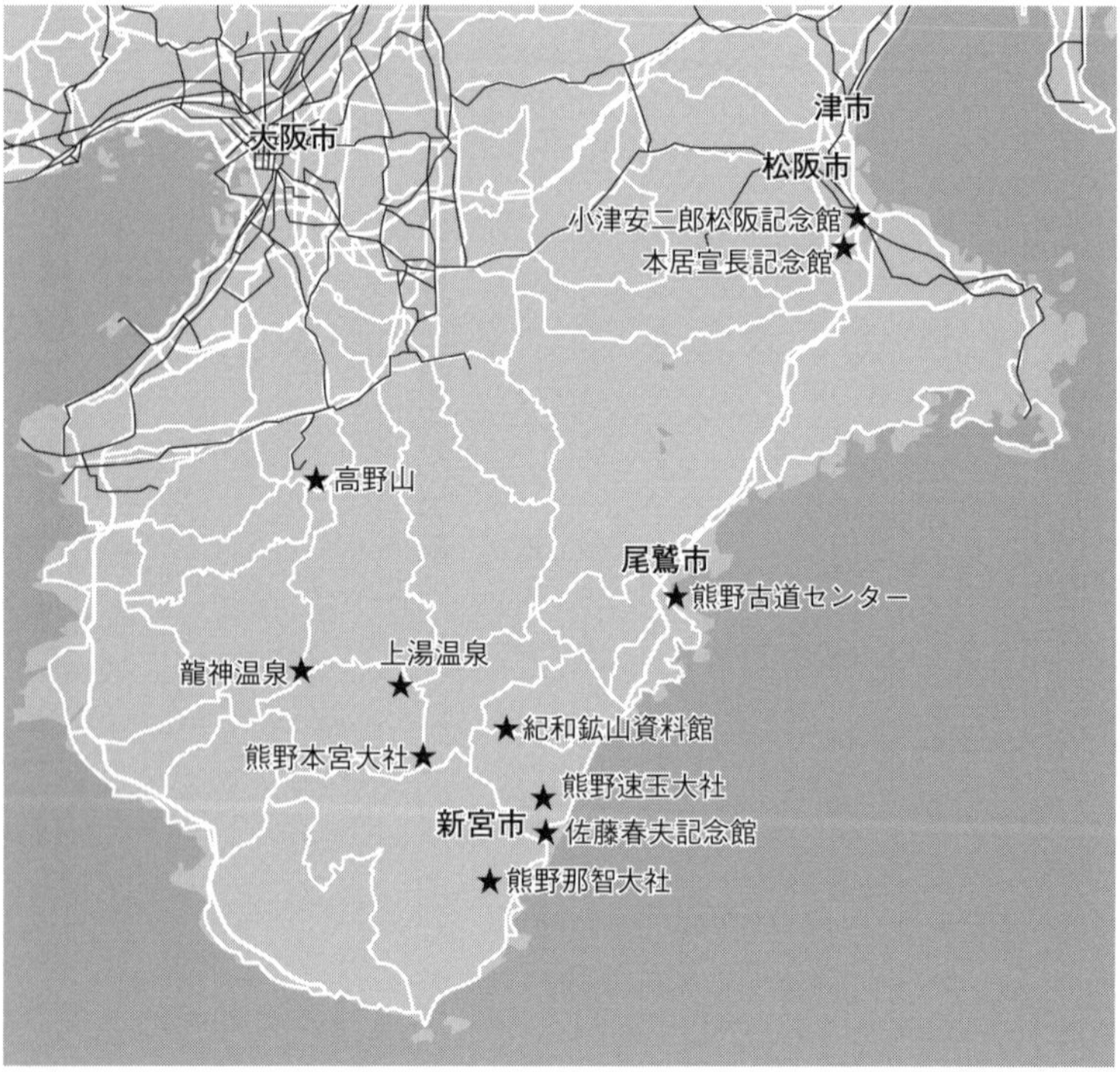

る（『紀和町史』下巻）。

一八世紀以降、銅山として重要な位置を占めた紀和鉱山は、昭和に入ってからは、マレーシアで鉱山開発を行っていた石原産業海運合資会社（現在の石原産業株式会社）が、紀和鉱山の小規模鉱区を買収して本格的な開発に乗り出した。戦時中の産銅量は年間二〇〇〇トンに達し、終戦の前年にはマレーで捕虜になった英兵三〇〇名が配置され、坑内作業、選鉱場、農業などに従事している。戦後のピーク時の一九六五年ごろの産銅量は年間三〇〇〇トンに達していたから、日本屈指の大鉱山であったと言える。

日本文化は箱庭ではない

立命館大学で客員として教えていたころ、夕方の授業が終わると等持院近くのおでん屋さんで一休みすることがあった。主人のOさんは和歌山出身で、店に熊野古道の写真や地図が貼ってあり、熊野の霊場がしばしば話題になることがあった。

伊勢と熊野三山を結ぶ熊野街道の「脇往還《わきおうかん》」と呼ばれる紀和町の古道には、本宮道、北山道、十津川道の三つがある。これらは熊野街道のひとつの終点へといたる道であり、修験の道でもあった。熊野古道伊勢路マップなどを眺めると、紀伊山地の霊場と参詣道が込み入っていることが見て取れる。とにかくその一端だけでもと、紀和鉱山と熊野古道を通り、高野山へと至る旅を日文研時代の研究員三人と恒例の「調査旅行」として計画した。（2014.11.7〜9）

日本の自然や文化は「箱庭的だ」と言われることがある。京都の禅寺の庭を見ての指摘であろう。だがこれは一面に過ぎない。日本には雄大な自然文化がある。箱庭文化だと一般化してしまう人に「奈良の吉野や和歌山の熊野にいらっしゃいましたか」と問うことにしている。熊野は日本の宗教文化の遺産を蔵する奥深い場所のひとつだ。熊野主要ルートはいくつかあるが、伊勢路の尾鷲から熊野、熊野本宮大社から小辺路《こへじ》に入り高野山へと至るコースを取ることにした。

松阪で落ち合う

集合場所を近鉄松阪駅前とした。わたし自身、松阪は以前、孫たちと伊賀上野へ墓参りに行ったついでに立ち寄ったことがあった（2011.5.4〜5）。足跡を訪ねたい人物が二人いたからだ。一人は映画監督の小津安二郎だ。小津の父は江戸で大店を構える松坂商人の大番頭であった。その父の「教育は田舎で受けるべし」との信条から、安二郎は九歳から一〇年ばかりを父の故郷松阪で過ごしている。もう一人は本居宣長だ。同行した孫や若い者たちが、小津や宣長に関心を示したわけではなかった。

この家族旅行の記録はとくにないが、思い出すことがある。本居宣長記念館をじっくり観ているときに、孫のひとり（当時五歳）に「この人なんで偉いの」と突然問われ、「百科事典みたいな長い本をひとりで書いた人」としか答えられなかったことだ。わたし自身、宣長の偉さを十分理解しているわけではない。

今の小学校の国語教科書には、本居宣長が、参宮途中の賀茂真淵が松坂の宿、新上屋《しんじょうや》に逗留していることを知り、対面したこと（一七六三年五月二五日の「松坂の一夜」）、そのあと、真淵から「通信教

本居宣長　宣長の『馭戎慨言』は幕末攘夷論者の愛読書となっていたという。戦後の進歩的文化人たちは、粗雑な狂言の書と見做した。
（提供：本居宣長記念館）

育」を受けて古代史・古代文学研究として『古事記』に向き合ったことなどは載っているのだろうか。

この旅で宣長の墓についてはじめて知ったことがある。宣長は遺言書で、ひとめぼれで結婚した妻たみと菩提寺の樹敬寺に合葬すること、そして別に山室山頂上に奥城《おくつき》を造り葬るよう二つの墓を作る旨指示している。興味深いのは、樹敬寺の墓の方には戒名も決め、仏式墓の形式を取っていることだ。神式ではない。この事実は彼が現実的なスピリチュアリストであったことを示しているように思った(伊勢の國・松坂十樂制作『松阪に生きた宣長』)。これは宣長がリアリストでもあったことを示しているように思う。

小津安二郎青春館(二〇二〇年に閉館し、現在は、小津安二郎松阪記念館にリニューアルされている)は、入ってみると若い者たちも意外に関心を示した。わたしは、母が小津の映画を好んだこともあり懐かしさを覚える。普通の生活、当たり前の生活、片親家庭の父と娘の気持ちのやりとりなどがさりげなく、しかし繊細に描かれている。独創性は奇異なことを意味しない、と静かに教えてくれる。劇的な所作や激しい感情の表出で観る者の注意を惹きつけることもない。

生涯独身であった小津は、次の作品の想を練っていた一九六二年二月、最愛の母を失った。その翌年の一二月一二日、ちょうど還暦を迎えた誕生日に生涯を閉じている。偶然とはいえ、彼の作品の綿密さと律義さを示すような生没同年の最期であった。

その小津が、「亡き母を兄妹と一緒に高野山へ葬ったときに書かれた一節」がチラシのような紙に印刷されて「青春館」内に置かれていた(文中の、とき〔登貴〕、とく〔登久〕は小津の妹、信三は弟の名)。

旧臘　十二月上浣　ときとく信三兄妹相携へて
亡母あさゑ　喜屋妙見大姉の納骨に高野に赴く
「高野行」
ばゞあの骨を　捨てばやと高野の山に　来てみれば　折からちらちら風花が
杉の並木のてっぺんの　青い空から降ってくる
太政大臣関白の　苔むしたる墓石に　斜めにさしこむ　夕日影　貧女の一灯またゝいて
去年に焼けたる奥の院　梢にのこるもみじ葉に
たゆたう香華の煙にも　石童丸ぢやないけれど
あはれはかない世のつねの　うたかたに似た人の身を
うわのうつゝに感じつゝ　今夜の宿の京四条
顔見世月の鯛かぶら　早く食いたや呑みたやと
長居は無用そゝくさと　高野の山を下りけり
ちらほら灯る僧院の　夕闇せまる須弥壇に
置いてけぼりの小さな壺　ばゞあの骨も寒からう

繰り返し誦すると、テレ屋の小津の母への思慕が胸を打つ。

松坂城跡の本丸の一隅には梶井基次郎の文学碑があった。二三歳の夏に梶井は病気治療のために松阪殿町の姉の家に滞在している。その折のスケッチを「城のある町にて」と題して同人雑誌『青空』に発表する。その一カ月前、異母妹の八重子が他界した。作中には、姉の家に来たのは、「可愛い盛りで死なせた妹のことを落ちついて考えてみたい」からだと記している。

尾鷲から本宮大社にお参りして十津川の宿へ

松阪から車で一時間半ほど走ると尾鷲だ。着くとすぐに三重県立熊野古道センターの展示棟で熊野古道の予習をする。「世界遺産」の登録についてのニュースも示されている。ユネスコの世界遺産委員会が世界遺産リストに「紀伊山地の霊場と参詣道」を二〇〇四年七月七日に登録した、との証書が目に入る。名誉なことなのだろうが、こういうことを過度に有難がり、「日本文化が普遍性を得た」と考えるのには、日本人の自信のなさを見るようだ。「ミシュラン」の星のレストラン評価もしかり。

尾鷲から42号線を南下すると熊野市の南、本宮道へ向かう311号線に入る。さらに西へと進むと熊野本宮大社へ至る。熊野三山（熊野本宮大社、熊野速玉大社、熊野那智大社）の中心で、全国の熊野神社の総本山である。わたしが京都府立図書館に行くときによく通る京都市の東山丸太町の熊野神社も、日本全国で三〇〇〇とも言われる熊野神社のひとつだ。熊野三山は徳川御三家のひとつ紀州藩の御威光もあって、経済的な体力は相当なものだったのだろう。

国道168号に近い本宮の入り口には八咫烏《やたがらす》の幟と英文の説明板 Yatagarasu（Origin of Sacred Crow）が目に入る。昭和六年以来、日本サッカー協会のシンボルマークはこの八咫烏だ。ちなみに吉野の名酒「八咫烏」はわたしのお気に入りだ。

本宮大社そのものは百段以上の石段を登らなければ拝めない。もとは熊野川近くの低地（大ゆの原）にあったが、一八八九年の大水害のあと現在の場所に移された。霊験あらたかな場所には百段は当たり前、そう簡単には近づけないのは当然か。

本宮町には、湯の峰、川湯、渡瀬の三つの名湯がある。われわれはずっと先の十津川を目指すことにした。宿の奈良県吉野郡十津川村出谷の上湯温泉までは、かなり長時間の移動だ。二時間半はかかっただろうか。近鉄大和八木からＪＲ五条経由で新宮行のバスで行くと四、五時間かかるというから、文字通り秘境だ。司馬遼太郎の小説にも、この奈良県最南端の村の十津川郷士が天誅組に加わったことが描かれていた。どの小説だったたか。

宿の湯は源泉温度七六℃のかけ流しである。川辺の露天風呂をはじめ浴場は八つもある。川魚やな べ物はもちろん、自家製温泉豆腐や温泉の湯で炊いたご飯の美味さをどう表現すればいいのか。味覚を人間の感覚の中で最下位に位置づける哲学者もいた。確かに美味さの記憶は意外に薄い。

紀和鉱山の歴史が語ること

十津川の宿から紀和鉱山跡へ入る。熊野市紀和鉱山資料館のある熊野市紀和町板屋へは車で一時間余りだ。紀州鉱山には、水車谷に見られるように、江戸時代中期からの石塚群や墓石が多く残っている。生野銀山や多田銀山から来た鉱夫の墓石も少なくない。江戸期にはすでに「全国区」の鉱山であったことが分かる。ただ、近代産業として大きな飛躍を見たのは、先に述べたように一九三四年に石原産業が開発を始めてからであった。閉山に至るのは一九七八年である。

この資料館は紀伊半島唯一の鉱山資料館だ。ただこの資料館をはじめ、隧道《すいどう》、坑道跡、選鉱場跡、地蔵菩薩や墓石群などの遺跡を常時維持管理する人はいない。案内してくれた資料館の方も、新宮市から遠路車で通う非常勤職員だ。

紀和町史編さん委員会『紀和町史』(下巻)の記述から紀和鉱山の特徴を二、三示しておこう。ひとつは誰が紀州鉱山を統制管理してきたかという問題だ。銅鉱脈を発見し銅山を開くと、発見者に採掘権が帰属するというのが近代社会の原則であった。しかし歴史的に見ると戦国時代の金銀をめぐる大名間での争奪戦が示すように(黒澤明監督の傑作『隠し砦の三悪人』を思い出す)、戦国期までは、鉱山は大名による領有支配であった。これを公有化へと統一したのが秀吉だ。徳川時代に入ってからもこの「公有原則」は受け継がれ、鉱山は基本的に幕府直轄であり、藩営のものでも「運上山」として、運上金銀を幕府に納める方式が採られた。その点では、第16章で取りあげる民営の別子銅山は例外と言ってもよい。

興味深いのは、鉱脈発見者が山師たちを競り合わせ、最高の運上額を付けた山師が落札し、一定期間だけ民業として「稼行」させるという方式だ。この「稼行期間」は短く、一定の目途がついたところで藩が没収した。『紀和町史』は断言を避けているが、石原産業の資料を引用しつつ、「徳川時代には、和歌山藩主がみずから経営したが、のちに支藩、新宮藩主の経営に移ってから相当活発に採掘された。南牟婁郡楊枝川上流地区に鉱山奉行が置かれた形跡が残っている」と記している。

もうひとつ注目すべきは、江戸時代の鉱山開発に対して、住民が激しい反対運動を展開している点だ。反対を切々と訴える陳情書がいくつか残されている。精錬による煙害、樹木伐採による洪水の危険性、農作物への悪影響などを訴え、（商人たちの裏工作を退けて）銅山開発を不許可に至らしめた例もあった（『紀和町史』下巻、三五四―三六一頁）。

英国人捕虜戦没者墓地

石原産業の開発によって一九三九年ごろから産銅量は飛躍的に増大、従業員数も二〇〇〇～三〇〇〇人ほどの大規模経営体に成長した。しかし労働力の不足が増産のボトルネックとなったため、一九四〇年からは毎年二〇〇名程度の朝鮮人労働者で補充を図った。この労働者との契約は期限を二カ年とし、半年過ぎれば、本人の希望により家族の呼び寄せを認めた。それでも労働力不足は解決しなかった。一九四三年ごろからは学徒動員報国隊員として、和歌山・三重県の中学校、高等女学校、立命館大学専門部、上智大学などの学生が採鉱、選鉱、工作などに従事した（『紀和町史』下巻、四〇八頁）。

背番号をつけて来日した元英国兵

（出所：『紀和町史』下巻）

マレーシア（一九四二年二月一五日のシンガポール攻防戦）で捕虜となった英国兵士が三〇〇名ほど、軍の監督の下で一九四四年六月に板屋所山に収容されて坑内作業に就業している。彼らは日本に送られる前の一年ほど、タイ領からビルマ領に至る全長四一六キロメートルの泰緬鉄道の建設に従事していた。日本での勤務ぶりは「勤勉で、能率的であった」。うち一六名は病で死亡、英国人墓地に埋葬されている（『紀和町史』下巻、四〇八―九頁）。

一九四五年八月一五日、日本の降伏と連合軍の勝利が伝わると、収容所内から歓喜の声が沸き起こり、英国兵士達が村内を闊歩するのを住民は戸のすき間から不安げに覗いていたという。九月八日、英国兵士は村民とのしばしの交流の後、ユニオンジャックを掲げてトラックに分乗し「サヨナラ」を叫びつつ手を振りながら去って行った。一九九二年一〇月八日、両国の努力により、二四名の元兵士が四七年ぶりに紀和町町民の出迎えのなか同地を再訪、戦没者墓地において慰霊追悼式を執り行っている。彼らが当地を去る時に残した言葉はForgive not Forgetであった（『紀和町史』下巻、四〇九―四一四頁）。「ゆるす」というのはキリスト教思想と切り離せないのだろうか。

新宮市の佐藤春夫と西村伊作

紀和鉱山跡から和歌山県新宮市へは車で一時間ほどだ。新宮市内で昼食を済ませた後、熊野川河口近く、権現山の麓の熊野速玉大社に向かう。先述のとおり熊野三山の一つだ。熊野那智大社には三五年ほど前、小池和男先生が主宰されていた「関西労働研究会」が勝浦で合宿した折、研究会終了後、皆でうち揃ってお参りしたことがあった。本宮大社は先に述べたようにすでに訪ねているので、この熊野速玉大社で熊野三山すべてを参詣したことになる。

昔の熊野詣では、本宮大社にお参りした後、熊野川を船で下り、熊野速玉大社を訪れたという。参道には大きなナギの老木がそびえている。霊宝館近くのナギは樹齢一〇〇〇年だそうだ。その巨大さは樹木にひそむ霊性のようなものを感じさせる。地味な本宮とは異なり、明治時代に焼失した後に再建された新宮の社は鮮やかな朱塗りだ。

境内の外の駐車場の傍に（新宮市立）佐藤春夫記念館があった。東京・文京区関口町の旧邸（一九二七年完成）を生誕の地近くに移築したものだ。木造二階一部鉄筋。応接間、サンルーム、八角塔の書斎、いずれも何とも洒脱な造りだ。庭には春夫の夭折した末弟秋雄のドイツ遊学を記念してマロニエの樹が植えられており、春夫はこの樹をこよなく大切にしていたという。われわれが訪れたときには佐藤春夫没後五〇周年企画展として、「佐藤春夫と憧憬の地中国・台湾」が開かれていた。

佐藤春夫の旧邸を設計したのは大石七分《おおいししちぶん》である。大石は新宮出身で文化学院創設者、西村伊作の弟だ。西村伊作は、東京神田に、与謝野晶子らと男女共学で自由な教育を実践する場として文化学院を開いた。伊作の文化活動は教育だけでなく、建築、絵画・陶芸、詩作、生活文化研究など多分野にわたったことを旧邸、「西村記念館」は示している。

紀州旅行から帰ってから西村伊作の自伝『我に益あり』（紀元社）を読んだ。自己を語り過ぎず好感が持てる。扉には「ただ私は自分の思い出したことを新聞電報のように簡単に最も飾りのないことばでかいたのである」と記している。伊作の次女、板倉百合さんが「あとがき」で、「すべてを独学でまなび、プロ並みにこなしながら、なによりも〝素人〟としての純粋さを大切にしていました」と書いておられる。

伊作の父方の叔父・大石誠之助は米国のオレゴン州立大学留学の後に医師なり、帰国後は新宮で医院を開設した。そして自宅の向かいに西洋料理店「太平洋食堂（Pacific Refreshment Room）」を開いている。「西村記念館」の解説によると、アメリカ帰りの久保了二がコックとして、洋食の食べ方や料理法などを指導したという。ただテーブル・マナーなどにやかましかったため、客はあまり寄りつかなかったそうだ。

大石誠之助は大逆事件に巻き込まれ刑死した（一九一一年一月二四日）。その経緯は西村伊作の『自伝』でも語られている。大石誠之助の墓は南谷墓地にある。

遂にとうとう高野山へ

新宮市内から田辺市龍神村の龍神温泉まで車で二時間余りかかる。宿に着いたのは、すでに日没後の六時近くであった。温泉に入ってすぐ夕食というのは気ぜわしい。夕食を少し遅らせてもらい、まず温泉に浸かる。ここの湯は紀州藩主の徳川頼宣が建てた御殿湯だそうだ。窓の下に日高川が流れている。宿の説明書には、中里介山が一九一六年この温泉に逗留し、『大菩薩峠』の一部を書いたとある。文芸評論の松山巌氏はこの大長編小説を二度読んでいる。わたしは読み始めて二度挫折した。

翌朝早めに宿を出て最後の目的地、高野山に向かう。約一時間のドライブだ。わが家の菩提寺が真言宗なので、一度は高野山へ行かねばという気持ちから、一六、七年ほど前に高野山詣でを計画したことがあった。宿坊の予約もしたのだが、家人が病に倒れ実現しなかった。「遂にとうとう」、これから親族を代表して高野山へ、という不思議な責任感が湧いてくる。

山岳道路の高野龍神スカイラインを利用して奥の院前には予想より早く着いた。杉の深い木立の中、石畳の参道を踏みしめながら奥の院へと向かう。驚くほどの数の墓所、供養塔が左右に続く（二〇万基とも言われる。こんなに多くを見たことがない！）。熊谷直実・平敦盛供養塔もあれば、現代の有名企業名のものもある。関東大震災横死者の供養塔、阪神淡路大震災物故者慰霊碑も建てられていると聞いていたが、あまりに多くて確かめられない。空海の御廟所へ至ると、驚くほどの数のロウソクだ。その灯は千年以上消えたことがないとされる。昼なお昏《くら》い参道と奥の院の湿気で苔むした墓碑は、この世では人間は様々な運命にさらされるが、最期はみな同じような姿に帰ると静かに語っているようだ。

山の頂上の盆地に建設された宗教都市高野山は想像を超える大きさだった。奥之院弘法大師御廟からはかなり離れた金剛峯寺と、根本大塔・金堂を中心とした壇上伽藍を観る。高野山で最大級の高さの根本大塔は世界最初の本格的密教伽藍といわれる。弘法大師が亡くなってから四〇年ほど経って完成した。何度も火災に遭い、現在目にするのは、一九三七年に再建されたものだ。

境内は紅葉が控え目に色づいている。京都の寺の燃えるような紅葉とは趣が異なる。旅の最後に、「遂にとうとう」、高野山真言宗総本山金剛峯寺に詣でることができたのだ。

16　別子銅山を再訪し、西条から市之川鉱山へ

二度目の別子踏査

日本の銅山といえば、歴史的にも規模においても大住友の別子（東洋のマチュピチュ！）にまず指を屈する人は多い。採掘坑、選鉱、精錬などの跡地も整然と保存されており、半地下の資料館も内部が少し暗くなっており、観察に集中するには適した場所だ。

別子は二度訪れた。一度目は職場の若い同僚たちと一緒に（2011.2.23～25）、その後、経済史家たちと、愛媛県の南へ「調査旅行」を実施した時にも別子に寄った（2019.9.27～29）。二度目の旅では、別子から西条市の南の辺鄙な山中まで足を伸ばし、住友とも縁のある市之川鉱山を訪ねた。アンチモン（輝安鉱）の巨大結晶が見つかった所として専門家の間でもよく知られている所だ。

久しぶりに別子を訪れて、老いと若さについて感じるところがあった。ひとつは、前の訪問から八年半経っていたとはいえ、自分の記憶力（密かに自慢に思っていた）の衰えを痛感させられたこと。もうひとつは、新居浜《にいはま》南高校ユネスコ部の生徒さんたちの若々しい活動の見事な成果を知ったことだ。

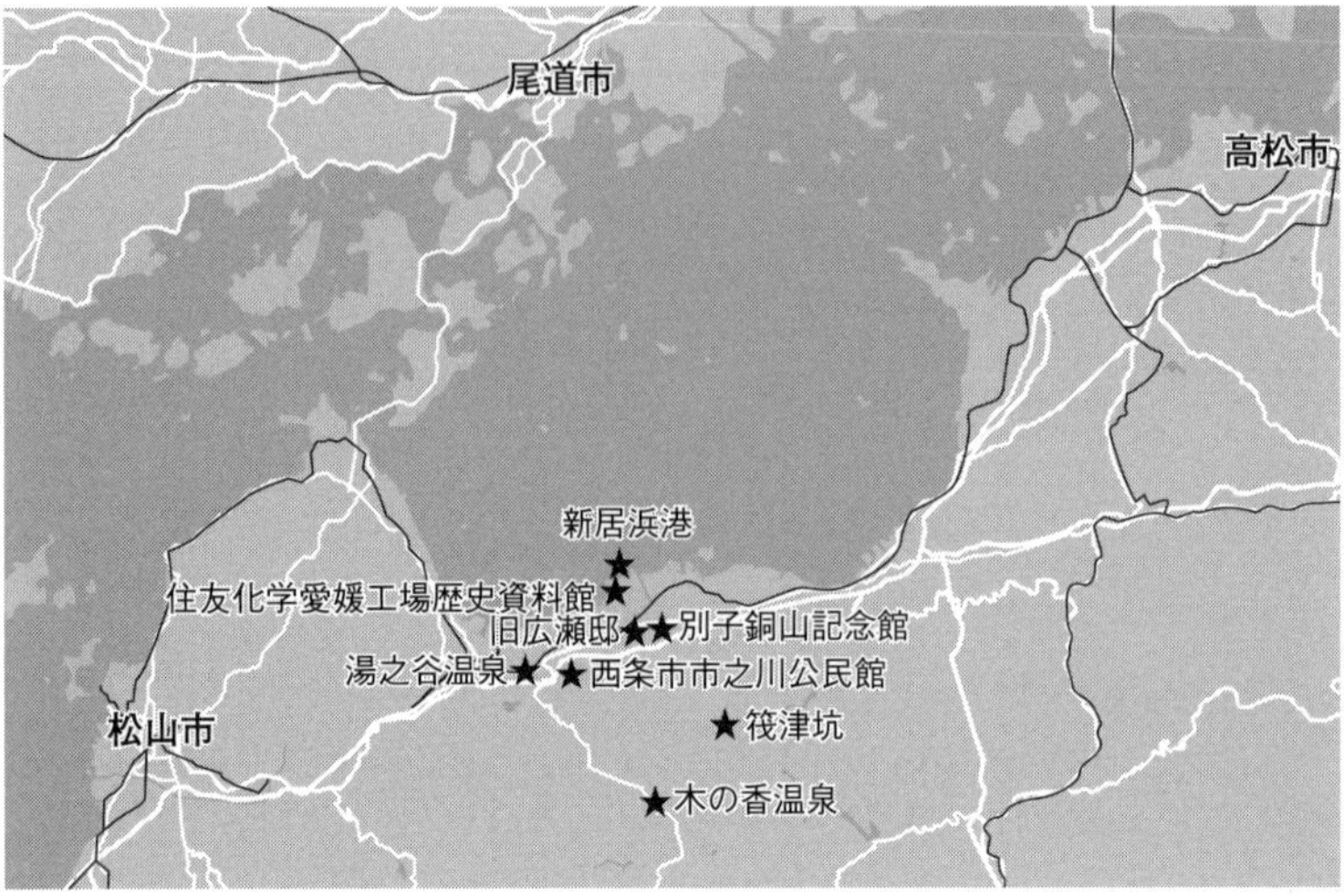

新居浜南高校のユネスコ部については少し説明が必要であろう。別子銅山記念館内の休憩所で新居浜市の情報誌を見ていると、『別子銅山 近代化産業遺産 八十八か所 ふれあいめぐりあいガイドブック』なる本が目に入った。愛媛県立新居浜南高等学校ユネスコ部制作とある。別子銅山の歴史については、研究論文も「住友史料館報」もあり、『住友金属鉱山二十年史』、『住友化学100年の歩み』『住友林業社史』などの社史も京都のわが陋屋《ろうおく》の小さな図書室にある。

高校生諸君が制作したガイドブックは、こうした資料を実によく調べ、写真も使いながら立派な文章にまとめられている。購入できないものかと記念館の事務室に問い合わせると、ここでは販売していないので、新居浜南高校の方に直接尋ねてほしいとのこと。

こうなると新聞記者や刑事のように執拗になるクセがある。何度かコンタクトを試み、新居浜南高等学校のユネスコ部顧問のK先生と電話でお話しすることができた。先生に生徒さんたちが作ったガイドブックを一部お分けいただきたい旨お願いすると、「いいですよ、送り先をお知らせください。振込先と請求書をお送りします」との返事をいただいた。はたして数日後、よき指導者のもとで高校生たちが丁寧に作ったガイドブックが送られてきた。郷土への愛と誇りに満ちた若い人たちのひた向きな姿勢に気分が明るくなった。

別子の歴史は住友の歴史

京都駅から新幹線に乗るとちょうど一時間で岡山だ。岡山駅からレンタカーで瀬戸大橋を渡り、松山自動車道を一時間半ほど走ると新居浜に着く。それほど遠い所ではない。別子の山に移動する前に、新居浜港近くの住友化学株式会社愛媛工場のすぐそばにある歴史資料館を訪れることにした。

新居浜港の金属・石油コンビナートは、生産工程の一貫化・多角化のために企業・工場を一カ所に集中立地させた高度経済成長期を代表する工業地帯のひとつだ。その一翼を担う中核企業の住友化学は、別子銅山の銅鉱石を製錬するときに発生する亜硫酸ガスの問題解決をきっかけに、一九二五（大正一四）年に肥料製造所として鉱山事業から分離独立して生まれた。

住友林業も、禿山になりかけた別子の山々の緑化事業として誕生している。明治・大正期の企業が、公害や環境保全に尽力していたことは近隣の環境へのこうした対応を見てもわかる。

新居浜港は江戸時代元禄期の銅輸送の基地としてスタートしている。この国際色豊かな港は、「私港」的な性格が強く、別子銅山の産銅量が先細りになることを見越して、「新居浜市が衰退しないための後栄策」として戦後に重要港湾に指定され、新居浜市と住友によって組織された新居浜港湾局が管理運営している。住友という企業が「当事者」として新居浜市と一体であるとの意識が強いことが読み取れる。

住友化学株式会社の歴史資料館は、一九〇一（明治三四）年に住友銀行の新居浜出張所が新居浜支店に昇格したときに建てられた。レンガ造りの小ぢんまりした建物だ。初めて見学するつもりで歴史資料館に入り、展示品を見ているうちに前に来ていたことに気づき始めた。記憶が急に蘇って来たのだ。あちこち企業資料館を巡り歩いたために、どこを訪れたのか記憶が怪しくなっていたのだ。これには少なからぬショックを受けた。

この歴史資料館の意図せぬ八年ぶりの「再訪」の後に、瀬戸内海岸（海の道）近くの「星越エリア」で新たに観たのは、大きな旧新居浜選鉱場である。大正末に建設されたものだが、今やほとんどの建屋は撤去されており、樹木医による植栽が続けられている。人間が経済的な豊かさを求めながら大地を傷つけた後、元の姿に戻そうとする努力が重ねられてきたことを象徴するような巨大遺構だ。

星越と臨海部エリアの平野部で住友家の別邸として建てられた日暮別邸記念館、昭和の社宅群などを見てから、新居浜の隣の西条市へと移動した。一泊目は湯之谷温泉に泊まる。西条藩御用達の湯治場だ。源泉かけ流しの大浴場と、「お代わりあり」の鯛めしに満足する。

明治維新前後の別子銅山の危機

住友の歴史は江戸時代元禄期の銅の生産にまでさかのぼる。開坑三年後の一六九四（元禄七）年、別子に大火災が発生、一三二人が死亡した。この事故の教訓は今も忘れられていない。住友家は「蘭塔場」と呼ばれる墓所を築いた。そして初代住友総理人広瀬宰平（一八二八―一九一四）の時代にこの墓所は「旧別子エリア」の高台に移設された。今も毎年会社関係者がお盆に供養登山をするという。

広瀬は、近江国（滋賀県）野洲の医者の次男坊として生まれ、別子銅山勤務の叔父・北脇治右衛門の養子となり、九歳の時、その叔父に伴われて別子銅山に入り勤務し始める。仕事の傍ら漢学を熱心に勉強した宰平は、二八歳のとき住友家の計らいで新居浜の資産家広瀬家の養子となり、事業経営についても学んだ。三八歳で別子銅山支配人に就任してからは、ひたすら「事業を通して国家経済に貢献する」という立場から、「確実を旨として浮利に走らない」近代的な経営を展開したことで知られる。


旧別子の元禄期以降の事業展開については、立派な研究書や社史が出ているので、ここでは幕末維新期の状況だけを書き出しておく（住友金属鉱山株式会社『別子三〇〇年の歩み 明治以降を中心として』に依る）。

幕末に住友は大きな危機に見舞われている。その際の広瀬の判断がその後の住友の繁栄の基礎を作ったとされる。幕府は長州征伐の折の多額の出費に対して、住友に献金を命じ、また松山藩など住友と縁のある諸藩にも御用金の調達を求めた。住友の財力に目を付け、幕府財政の立て直しを図ろうとしたのである。さらに元々幕府は産銅奨励のために幕府のコメを市価より安く払い下げていた（鉱夫用飯米、いわゆる買請米）にもかかわらず、その一部を停止するという措置に出た。

買請米の「一部停止」の撤回を嘆願するために、本店支配人の今沢卯兵衛は江戸に赴くが、聞き入れられないどころか買請米は「一切停止」となる。その結果、銅山の労働者への飯米の支給が困難と

広瀬宰平　一意殖産興業ニ身ヲ委ネ、数千万人ト利ヲ共ニセン。
（明治20年別子山上での演説）

なり、鉱夫の暴動も発生し銅山経営は窮地に陥る。戊辰戦争が始まると、それに追い打ちをかけるように、別子は幕府領（幕府直営ではなく、住友自前の稼行）であったため、朝廷側の土佐藩によって新居浜の米蔵は差し押さえを受けてしまう。大坂本店も銅蔵には幕府の銅があるというので薩摩藩によって封印される。

　こうした事態に直面し広瀬宰平は、土佐藩当局や川之江陣屋詰の川田小一郎（のちの日本銀行総裁）の助力を受けつつ東奔西走し、「当分従来通り」の経営を継続するという一時的許可を新政府から取り付けることに成功するのだ。

　しかし維新新政府の下では新たな困難が待ち受けていた。銅座の廃止によって銅代金が住友に入らなくなったのである。さらに銅の市場縮小と販路減少による銅価格の下落、諸物価の騰貴、武士への貸し付け金の回収不能などの逆風が続き、住友家の台所は文字通り「火の車」となった。富の源泉であった別子銅山は、今や最大の「お荷物」と化したのである。

　広瀬の判断が住友の繁栄を築いたと言われるのは、彼が別子にすべての経営資源を集中させて「別子の売却」を決死の覚悟で阻止したからである。彼の考えの根本にあったのは、先に触れたように、「問はんと欲す　国家経済のこと」という、私利だけではなく公益を考える精神であり、「浮利に走って軽進すべからず」という長期的な視野に立つ経営であった（末岡照啓『広瀬宰平小伝――問はんと欲す国家経済のこと』)。現代のビジネス界では希薄になった企業経営のスピリットだ。

旧広瀬邸は近代和風住宅として国の重要文化財に指定されている。母屋・新座敷・離れがあるのは当たり前だが、金物蔵・米蔵だけでなく、醤油蔵、人力車小屋まである。移築される前の明治一〇年に建てられた母屋には、すでに洋式トイレ(水洗ではないが)や暖炉、避雷針まで備えられている。さらに庭には広瀬家持仏堂もあり、広脇神社もありと、神さま仏さま混淆の造りだ。

ラロックの目論見書

広瀬の別子銅山再建案の重要な柱のひとつは、外国技術の導入による生産の合理化であった。そのためには優れた外国人鉱山技師から学ばなければならない。動きの早い広瀬は、すでに一八六八(明治元)年九月、政府の命により官営の生野鉱山に出仕している。当時、生野ではフランス人鉱山技師コワニェ(本書第5章参照)がすでに技術指導を行っていた。明治四年に広瀬はそのコワニェから採鉱の実地訓練を受けている。二年後の一八七三(明治六)年、広瀬は横浜に赴き、フランスのリリエンタール商会横浜支店で、鉱山技師採用の斡旋を依頼する。同本社からの紹介で、フランスからパリ鉱山学校出身の鉱山技師ルイ・ラロック(Louis Larroque 一八三六—八三)が翌年派遣された。『別子三〇〇年の歩み 明治以降を中心として』によると、彼の給料は月六〇〇ドル(約六〇〇円)で、広瀬の給料の約六倍であったという。

ラロックは約一年半をかけて『別子鉱山目論見書』を作成、坑道の開削から、道路、鉄道、製錬施設、煉瓦製造、鉱石粒砕機に至る近代化への道を示す懇切丁寧な指針を示した。そして二年余りの滞在で帰国の途につく。このラロックなる人物、グランゼコール出身のエリートで、卒業後はチリなどいくつかの国で鉱山開発のコンサルタントを務めている。どんな風貌なのか、写真を調べてみたが、住友史料館所蔵のものが一般に流布しているようだ。この写真は不鮮明だが、見る限り骨太な行動派のエリートという印象は受けない。ラロックの作製した『目論見書』は、別子銅山の近代化に決定的な役割を果たした。広瀬は同書を「一〇万円の価値がある」と評したそうだ。

ルイ・ラロック　『別子鉱山目論見書』を完成させたあと、1875年12月、広瀬らの見送りを受け、神戸港から母国フランスへ帰った。
（提供：住友史料館）

煙害問題に取り組んだのは、広瀬の甥（母が広瀬の実姉）の伊庭《いば》貞剛二代目住友総理事である。山根精錬所を一八九五年に閉鎖して、翌年、新居浜精錬所を新居浜から瀬戸内海約二〇キロ沖の無人島、四阪島《しさかじま》へ移転することを決定。この四阪島への移転については、足尾鉱毒事件を追及する田中正造が、一九〇一（明治三四）年三月二三日の第一五回帝国議会でこの伊庭の決断を高く評価している。別子の山に毎年一〇〇万本以上の植林を行うなど、造林事業を始めた環境対策のパイオニアとも呼び得る人物であった（住友グループ広報委員会「住友の歴史」）。

伊庭貞剛の後も住友は公共精神を持ちつつ長期的な視野に立つ多士済々の企業人を生み出している。その中で鷲尾勘解治《かげじ》と川田順という、ある意味で対照的な二人の人物に触れておきたい（以下の鷲尾勘解治についてのデータは、「別子銅山を読む講座Ⅱ—3」、坪井利一郎「鷲尾勘解治翁」に依る）。

鷲尾勘解治の信念

鷲尾勘解治は、一九〇六（明治三九）年、京都帝国大学法科大学在学中から、大徳寺芳春院の菅広州老師に師事している。卒業後に住友に入り、別子鉱業所に勤務する。別子では、「鉱夫の気持を知り、上下円融の実を上げて共存共栄を図れ」との老師の言葉を思い出し、二カ月の休暇を取り、（身分を隠して）一鉱夫として生野鉱山に入り五〇日余りの勤労に励む。別子に戻ってからも、坑内勤務を懇願し、その黙々と働く姿は同じ職場の同僚たちからも一目置かれるようになる。

同僚との間だけでなく、地域社会との共存共栄のためには、まず実態を正確に知るという姿勢が必要だという考えがベースにあった。鷲尾は、鉱量の調査による別子の将来性、新居浜港の築港と道路建設が他産業や地域住民にどれほどのプラス効果をもたらすかなどを慎重に検討し、新居浜の都市計画を作りあげる上で重要な役割を果たした。新居浜の埋立地には、別子銅山から派生した化学、機械、アルミ、電力などの工場群が生まれ、銅山が閉鎖した後も新居浜は工業都市として発展をつづけたのである。

鷲尾の学生時代の禅の修行が、生半可なものでなかったことは、彼が「自彊舎《じきゅうしゃ》」という私塾を旧別子に作り、青年鉱夫の教育に力を入れたことにもあらわれている。塾生は退勤後、寝泊まりをしながら自学自習と静座に勤しんだという。この「自彊舎」は一九四五年まで続いた（先に触れた新居浜南高校の生徒さんのガイドブックに、「自彊舎」の建物は、平成二五年一二月に解体されたとある）。

川田順の「老いらくの恋」

一九七三年の別子鉱山休山の舞台となった最後の坑口、筏津坑《いかだつ》の周辺を見て回っていると、同行の若い先生の誰かが、「川田順」という人の歌碑を見つけ、これ誰だろう、と呟いている声が聞こえる。近づいてみると、あの「老いらくの恋」で知られた川田順の歌碑だ。と言っても、真正老人のわたし以外、一行のなかで川田順の名を知る者はいない。

朝山の入坑時刻のざわめきのしばらくにしてほととぎすの聲　（川田順）

歌人川田順は、戦前住友本社の重役にまで抜擢されるようなエリート社員であった。しかし歌の道に本腰を入れるために住友を退社。妻を病で失ったあと、歌の指導をしていた人妻と恋に落ち、罪の意識にさいなまれて京都法然院の亡妻の墓前で自殺を図る。その後、二人は正式に結婚をして、経済的に厳しい生活の中、川田は歌道に精進するのである。わたしは小学生の頃、「世話物」にめっぽう強かった姉からこの「老いらくの恋」のドラマを意味もよく分からず聞いていた。

およそ人を恋するという気持ちを忘れてしまった野暮天には、川田はなんとも弱々しい男に見える。偏見からかこの歌のよさもわからない。恋ではなく、無理に労働の姿を歌っているからだろうか。川田が経験したような命を賭けた色恋沙汰は、歌舞伎や文楽には沢山ある。これは極めて「人間的」な事件なのだ。ここは、「わたしは人間だ。人間に関わることで自分に無縁なものは何もない」（テレンティウス）と言えるほどの人間通にならないといけない。「世話物」は人間に関わるからこそ、誰しも好むのだ。

夜は四国で一番高い石鎚《いしづち》山（標高一九八二メートル）山系の寒風山の麓にある木《こ》の香《か》温泉に投宿。道の駅にフロントがあり、宿泊は温泉のある少し離れた宿舎だ。部屋が、どこで寝ていいのか迷うほど広い。トイレと洗面所は共同という湯治場形式になっている。こういう温泉宿が好きだ。泉質も鉄分・塩分がたっぷりの自然温泉とある。食事は質量とも文句なし。気が付いたら、宿のアドレスは愛媛ではなく高知県吾川郡いの町となっている。ドライブが長かったはずだ。

市之川鉱山

翌朝早めに起きて市之川に向かう。同行のY教授が、事前に西条市の市之川公民館に連絡を取り、市之川の鉱山跡地の見学の予約を取り付けてくれた。場所は難所続きの険しい山道の奥にある。市之川公民館のすぐ近くなのだが、この公民館がこれまたとんでもなく不便なところにあるのだ。西条市の南東の加茂川沿いの武丈公園から山道を歩いて一時間。「鉱山としては市街地から近距離、車を利用すれば、武丈公園から一〇分程度」と説明にはあるのだが、実際の感覚にはとても合わない。何とか無事に到着できたのは幸いであった。

かつては、鉱石を運ぶ荷馬車が列をなした武丈から北浜へ行く途中の常心坂の辺りには、飲食店、居酒屋、呉服屋、鍛冶屋、荒物屋、蹄鉄屋が軒を並べていたという。いまでは全く想像できない光景だ。つまり公民館は、不便なところにあるのではなくて、不便になってしまったところにあったのだ。

アンチモン
（提供：西条市郷土博物館）

　公民館では親切なYさんという案内役の方が応対して下さり貴重な勉強ができた。そもそもアンチモン（輝安鉱）を産出した鉱山は多くない。市之川鉱山から産出した輝安鉱の結晶は、世界に類を見ないような美しさだった。ロンドンの大英自然史博物館にはこの市之川鉱山産の輝安鉱が所蔵されているという。三〇年ほど前にロンドンの自然史博物館へ行ったことはある。しかし当時わたしの関心は動物からやっと植物に移りつつあるときで、石に至るほど成熟していなかった。したがって輝安鉱の何たるかを知らなかったから記憶にはない。公民館の説明書には、ロンドン以外でも、カナダ、米国、フランス、オランダ、オーストリア、スイス、イタリアの自然史博物館に所蔵・展示されている輝安鉱はすべて市之川産のものだとある。

　市之川鉱山は明治初期から戦後の高度経済成長が始まるまで、日本国内最大級の、知る人のみぞ知る輝安鉱を産する鉱山であった。最初の最盛期は明治中期から後期にかけて、次いで第一次世界大戦の頃が第二の黄金時代となった。輝安鉱に含まれるアンチモンは砲弾の材料として使われた。鉱物資源の所有権をめぐる国家間の紛争は熾烈である。硫黄と火薬、鉄と武器製造など、鉱物と戦争の関係は切っても切り離せない。市之川鉱山の活況も戦争と密接なつながりを持っていたのだ。しかし昭和に入ると探鉱事業に投資しなかったことが影響して、産出量は大きな減少を見る。戦後すぐに住友金属鉱山株式会社の所有となるが、その後は、採算上の問題から、一九五七（昭和三二）年五月に事業中止、閉山に至っている（西条市教育委員会・市之川公民館『市之川鉱山 豆知識——世界屈指のアンチモン鉱山』）。

太平洋戦争末期には、別子鉱業所にも労働力不足から、勤労報国隊、女子挺身隊、一般民間人、大学・高等専門学校・中等学校の学生・生徒だけでなく、中国人も配属され、採掘、運搬、炊事などに従事した。中国人労働者の数は六六二人に及び、その内、二〇八名が亡くなったという。一九八三年から、新居浜市日中友好協会が毎年、中国の国慶節（一〇月一日）に瑞応寺で慰霊祭を行っている。

17　安芸高田の神楽を観て、奥出雲のたたら山内を訪ねる

日本が古来伝承の「たたら」の製鉄技術を江戸時代に完成させ、世界に類を見ない良質の鋼を製造、「日本刀」という武器を芸術作品へと位置づけたことはよく知られている。近年、「抜刀会」が開かれると、若い女性が多く集まり、鋭く光る日本刀を凝視していると聞く。よく考えると恐ろしい光景であるが、日本刀を芸術品として評価する人が増えたということなのだろう。

美には自然美、人格美、芸術美などいろいろあるが、日本人は何事においても美を追求し、特に芸術については洗練されたいくつかの様式美を生み出してきた。刀剣は武器である。その武器にすら、人は美意識を満足させるような条件を求めてきたのだ。これは日本人に固有の姿勢ではないにしても、その徹底ぶりには目覚ましいものがある。『平家物語』などに描かれた戦場の武士の装束の美しさ、鮮やかさは、現代のわれわれの想像を超えている。

「たたら」で作られた刀剣の鋭利さ、たおやかさ、美しさの理由はどこにあるのか、それは科学的に解明できるのか、その美がなぜ人々を惹きつけるのかは知りたいところだ。地図を調べると「奥出雲たたらと刀剣館」はJR出雲横田駅のすぐ近くにある。刀剣の芸術性を知りたいという目的ではなか

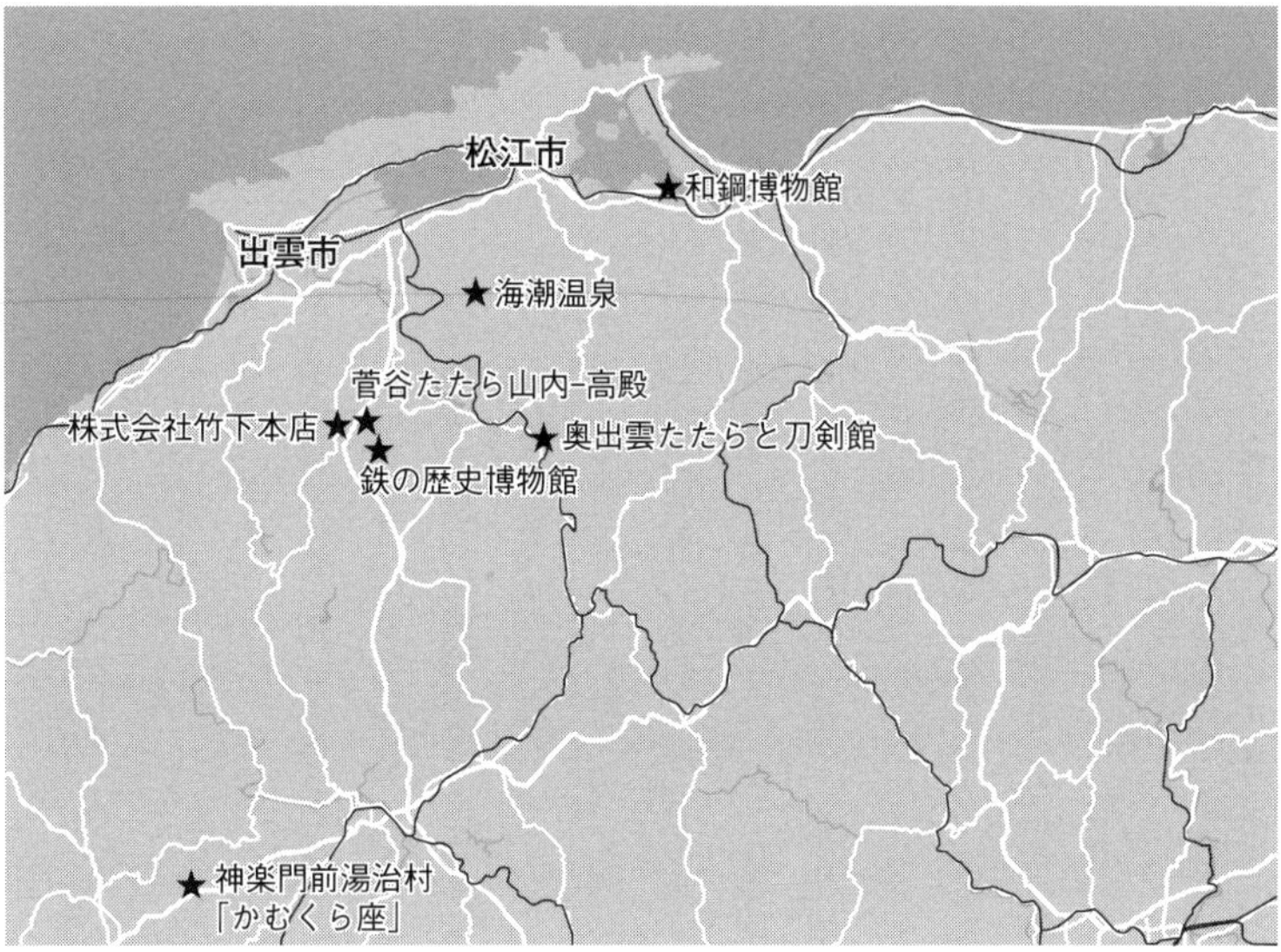

ったが、神話と製鉄の結び付きに魅せられて、たたら製鉄の中心地を見ようという話になり、奥出雲を二度訪れた。最初は十年ほど前のことだ（2012.2.25〜27）。奥出雲に至るには、北広島から北東に進むルート、もうひとつは松江あるいは米子の方から南出雲に向かうルートがある。土地勘の鋭いT先生の助言に従って新幹線で広島まで行って車で北上する前者のルートを取った。二度目に奥出雲を訪ねたのは、ご先祖さまが島根出身の中学時代からの友人の引率で、米子から雲南市へと向かう「愁学旅行」の折だ（2017.6.4〜5）。

美土里町の神楽を観る

広島駅から山陽自動車道の広島ＩＣへ出て、広島自動車道を抜け中国自動車道を東へ向かうと高田ＩＣに至る。そこから美土里町までは一〇分とかからない。最初の目的地は広島県安芸高田の神楽門前湯治村だ。高田市には二〇を超える神楽団があり、ほとんど年中「かむくら座」で公演がある。演劇としての神楽はわかりやすいというので一度観てみようということになった。

安芸高田の神楽を舞う演者はプロではなく、神楽の継承と保存のために活動している素人の集団だ。氏子である農民（男性）が舞うという形態は、悪魔祓いや息災延命を希《ねが》う素朴な信仰のひとつの姿だ。地域住民の連帯と共同体意識を強める作用があるといわれる。

われわれが「かむくら座」で観た演目は、「神幸　神楽団」による「悪狐伝　後編」であった。悪事の限りを尽くした狐が、女性に姿を変えてさらなる悪事を重ねたものの、有徳のお坊さんによって懲らしめられるというストーリーだ。狐のヌイグルミが少し太めなのが気になったものの、囃子方の女性たちが舞台の力演にときどき笑いをこらえているのがおかしい。

美土里町の神楽は一八世紀の末に、石見の方から伝わったと館内の説明板にある。神楽の系図、神楽面、能と神楽の関係と両者の違いなど、「かむくら座」の展示と解説は興味が尽きない。明治期には歌舞伎の要素が取り入れられたとある。美土里神楽が神楽の中でも「演劇性」が特に強くなったのはそのためか。

湯治村の宿は天然ラドン温泉。宿の食事は、生湯葉、豆腐みそ漬け、鳥豆腐、豆乳野菜鍋と自家製の豆腐尽くしだ。ヤマメの囲炉裏焼きも、豆腐攻めの中でやや肩身が狭そうだ。

吉田町のたたら製鉄

翌日、たたら製鉄の名残りを感じさせる場所、菅谷たたら山内《さんない》に入る。「たたら」という言葉は、製鉄の技法そのものが時代によって変化したこともあって、その意味するところも変化してきた。露天で製鉄を行っていた（野鉧――のたたら）時代には、たたらは製錬炉を意味していたが、近世に屋内製錬が行われるようになると、建物をたたら（高殿）と呼び、屋内の仕事場全体を「タタラ場」と称するようになる（渡辺ともみ『たたら製鉄の近代史』吉川弘文館）。

山内生活伝承館を観て、たたら鍛冶工房と鉄の未来科学館、鉄の歴史博物館を見学する。これらは互いに一キロも離れていない。作業現場も重要だが、博物館で、いかに鉄が文明にとって中核的な位置を占めてきたかを学んでおくのも必要だ。

歴史家は、日本列島に住む人々が初めて鉄に出会ったのは、縄文末期に中国大陸から鉄器が伝来したときだと言う。弥生時代に日本でも鉄器生産が始まった。はじめは鉄鉱石を原料としていたが、砂鉄が徐々に主流を占め始める。江戸期には、木炭で一〇〇〇℃以上に熱した粘土製の炉に砂鉄を投入して鉄を製法する「たたら製鉄」が確立した。

砂鉄採取、製鉄、鍛冶、鋳物、炭焼きなど、火を扱う仕事場の守護神は金屋子神《かなやごのかみ》である。この神は白鷺に乗って、安来の比田村黒田のカツラの樹に飛来したといわれる。金屋子神社に寄進した人々の仕事場は、広島・岡山の北部と鳥取・島根に多かったが、中でも現在の島根県にあたる出雲の国と石見の国に集中していたことは、寛政三（一七九一）年の奉加帳を調査して明らかにされた（武井博明『近世製鉄史論』三一書房）。山師は鉄の道具で銀鉱石を採掘した。したがって石見の銀を支えたのはたたらの鉄だったという産業の連関に改めて気づく。

たたらの製鉄技法では、特別の製法で作りあげた炉に木炭（なら、まき、ぶな、くぬぎなどを蒸し焼

たたら場での鉧《けら》出し
（提供：鉄の歴史村地域振興事業団）

きにしたもの）を燃やしながら温度を上げ、炉に木炭と交互に投入された砂鉄を融かして鋼や銑鉄の塊を生成させる。砂鉄の良し悪しが、鉄の質を決めることは言うまでもない。砂鉄の選別はたたら製鉄の総指揮者・村下《むらげ》のみが知る一子相伝門外不出の秘伝とされて来た。

「鉄の歴史博物館」のビデオでたたらの製造過程を具体的に知ることができた。操業が始まるのは、極寒の一月。まず炉床をつくり、粘土（釜土）を練成、炉の作製が終わると周辺装置（送風管など）を設置する。火入れをするまでに三日、最後に炉を壊して鉧《けら》（海綿状の粗鋼）を引き出すまでにさらに三日と、一週間近くを要する作業過程だ。

炉を作るための粘土の選定も重要だ。耐火性があり、鉱滓《こうさい》ができる性質を持つ花崗岩が欠かせない。

木炭の火力を上げるためにフイゴで炉内に空気を送る。このフイゴを足で踏み続けるのが「番子」の仕事であった。過酷きわまる労働なので交代が必要になり、「代わり番こ」という言葉が生まれたという説もあるほどだ。

引き出された鉧全体の約半分くらいが「玉鋼《たまはがね》」と呼ばれてきた良質の鋼だ。この鋼が全国の刀匠（約二五〇人と推定される）に分与され、日本刀の製作に用いられる。残りの銑《ずく》や歩鉧《ぶけら》は包丁などの道具の製造に向けられる。西洋式の製鉄では、鉄鉱石を溶鉱炉で溶かして銑鉄を作ったのち、転炉で製錬して鋼にする二段階方式であるが、たたら製鉄では一度で鋼ができ上る。

奥出雲たたらがどのように経営されていたのかはほとんど解明されていなかったそうだ。二〇〇六年秋に開催された鉄の歴史村フォーラム２００６「奥出雲たたらの経営の特徴」（財団法人鉄の歴史村地域振興財団）における相良英輔氏の基調講演が活字になっている。相良氏は、主要な経営体であった絲原家の文書、あるいは新しく公開された田部家や櫻井家の膨大な文書史料を用いて、たたらの経営を歴史的に分析している。

山内のカツラの樹

たたら製鉄に従事する「たたら師」の仕事場と住まいを含めた集落は、山内と呼ばれる。一八八五（明治一八）年の『戸籍帳』では戸数三四戸、住民一五八人、村下・鉄穴師（砂鉄採取の技師――かなし）・鋼造りなどの就労男性人口は五二人と記されている。小さな集落だ（鉄の歴史村地域振興事業団『鐵の歴史村』）。

菅谷たたら山内の菅谷高殿は一七五一（寛延四）年から一九二一（大正一〇）年まで、実に一七〇年間操業が続けられていた。山内は地下《じげ》と呼ぶ農村とは離れて位置し、村人との摩擦を避けるため独自の治外法権的自治制（独自の警察権）を採っていた。また先に述べたように山内は製鉄の神、「金屋子神」を信仰していた。仕事場には女性を入れず、死を忌み嫌わず、むしろ好んだといわれる。こうした信仰箇条が何を意味しているのか、もう少し知りたいところだ。

高殿の近くにまっすぐに伸びあがった背の高い大きな樹がある。カツラ（「桂」と表記されることもある）だ。これがカツラの木だと知って仰ぎ見るのは初めてだ。案内の方の話では高さは優に二〇メートルはあり、春に葉が出る前に紫紅色の花が咲き、秋に葉が黄色くなる姿はなんとも神々しいという。

植物辞典で調べると、カツラは材として極めて優良で狂いが少ないため、家具、碁・将棋盤、あるいは彫刻などに使われるが、植物分類学的には系統のはっきりしない、「孤立した原始的な単型科」だそうだ。杜撰な連想かもしれないが、菅谷たたら山内という孤立した集落にこの大木が壮観なたたずまいを見せているのは、日本古来の製鉄技術の「孤立性」の象徴のように感じる。

新潟三条の刃物は「たたら」から

出雲と新潟の刃物の町・三条の結びつきもわかった。菅谷たたらで生産された銑鉄や鋼は、松江藩の港の安来や宇龍まで川舟や馬で運ばれ、田部家の千石船や北前船で大坂や加賀（金石港）、あるいは新潟へと輸送され、代わりにそれらの地域の名産品が松江藩にもたらされていた。吉田町の通りには小さなショーウィンドウのような「北前船一坪博物館」がいくつか設けられている。そこから得た知識をいくつか書き留めておく。

菅谷たたらの銑鉄は、農具用として新潟港に運ばれて越後や会津の米に積み替えられた。米は松江藩周辺のものを陸路で運ぶよりも、新潟から航路で松江へと運送する方が経済的であったということだ。日本海の水運は、新潟三条の刃物製造業者が松江藩内の問屋から安来港経由での鋼や鉄の購入を可能にした。加賀藩でも北前船の銭屋五兵衛が藩の特産品の販路を拡大したが、それらの工芸品の生産に用いられたのがたたら鉄の道具であった。また、福井の九頭竜川の河口の三国港で荷下ろしされた鉄は、九頭竜川をさかのぼり武生へと運ばれている。武生の打刃物のための鉄は、年間およそ三万五〇〇〇貫であったと「北前船一坪博物館」の解説にある。

北前船は「買積み廻船」であった。単に商品を預かって輸送するのではなく、船主が商品を買い、それを売買した。輸送と売買が結びついたビジネスがいかに商業圏を拡大させたか、そして周辺の農村工業の生産をどれほど刺激したかを推し量ることができる（牧野隆信『北前船の研究』法政大学出版局）。

竹下酒造とＤＡＩＧＯの「うぃっ酒」

安来の「和鋼博物館」へ向かう途中の雲南市掛合《かけや》に、「出雲誉」で知られた竹下本店がある。この辺りは出雲神話からの連想もあって、日本酒発祥の地とも言われる。竹下本店は竹下登元総理の実家だ。好奇心を抑えきれず立ち寄ってみた。「かけや酒造資料館」（二〇〇五年オープン）は小さいが、隣の「竹下登記念館」ともども展示はなかなか面白い。庄屋であった竹下家が、幕末、たたらを営む大地主の田部家から「酒座」を譲り受けて酒造業を始めたとある。「出雲誉」のほかに、元総理の母校早稲田の同窓生と杯を酌み交わすときのためか、「都の西北」というラベルの酒も出している。早稲田大学関係者も喜んでいるに違いない。

「出雲誉」には、竹下登の孫でタレントのＤＡＩＧＯの特製ラベルを貼った「うぃっ酒」もある。「ゆる燗してお飲みいただければ、ガチに楽しめうぃっしゅ！」とのこと。竹下本店の純米酒は出雲市の須佐神社に奉納するという。みやげに小ビンの「うぃっ酒」を一本購入。

俵国一博士の表情は美しい

たたらの鋼からあの美しい日本刀が生まれる。安来の和鋼博物館を訪れて感銘を受けたのは、島根の浜田出身の鉄冶金《てつやきん》学者、俵国一《たわらくにいち》（一八七二―一九五八）の純粋な探究の精神だ。俵は帝国大学工科大学で採鉱及冶金学科を卒業、ドイツのフライベルク鉱山大学で鉄冶金学を修めたあと、東京帝国大学教授となった。俵は日本で初めて大型金属顕微鏡を用いて日本刀の金属組織の解明に取り組んだ。日本刀「信国」を切断して、地金の観察、諸元素の含有量、刃部の硬度、鍛錬法の解析などを試みた。「折れず、曲がらず、よく切れる」のはなぜかと問うたのだ。その秘密が完全に解明されたようではないが、彼の研究が具体的かつ素朴な問いから生まれているのは立派だ。

俵博士の凄さは現場主義に徹した点にもあらわれている。鉄生産の現場を知るために、中国山地のたたら製鉄の実地調査を重ねた。『日本刀の科学的研究』（日立評論社）はその集大成とされる。彼は教え子に『論語』（為政 二―一八）の言葉「禄在其中（禄はその中にあり）」を座右の銘として与えたという。孔子の若い弟子、子張が「官職を得て、俸給をもらうにはどうしたらよいか」という露骨な質問をしたのに対して、「言葉にあやまちが少なく、行動に後悔が少なければ、官職や俸給は自然にそのなかから出てくる」と孔子が返した言葉だ（井波律子訳『完訳論語』岩波書店）。

和鋼博物館には俵博士のこの座右の銘の扁額が掲げられている。展示の解説では、名誉や地位にこだわることなく、一筋に努力することが大事、その努力の中に見合った報酬が秘められている、と少し意訳している。井波先生の訳の方が具体的だ。写真の俵博士は、立派な研究者特有の穏やかで上品な表情だ。「認識への純粋な欲求」が「知識を利用しようとする欲求」だけに支配されない、私心無き真理への情熱が学問の中心にあったよき時代の学者の顔だ。

俵國一　認識への純粋な欲求、真理への私心無き情熱が学問の中心にあった時代の学者魂を見る。

「たたら」はなぜ衰退したか

俵博士がなぜ「たたら」の製鉄技術に関心を抱くようになったのか。彼は東京帝国大学の助教授に任ぜられた翌年に、先に述べたように操業中の中国山地のたたら製鉄地域を実地調査している。当時の世界の近代鉄鋼業界の趨勢から見て、日本古来のたたら製鉄法が行く行くは衰退の憂き目に遭い、最終的には消滅するのではないかと考えたからだという。俵博士の基本的関心は、世界的に優れた「たたら」の鋼の生産技術を科学的に解明するところにあった（俵国一『古来の砂鉄製錬法』丸善）。

確かに、「たたら」製法は上質の鋼を生み出すものの、量産体制が可能な世界での市場競争に伍して行ける技術ではなかった。実際、日清・日露戦争などの近代日本の戦争が必要とした鉄鋼への軍需（軍艦の部品、大砲、銃など）に「たたら」の生産方式は対応できなかったため、存続が厳しい状況に追い込まれた。その結果、第一次大戦後、「たたら」は急速に衰退への道を辿る。

昭和に入ると軍刀用の鋼材の需要もあり、「財団法人日本刀鍛錬会」の発足に見られるように軍主導の下で「たたら」は一旦復活を見る。現代の「日刀保たたら」を運営する日本美術刀剣保存会の前身であるこの財団法人が事業主となり「靖国たたら」として操業を再開した、と解説されている。

戦後、ＧＨＱは日本刀を武器とみなし作刀を禁止した。しかし「日刀保」は美術品としての刀剣生産のために「たたら」の復元に乗り出す。そうした流れの中で、まず一九六九年一〇月、日本鉄鋼協会は絶滅寸前のたたら製鉄法を吉田村（現・雲南市吉田町）で再現、それまで幻の手法とされていた技術を再生させるために、鉄塊を粉砕する大銅場、鋼造場、元小屋（事務所）などを復元する。その後、一九七七年に奥出雲町横田にあった旧日立金属株式会社安来工場・鳥上分工場に残っていた旧靖国たたらの高殿、炉床に修復を加え、三〇年ぶりに「たたら」を復活させるのだ。復元作業を行う時点で、靖国たたら時代の技師長である村下が二人健在であったことが幸いしたと語られている（『和鋼博物館総合案内』より）。

旅から帰って友人Ｗ氏に「たたら」に行った話をすると、「自分の先祖は出雲の出身だ」と誇らしげに語るので、確認のために旅好きのA氏も誘って出雲を旅しようということになった。冒頭に触れたように、最初の奥出雲の旅から五年後のことだ。前の旅の記録や資料収集に不備があったのでよい再訪の機会となった。

この二度目の旅では松江から南下して、雲南市大東町の海潮《うしお》温泉に宿をとった。松江まで車で二〇分の山間《やまあい》にある秘湯だ。『出雲風土記』に出てくる古湯、と案内パンフレットにある。源泉温度は四五・九℃で源泉かけ流し、加温あり、泉質はナトリウム・硫酸塩―塩化物泉だ。確かにかすかな塩の味がする。椎の巨木に覆われ、自然岩を穿《うが》ったような大きな岩に囲まれた湯だ。宿オリジナルの純米酒を口にすると、「やはり日本酒だ」、との思いがしみわたる。

出雲は関西に住むものにははるか彼方の地のように思える。しかしこの辺りには関西とは違った歴史の重みを感じさせる何かがある。たたら製鉄で用いられていた燃料が木炭であったことは多くの日本文化研究者の注目を集めた。たたらのエネルギー源である「楢《なら》」の木炭の供給がたたらの製鉄を可能にしたことに注目して山陰地方を製鉄技術と照葉樹林文化の交差点として語った黒滝哲哉『美鋼変幻「たたら製鉄と日本人」』（日刊工業新聞社）を読んだ。中尾佐助や佐々木高明が展開した照葉樹林文化論の発想の面白さが分かった。少し勉強してみたいところだが、わたしの齢では楽しみの読書としておくのがよさそうだ。

遠藤ケイ『鉄に聴け 鍛冶屋列伝』（ちくま文庫）は、鞴《ふいご》の風で火を操りながら生み出された鉄や鋼から、刃物や道具を制作する鍛冶屋職人の仕事に密着したドキュメントだ。職人の作品には、大量生産で生み出される道具にはない美しさがあるのはなぜか。同書の「野だたら」「古代たたら」は、たたらの火が、「日本の文化と尊厳の火」（同書三三二頁）であることを教えてくれる。

（補記）

この章が『ちくま』（二〇二〇年五月号）に掲載されたとき、岡山市妹尾の佐藤和磨氏から、俵博士が教え子に与えた座右の銘「禄在其中」は、『論語』の衛霊公第十五―三十二「子曰く、君子は道を謀って食を謀らず。耕して餒え其の中に在り。学びて禄その中に在り。君子は道を憂えて貧しきを憂えず。」ではないかとのコメントをいただいた。筆者は「禄在其中」という語句が『論語』で二カ所あることを承知していなかった。確かに佐藤氏のご指摘のように、俵博士の座右の銘とされた「禄在其中」は、筆者が言及した為政二―十八よりも、衛霊公の方が、学問をする者の心構えとして分かりやすく適切だと考える。記して佐藤氏のご指摘に感謝したい。

18　陸前高田市から気仙沼、そして鉄都・釜石へ

前章では奥出雲を訪れ、たたらの鉄の復興についての見聞を記した。砂鉄からのたたらの製鉄技術とは別に、鉄鉱石を用いた高炉技術が幕末に西洋から伝来している。高炉による鉄鋼生産が明治以前に始まっていた場所のひとつが「鉄都」釜石だ。北上川の東側、日本最大の鉄鉱山があった北上高地を背にして三陸海岸に面した釜石を二度訪れた。最初は「成熟社会の労働を考える」というサントリー文化財団の研究プロジェクトで短期間の実地見聞を行った折（2009.7.3〜4）、東日本大震災の一年半前のことになる。この報告書は拙編『〈働く〉は、これから』と題して（二〇一四年、岩波書店）公刊されている。その一〇年後、日文研時代の同僚たちと南三陸海岸を再び旅した（2019.9.2〜4）。この二度目の旅の記録を中心に記しておきたい。

仙台北の大崎市（旧古川市）の吉野作造記念館が毎年開く学生セミナーに参加した後、ＪＲ新花巻駅で諸氏と合流。結団式を兼ねて昼食を取った後、新花巻駅東口で借りたレンタカーで釜石自動車道を走り、大船渡市・陸前高田市へ向かう。東日本大震災の翌年の夏に石巻市に行く機会があったが（2012.7.25〜26）、その後、三陸海岸方面の被災地を訪れることはなかった。

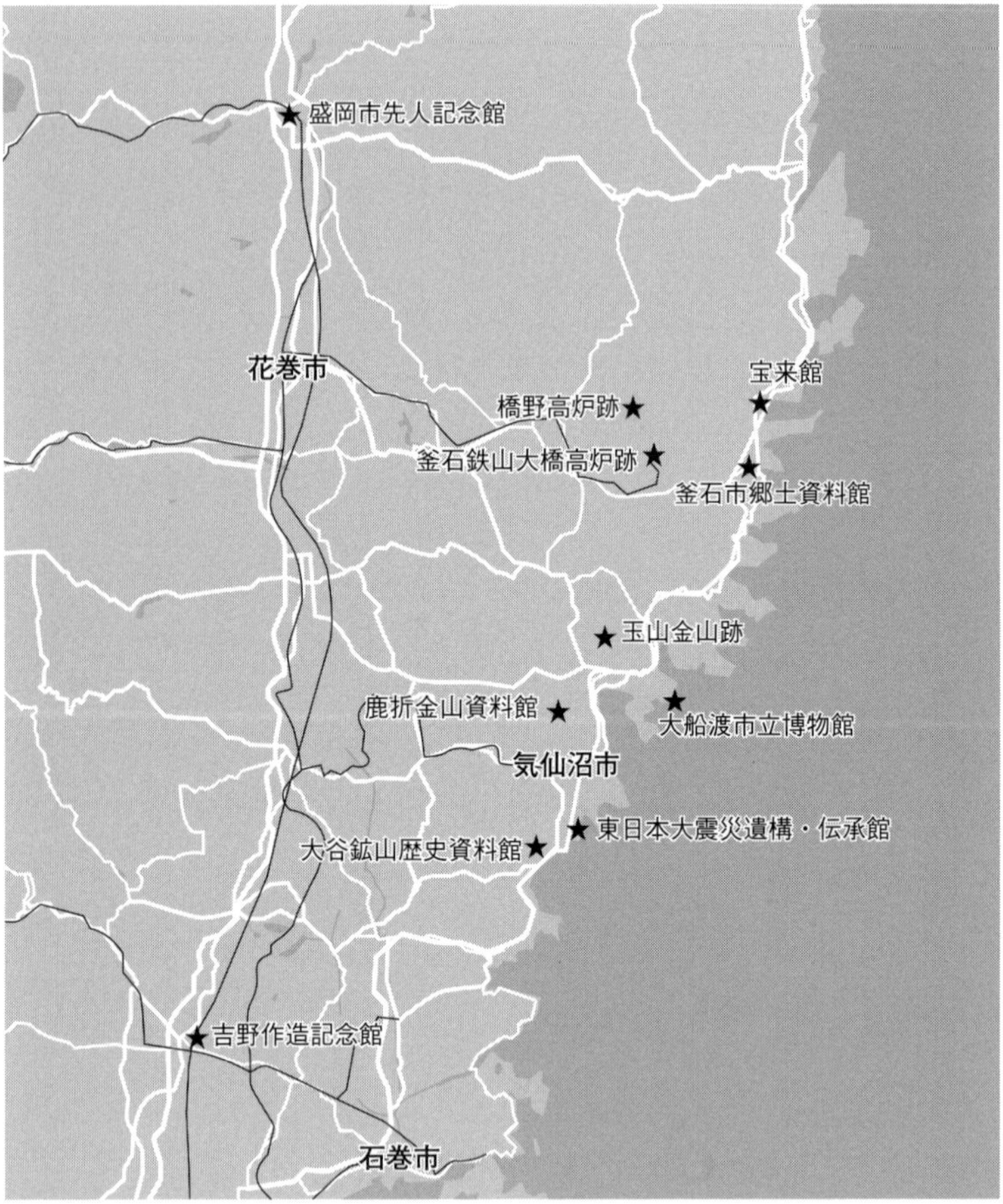

それにしても、人は他者の被った災禍による苦痛や悲しみを、どのように、そしてどれほど感じとることができるのだろうか。この点について、大震災直後にテレビで見た忘れられない一場面を（不正確な記憶かもしれないが）記しておきたい。

　激烈な津波に襲われたほんの一、二日後、お爺さんが孫とおぼしき小さな少年と一緒に南三陸の町の瓦礫の間を何かを探すように歩いている。そのわけをテレビのレポーターが近づいて尋ねると、「この子の母親が車で運転中に津波に襲われたようなので探している」と老人が答える。そのほんの数秒後、少年は「お母さんの車だ」と大声をあげて車に駆け寄り、窓ガラスに付着した泥を必死でぬぐい取る。だが車内で倒れていたのは別の女性であった。それでも少年は「お母さんじゃなくても、早く助けてあげて」と叫ぶのだ。少年は、別の女性の姿から瞬時に自分の母親の「現在」を想像し、こうした慈悲の叫びを発したのだろうか。

大船渡の碁石海岸と陸前高田の一本松

三陸海岸は戦後、陸中海岸国立公園として国の指定を受けた。この国立公園は東日本大震災のあと、三陸地方の復興と被災の伝承のために、北は、南青森、八戸市の種差《たねさし》・階上《はしかみ》海岸、階上岳まで範囲を広げ、その後さらに、南の方も宮城県の金華山までを編入し、「三陸復興国立公園」と名称を変えた。結果、八戸市から気仙沼までの三陸の海岸線約三〇〇キロメートルは日本最大のジオパークと呼ばれるようになる。この旅は、南三陸の大船渡、陸前高田、気仙沼、そして鉄の町、釜石およびその周辺の金鉱山跡を訪ねるという順序の旅程となった。

残念ながら大船渡市立博物館は月曜日で休館であった。この博物館では、常設展示「大船渡その海と大地」でリアス式海岸特有の地形・地層が学べるだけでなく、明治二九年と昭和八年の三陸地震津波、昭和三五年のチリ地震津波関係の史料があると聞いていた。淡い期待もあって博物館入り口近くまで行ったが、「月曜休館」を確認して引き返すだけであった。

博物館入り口付近から戻る途中、碁石浜近くの「インフォメーション・センター」が目に入る。囲碁に凝っている孫への土産に碁石でも、と考えて案内所で尋ねると、「そのようなものはありません」とのこと。同行の先生方が苦笑している。「碁石浜」というのは、荒波で磨かれた黒い玉砂利がこの浜に沢山打ち上げられていることから付いた名に過ぎない。玉砂利で碁石を製造しているわけではないのだ。

自分の「行き当たりばったり」を恥じながら、碁石浜近くの松林をぬけて遊歩道に出ると、海蝕によって出来上がった洞穴や洞門の珍しい光景が広がっている。入り組んで複雑な地形を見ていると、このようなところで育ち生活していると、「行き当たりばったり」ではなく、もう少し慎重で陰影のある性格になっていただろうか、と反省してしまう。

陸前高田市は気仙川を挟んで大船渡市の南に位置している。気仙川が運んだ土砂でできた砂州に、江戸期二〇〇年近くの間に何万本もの松が植えられた。高田松原と呼ばれた防潮林だ。あの津波でほとんどすべての松はなぎ倒され壊滅した。たった一本、辛うじて残った「奇跡の一本松」がどうにかその姿をとどめる形で保存されている。塩水と根の腐食で枯死したため、一旦伐採した後に防腐処理をして金属製の心棒を通して元の位置に戻したそうだ。付近は復興祈念公園を作るための土地整備が進んでいる。工事中のブルドーザーをながめながら、ぬかるんだ道を遠回りして一本松の近くまでなんとかたどり着いた。

あの激烈な大津波を耐え抜き、倒れずに奇跡的に残った一本の松を保存すべきか否か、市民の間で意見は割れたそうだ。失ったものを思い出させるものをすべて消し去りたいと思う人、失ったものを想起させるよすがを少しでも残したいと願う人。合意は難しかったであろう。費用問題も大きかったはずだ。陸前高田市では、水産高等学校、小学校五校、中学校一〇校があの大災害で閉校になったという。何ということだ。

高田松原には石川啄木の歌碑、「いのちなき砂のかなしさよ さらさらと 握れば指のあひだより落つ」があったと案内書にある。この歌碑も東日本大震災の大津波で流された。

よく歩き回った。夜は北上山地南部の陸前高田市・氷上山《ひかみさん》の麓にある小さな宿、玉乃湯で一泊する。湯は玉山金山付近からわき出る鉱泉だ。

陸前高田から気仙沼市へ

翌朝、玉乃湯から玉山金山跡、千人坑跡へと向かう。岩手県陸前高田市と、そのすぐ南に位置する宮城県気仙沼市は近年、「平泉黄金文化ゆかりの地」として注目を浴びている。宿のロビーに地方紙『東海新報』、『岩手日報』の記事のコピーが張り付けてある。いずれも二〇一九年五月二〇日の紙面で、文化庁が陸前高田市、平泉町と宮城県涌谷町、気仙沼市、南三陸町付近の金産出の歴史を伝える「みちのくGOLD浪漫」を「日本遺産」に認定したことを伝えるものだ。

われわれが訪れたのは、玉山金山跡と大谷《おおや》金山跡、そして鹿折《ししおり》金山跡の三つだ。これらの金山跡は平泉町の真東に位置し、南北にやや曲がりくねった大船渡線沿いの道で中尊寺付近と結ばれている。この位置関係から、このあたりで産出された金が奥州藤原氏の平泉の黄金文化を支えたと考えられている。

玉山の山中には精錬所跡や検問所の跡、そして玉山神社がある。往時は「玉千軒余」といわれたこの金山は、すでに一七世紀中葉あたりから産金量が減少し、坑夫千人が落盤事故に遭っている。ここの「山の掟」は恐ろしい。金山の八町四方にいる限り、主《あるじ》殺し、親殺し以外はその罪を問わないという産金奨励の掟があったという。

玉山金山跡から気仙沼市の大谷金山跡に向かう。この辺りには金鉱が幾つもあった。気仙沼市大谷鉱山歴史資料館の展示によると、大谷金山は江戸時代以降、仙台伊達氏の重要な財源のひとつとなったこと、そして明治以降、戦前まで金の採掘が続けられ、昭和四六年まで操業されたとある。展示品の中に鉱夫達の同盟規約・同盟友子取立状、友子人名簿（いずれも昭和六年のもの）もある。管理人さんは常駐ではないので、博物館入り口のカギを開けておいて下さった。こうした博物館も次第に置き去りにされて行くのだろうか。

資料館を後に、気仙沼市東日本大震災遺構・伝承館に向かう。宮城県気仙沼向洋高等学校（旧名・気仙沼水産高等学校）は校舎が四階まで津波で水没した。南校舎は震災遺構として保存されてきたが、改修された北校舎も保全されることになった。こうして旧校舎が「伝承館」として二〇一九年三月一〇日にオープンした。

大津波で流されてきた冷凍工場施設の激突跡、屋根が流失した屋内運動場、学校敷地内で折り重なった破損車などが津波の凄まじさを物語る。生徒は全員避難所に向かった。教職員二〇名は重要書類を抱えつつ、北校舎改修工事中の工事関係者二五名とともに屋上へと逃れた。津波は四階の床から二五センチのところまで迫った。

同行の諸氏と交わす言葉もなく、ほとんど沈黙のまま車で気仙沼から海岸沿いに北上し釜石に入る。釜石の鵜住居《うのすまい》地区も市街地のほぼ全域が津波にのまれた。JR山田線の鵜住居駅と線路は流失、防災センターへと避難した人々が多数犠牲になった。一方、釜石市立鵜住居小学校と釜石市立釜石東中学校は水没したが、辛うじて高台に逃げ延びた生徒たちは全員助かった。だが鵜住居地区は六〇〇人近い死者・行方不明者を出した。

現在は「かさ上げ」をすることで住宅再建がすこしずつではあるが進行中だ。スタジアムでは地元ラグビーチームの試合も行われている。

幕末維新期の東北の製鉄

幕末から西洋の兵法や砲術・冶金術などが伝わるにつれ、たたら流の砂鉄を原料として作られた大砲では、黒船のような西洋式大砲を備えた軍艦には太刀打ちできないとの認識が強まり、鉄鉱石による良質銑を生産する近代製鉄技術の導入が進む。この導入過程は一直線で進んだわけでもなく、明治維新になってから始まったわけでもなかった。そこには十分な資本を持ち近代製鉄事業の政治的・経済的重要性を認識した豪商たちがいたことにも注目すべきであろう。後に触れる国内初の高炉、大橋高炉に出資した貫洞瀬左衛門や中野左衛門などはその代表的な人物である。(以下は釜石市立鉄の歴史館の展示、および産業考古学会盛岡地区研究班編『銕路歴程——近代日本・近代製鉄の始まりと大槌・釜石』による)

近代的な製鉄で用いられる「反射炉」は、木炭や石炭の炎を直接鉄に接触させるのではなく、燃焼

官営の25t高炉
（提供：釜石市立鉄の歴史館）

熱を炉内の上壁で「反射」させて溶解するための大規模設備だ。幕末期には薩摩・長州・佐賀などの西南雄藩、幕府の韮山（伊豆）、あるいは水戸藩の那珂湊（ひたちなか市）などに反射炉は建設された。

水戸藩主徳川斉昭《なりあき》は幕府の海防参与であり、御側用人の藤田東湖《とうこ》も近代兵法や製錬などの学問を修めていた。斉昭は水戸藩内に反射炉の築造と操業を命じている。盛岡藩奥医師《おくいし》の長男、大島高任《おおしまたかとう》（一八二六―一九〇一）は当初、水戸藩の那珂湊に反射炉を建設したが、砂鉄を原料とした採鉱・製錬の方式には質的・規模的な問題があり、その解決が求められた。大島は水戸藩から休暇を得て、盛岡藩甲子《かっし》村大橋（釜石市大橋地区）に鉄鉱石を原料とする洋式高炉を建設、わが国ではじめて鉄鉱石製錬による連続出銑操業に成功する（一八五八年）。

大橋地区の成功によって、明治維新までに釜石近辺の十数カ所に高炉が築かれる。釜石の高炉銑は水戸藩に売却されるようになり、南部藩内に大きな製錬・鋳造のための反射炉が建設されることはなかった。

幕末には大砲鋳造の需要が高まり、鉄鉱石を用いた高炉銑の生産がますます必要となる。先に挙げた『銕路歴程』には幕末から明治元年までに築造された高炉が図示されている。数えると一八あるが、最も早い時期の鹿児島の集成館（一八五四年）、幕府の費用で建てられた箱館の古武威（一八六一年）を除くと、残りすべては盛岡と仙台の民営の高炉であった。幕末維新期の東北の重工業の先駆性と、その重工業の展開における「民の力」がはっきりと示されている。明治維新後の工業化については、しばしば中央政府の富国強兵政策と殖産興業政策が強調されるが、幕末期の民の力を見逃してはならない。

官の失敗と民の力

鉄鉱山のある釜石・大槌地域は鉄鋼生産には絶好の土地であった。先に述べた甲子村の大橋高炉で鉄鉱石製錬による連続出銑操業が成功した翌年、盛岡藩は橋野高炉の建設に着手、佐比内、栗林、砂子渡などがそれぞれ続いている。橋野鉄鉱山には鉄鉱石の採掘場と高炉の跡がいまも残っている（釜石市産業振興部世界遺産課『橋野鉄鉱山――日本近代製鉄の先駆け』）。

鉄鋼生産は、重い鉱石や木炭を運搬する強力な運輸手段を必要とする。維新政府官営の釜石製鉄所の建設に伴い、工部省鉄道寮のお雇いイギリス人技師たちによる鉄道の建設計画が立案された。明治八（一八七五）年という早い時期だ。鉄道建設の着工は明治九年であった。新橋―横浜（桜木町）間の鉄道敷設（明治五年）に次いで二番目であり、完成と運行は京都―神戸間に次いで明治一三（一八八〇）年、日本では三番目の鉄道として釜石鉱山専用の鉄道（釜石桟橋―大橋間）が敷設された。

だが巨額の工費を投入して高炉二基でスタートした官営の釜石製鉄所はさまざまな不調・不具合を生み、実質稼働日数二九三日で、三年後に閉鎖の憂き目にあう。鉄道も開業三年目にして廃線となった。閉鎖された製鉄所は薩摩藩と繋がりのあった陸海軍御用商人田中長兵衛（初代）を中心とする釜石鉱山田中製鉄所に払い下げられ、田中長兵衛の店で働いていた元鉄物商の横山久太郎らの努力によって商業ベースでの出銑に成功する。

田中長兵衛　工部省の釜石製鉄所は失敗したが、田中長兵衛は長男安太郎、女婿横山久太郎らと民の力で近代製鉄業の確立に貢献した。
（提供：釜石市立鉄の歴史館）

近代世界で、一国の生産力、あるいは経済面での国力を測る最も簡単な指標は、産業の「米」とも言われる鉄鋼の生産高を見ることであった。日清戦争後の日本の鉄鋼需要の増大は、官営で製鉄所を運営することへの政府の関心を高めた。官営製鉄所の建設計画を実現するのに技術面で重要な貢献をしたのが、先に述べた大島高任の息子の大島道太郎である。採鉱冶金学を東京大学とドイツのフライベルク鉱山大学で学んだ道太郎は、製銑から製鋼までの「銑鋼一貫工場」を福岡県の八幡村に建設することとした。燃料のコークスの供給地としては近くに筑豊炭田があり、鉄鉱石と工場用水も入手しやすいという利点があったからだ。建設には、ドイツから技師と職工を雇い入れ、熟練工が釜石（田中製鉄所）から移動して作業に当たった。実際の技術移転にとって、いかに現場の経験と知識が不可欠であるかを示している。官営八幡製鉄所の巨大な第一高炉に火が入ったのは明治三四（一九〇一）年のことである。

釜石の戦争被害

鉄都・釜石は太平洋戦争の末期、昭和二〇年七月一四日と八月九日の二回、米英両国から艦砲射撃を受けている。両日の艦砲射撃被弾数は五〇〇〇を超え、八〇〇名近くの死者を出した。浜松、水戸、日立、室蘭など、軍需産業の生産設備のあった町は空襲だけではなく軍艦からの射撃も受けた。釜石では製鉄所を中心に砲撃が集中し、砲弾の破片、爆風による防空壕の崩壊あるいは火災によって町は焦土と化した（釜石市郷土資料館の企画展資料より）。

郷土資料館から鵜住居《うのすまい》町の宝来館へと向かう。一〇年前に泊まった宿だ。玄関のすぐ前は道路を隔てて海水浴場（根浜海水浴場）になっている。前に訪れた時は、玄関と浜の間にある庭でホタテやエビなどを焼き、その美味さにうっかり地酒を飲み過ぎたことを思い出す。その翌朝は、女将の岩崎昭子さんから「釜石のグリーンツーリズムの実践について」というレクチャーを聴いた。この旅館は東日本大震災の強烈な津波を文字通り真正面から受けた。その後、女将や従業員たちの計り知れない努力によって、元の場所で少し姿を変えて復興させたのだ。

啄木の新しい歌碑があった

南三陸の旅から帰って釜石関連の本を読んでいて、ひとつ見落としていた場所があることを知った。釜石市大町青葉通りに、五年ほど前に石川啄木の歌碑『一握の砂』がもう一つ建てられていたのだ。

石川啄木　浪費癖の嘘つきおじさん、と評判は良くなかったが、その詩才にはズバ抜けたものがあったようだ。

ゆゑもなく海が見たくて海に来ぬ　こころ傷みてたへがたき日に

啄木はこの歌を詠んだ（一九一〇〔明治四三〕年）一〇年ほど前、中学の同級生・船越金五郎と盛岡から内陸を南下し、三陸海岸に沿って北上する旅に出た。最終地の釜石では従兄弟の医師、工藤大介の家に二週間ほど滞在する。その後、工藤は、先に触れた「釜石鉱山田中製鉄所」の附属病院に赴任している。

啄木は抜きんでた才能で、いい加減さと誠実さ、正直さと裏切り、人間の抱える矛盾を実におおらかに表現した。彼は『盛岡中学校校友会雑誌』第一〇号（明治四〇年九月二〇日）に載せた文章「一握の砂」の中の「林中の譚」で賢明な猿と愚かな人間のやり取りをユーモラスにまとめている。真と美と生命、そして善（道徳）の考え方を述べた暗誦したくなるような文章だ。啄木の道徳についての考えをまとめた最後の部分だけ引用しておこう。

無垢の始めよりこの世にありたるもの何なるべき乎。
答えて曰く、真と美と生命と。
しからば善とは如何。

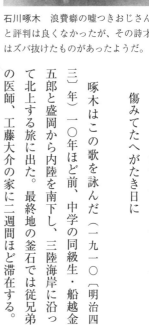

答えて曰く、善と悪とは初めよりある理《ことわり》なき也。何事かの成されたる時、人は初めて、そは善也、あるいは悪なりという。故に道徳は人間の作れる所、故にまた人間によって破壊されうるもの也、真人は道徳なる防腐剤を要せず。真にして美なる者は長《とこし》なえに真にして美なる也。そは善にもあらじ、また悪にもあらじ。

啄木、二一歳の文章だ。五年後、啄木は友人の若山牧水に看取られてこの世を去る（一九一二年四月一三日）。その二カ月後、結核療養中だった妻節子は次女房江を分娩。翌年三月、節子は函館の立待岬に啄木の遺骨を埋葬した。そのあとわずか二カ月足らずで彼女自身も函館の病院で啄木の後を追うように二八年の生涯を閉じている。

高校の修学旅行で函館に立ち寄って以来（1962.7.24）、実に半世紀余りを経て、函館を訪れる機会があった。函館山東南の立待岬まで足を延ばし、岬に至る坂の途中にある墓地で「石川啄木一族の墓」と書かれた立札を見つけた。懐かしい人に偶然出会ったような錯覚に襲われたものだ。（2017.9.8）

（補記1）

大災害が必ず地域の人々の間の共同体意識を強めるということはないかもしれない。特にコロナのように、その収束のために社会的距離（social distancing）が求められるような状況では、共同体意識はむしろ薄まるだろう。逆に、東日本大震災のような甚大な自然災害では、相互に助け合うという精神は強まることがあった。例として、NHKテレビで放映された「明日へつなげよう 証言録 住民主

導の集団移転　宮城県東松島市」というドキュメンタリーが示唆的であった。大曲浜の津波を受けた市民たちの積極的な集団移転のプロジェクトが、市民と行政、そしてＮＰＯの連携によって東松島市の「エコタウン」建設へと繋がった記録である。心打たれたのは、行政でその困難な作業を担当した幹部職員が、愛する娘を津波で失いながら職務に専念し続けた姿だ。彼が語った「復興は自立だった」という言葉は重い。

どのような生活を自分は善しとするのか、という問いかけがまず重要であったという。高台に集団で移り住むのであれば、幾多の経済的な制約を乗り越えなければならない。どれくらいの価格で被災地の土地を買い取ってもらえるのか、誰が高台のどの区画を入手するのか、など幾多の難題が立ちはだかる。そのために行政と住民との間にＮＰＯが入り、人々が移転をためらわないような調整が行われた。大切なものを地震と津波で失った人々が、前を向いて何か新しいものを少しでも生み出そうという気力を蘇らせた。単に元の状態に戻すというのではない。復興なのだ、という気持ちが自立を促したのだ。

国家によって社会的自発性が吸収されるということなく、自発性、自律性という人間の自由の根幹を守り抜いた後に、地方行政官の口をついて出た「復興は自立だった」という言葉は、コロナ禍が収束を見たあとのわれわれの生活にとっても重要な示唆を与えてくれているように思う。

（補記２）

二〇二一年十二月二七日、陸前高田市の高田松原津波復興祈念公園で、石川啄木の歌碑の除幕式が

開かれたとの新聞報道があった。三度目の建立だという。刻まれた歌は

頰につたふ　なみだのごはず　一握の砂を示しし人を忘れず（『一握の砂』より）

19　盛岡から八幡平の松尾鉱山跡を見て国見峠へ

奥羽越列藩同盟と盛岡藩

一五〇年以上前の戊辰戦争は、短期間ではあったが政治体制の選択をめぐる内乱であった。だがこの戦争の影響はその後も長く尾を引くことになる。倒幕の戦いで、佐幕の外様大名であった南部氏は奥羽越列藩同盟（第3章参照）に加わって敗れた。明治以降薩長中心の藩閥政治が半世紀余り続いたため、旧盛岡藩はじめ東北諸藩は日本の政治の主流を歩むことはなかった。どちらの側で戦ったかの記憶は、戦乱が終焉したあと容易に消え去るものではない。東北を旅すると、戊辰戦争がその後も世代を超えて記憶されると感ずることがある。仙台藩と盛岡藩は一度領地を没収され、明治元年一二月に改めて、仙台藩二八万石、盛岡藩一三万石が与えられた。盛岡藩の場合、減封の上、旧仙台領の白石への転封を強いられた。

こうした東北の悲運と屈辱は、かえって輝きを増すという面もあったのではないか。石川啄木、宮沢賢治、原敬など、東北が近代日本の多くの偉人を生み出したのは、こうした「風土」が内省的な人

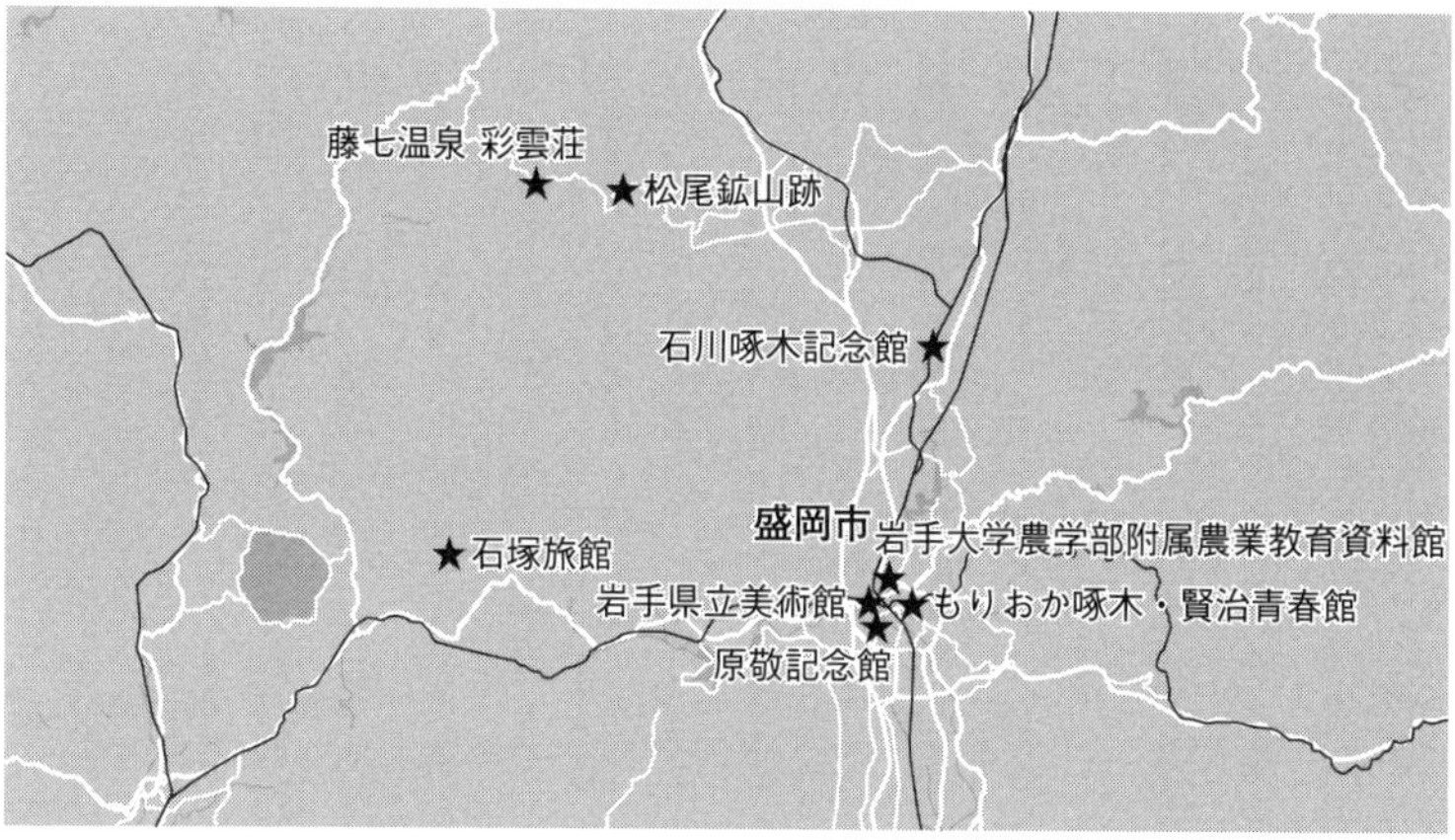

格の形成に影響を与えたとも考えられる。

岩手といっても、沿岸部と内陸部、盛岡を中心とする北と県南とでは「風土」が異なると言われる。言葉も通じにくい場合があるそうだ。そんな様々な岩手の中で、硫黄鉱山として知られた八幡平の松尾鉱山跡を歩く旅を計画した。前章でもふれた石川啄木の郷里の渋民《しぶたみ》の地理的な位置と環境を知りたい気持ちもあった。（2014.9.2〜5）

調査開始の前日に盛岡に入る。この日の日記を見ると、午後三時半ごろに盛岡駅に着いている。旧知の盛岡出身のM氏が、市内の宿、「北ホテル」を予約してくれた。ひとひねりを凝らした昔のフランスの恋愛映画『北ホテル』（Hôtel du Nord）を意識した名だろうか。あとで知ったことだが、このホテルを創業した故菊池政美氏は、彫刻家であり、渋民の石川啄木記念館内の啄木の胸像の作者だった。いまはこのホテルの経営は別の人の手に渡っているようだ。

「北ホテル」にチェックインしてからM氏の案内で市内内丸《うちまる》にある盛岡城址に向かう。啄木の歌碑が二の丸跡にあった。

不来方《こずかた》のお城の草に寝ころびて空に吸はれし十五の心

不来方とは盛岡の雅称だ。盛岡中学時代の啄木が授業を嫌ってこの城址まで逃げてきた後、寝ころびながらゆっくり大空を眺めたのであろう。若者の解き放たれた気持ちが大空に吸い込まれていく様を詠んだ「いい歌だなぁ」と思う。

続いて「もりおか啄木・賢治青春館」を訪ねる。石川啄木と宮沢賢治を顕彰するこの記念館は、盛岡第九十銀行の建物の中にある。この由緒ある銀行は、明治初期に全国で一五〇余り設立された「国立銀行」のひとつだ。ちなみに「国立銀行」は、「私立」であって、国が設立して経営するという意味の「国立」ではない。米国のNational Bank（国法に基づく銀行）を（誤）訳したものだ。第九十銀行は一八七八（明治一一）年に南部家と盛岡藩士たちの出し合った金禄公債の資本金一〇万円で開業された。なかなかモダンな、しかし威厳のある建物だ。夕食は、M氏の小学校時代の親友フーさんと一緒に「うさぎ屋」で盛岡の家庭料理を楽しむ。

「石っこ賢さん」が学んだところ

翌朝、M氏の案内で、岩手大学農学部附属農業教育資料館を見学。建物は旧盛岡高等農林学校の本館だ。明治末に建てられたこの木造の洋風建築の校舎で宮沢賢治は学んだのだ。賢治は子供のころから石拾いが好きだったという。盛岡中学に入ってからは鉱物・植物採集に熱中して山野を歩き回った。この農林学校の「地質及土壌学教室」で地質学、土壌学、肥料学などを学び、肥料設計、農業の改良普及、土壌改良などの勉強に没頭した。館内には、賢治が学生時代に触れた岩石、鉱物標本（約一千点）、岩石ハンマー、検土杖などの備品が展示されている。

教室の初代教授は『グスコーブドリの伝記』の「クーボー大博士」のモデルと言われる土壌学者の関豊太郎であった。この童話でさりげなく語られている自己犠牲の精神の厳しさが放つ美しさにはだれしも感動する。クーボー大博士は、無料の学校を開いて若者を教育し、鍛え、優秀だったグスコーブドリのイーハトーブ火山局への就職を世話した。奉仕と自己犠牲の化身のような先生だ。関先生との出会いは、賢治の一生にとって大きな意味を持った（教育資料館の展示説明による）。

どのような人格の先生と出会ったのかは教育の最も重要な要素だ。わが身を振り返ると、小学校から大学院まで、実に魅力あふれる立派な先生に出会えた。幸運としか言いようがない。

原敬にとっての戊辰戦争

盛岡といえば政治家原敬（一八五六―一九二一）がまず思い浮かぶ。原敬は維新後の藩閥政治の限界を打開した政治家であり、国際感覚に優れ、内政においても高等教育拡張政策、鉄道をはじめとする産業インフラの建設など日本の近代経済のベースを築いた。

戦前の政治家の中で、原敬は例外的に近代人の容貌をしている。明治大正時代のほとんどの政治家は軍人か官僚の出身だ。原の表情からは、権威主義を後ろ盾とすることのない文明の息吹が感じられる。外交官として官に身を置いたことはあるが、もともと官吏を目指した人物ではない。原敬にはエリート官僚にありがちな、自己の立身出世だけを考えるような野暮ったさがないのだ。「公利」を重

原敬　生前、爵位を受けるかどうかの打診が三度あったとされるが、いずれの場合も固辞している。
（出所：憲政資料室収集文書 1142）

んじる偉大な政治家であった。

原が生まれた家は二〇〇坪もある武家屋敷だ。その生家は今は当時の五分の一の敷地を残すのみで、「原敬記念館」が立っている。門を入ると「原宰相誕生之地」の石碑がまず目にとまる。宝積《ほうじゃく》と彫られた花崗岩の大きな石が鎮座している。「宝積」は原が座右の銘とした言葉で、「人に尽くして見返りを求めない」、「人を守りて己を守らず」という意味だそうだ。仏教用語と言われるが、キリスト教にも「天に宝を積む」という言葉がある。当世の政治家がこのような言葉を口にすると、その軽さに、かえって不信感が強まるかもしれない。だが原敬はこの言葉を身をもって示した。

記念館の展示で、改めて感慨深く読んだのは原敬の書「戊辰殉難者五十年祭」である。原本はこの記念館に所蔵されている。「……戊辰戦争は政見の異同のみ　誰か朝廷に弓を引く者あらんやと云ひてその冤を雪けり……」とある。「敬」と署名したすぐ下に、「一山百文《ひとやまひゃくもん》」、「介壽荘主人」と朱印が捺されている。この「一山百文」には特別の意味が込められている（展示解説による）。官軍は「白河以北一山百文（東北は価値がない場所）」と東北を侮蔑したので、原は自分の雅号を「一山（逸山）」とした。盛岡藩が敗北し賊軍・朝敵とみなされたところにも、原の政治家としての「根」があったのであろう（伊藤之雄『原敬――外交と政治の理想』第二七章「「一山百文」の精神の充実」講談社参照）。

戊辰戦争で亡くなった旧藩士を弔うために、この戊辰殉難者五十年祭は一九一七年九月八日に盛岡市の報恩寺にて執り行われた。政友会総裁・原敬の書いたこの祭文は、賊軍とされたことへの彼の抗議と屈辱の歴史への決別宣言だとされる。

ちなみにこの報恩寺は石川啄木が吟行の杖をひいたところでもある。境内の羅漢堂の五百羅漢を観る。色とりどりだが、適度に色あせているのでどぎつさはない。五〇〇体あるような気がするが四九九体だと説明にはある。なぜだろう。京都の仏師が作ったものだという。羅漢の容貌がなんとも穏やかで時にユーモラスなのには救われる。

戊辰戦争は明治二年五月一八日に函館で榎本武揚らが新政府軍に降伏して終わった。原敬が戊辰殉難者五十年祭で屈辱の歴史に決別した五〇年ほど前の明治二年六月二三日、この報恩寺の本堂で悲惨な事件が起こっている。盛岡藩の主席家老の楢山佐渡《ならやまさど》は、藩内の議論が二分する中、反対派を抑えて奥羽越列藩同盟に加わり、同盟から離脱して新政府軍に加わった秋田藩を大館に攻めるも、ついに降伏へと追いやられた。楢山佐渡はその責を負って報恩寺の本堂で切腹・刎首《ふんしゅ》されるのだ。享年三九歳。

辞世は

花は咲く　柳はもゆる春の夜に　うつらぬものは武士《もののふ》の道

佐渡が京都で見た薩摩や長州の武士たちの洋化された軟弱そうに見えた姿への、落胆の気持ちがにじみ出ている。ちなみに列藩同盟に加わった藩の家老で刎首されたのは南部藩だけではなかった。

こうした東北諸藩の家老たちの運命を吉村昭のような歴史小説家が書いていてくれていたらと思うのだが。

硫黄鉱山の繁栄と衰退

盛岡から車で一時間半ほどかけて、八幡平東方の茶臼岳南山麓にある松尾鉱山跡地に至る。「東洋一の硫黄の鉱山」と言われた松尾鉱山は、明治中期に大きな硫黄の露頭が発見されたことに始まり、一九一四年に資本金三〇万円で、松尾鉱業株式会社が硫黄と硫黄鉄鉱石の出鉱と製錬硫黄の生産を開始した。一九三四年に会社の専用鉄道として開業した蒸気機関車の松尾鉱山鉄道（屋敷台～大更間）は、一九四八年からは地方鉄道として一般運輸事業も行った。

最盛期には四〇〇〇人を超える松尾鉱業の従業員とその家族を合わせて、人口は一万五〇〇〇人にも上った。平成五年に発行された「よみがえる北上川――旧松尾鉱山廃坑水処理10年」によると、標高九〇〇メートルの松尾鉱山周辺は福利厚生が整っており、文化活動も盛んで、明かりの消えることのない「雲の上の楽園」とうらやましがられたという。

高度経済成長期に入り貿易の自由化と技術革新が進むと、低価格の硫黄が海外から流入しただけでなく、気体状の硫化水素から生産された「回収硫黄」の登場によって硫黄を採掘生産していた国内企業は決定的な打撃を受けた。その結果、松尾鉱山も一九七二年に五〇年余りの歴史を閉じる。坑道は上下含めて二四を数え、その延長は三四五キロメートルと推定される。

以上のデータは、鉱山資料館建設の折に出版された『心に生きるふるさと　写真帳　松尾の鉱山』

（復刻版、二〇一二年）に拠っている。この「鉱山誌」は情報と写真が豊富な大部の記録だ。これほど数々のデータを編集した鉱山の資料集もめずらしい。

松尾鉱山の最盛期は、一九五六年、粗鉱生産量一〇〇万トン（硫黄八万トン、硫化鉱六四万トンなど）を記録している。この時期、盛岡市内にもなかった鉄筋コンクリートのアパート一一棟、娯楽施設や映画館もできた。元山地区の「老松会館」は松尾鉱業創立三七周年記念式のために竣工され、一五〇〇名収容可能の大ホールであった。先に挙げた『松尾の鉱山』にも、「これに比べれば県公会堂のホールなどは恥ずかしいシロモノ」と書かれた『岩手日報』（昭和二七年一二月一日）の記事を引用している。新国劇の島田正吾、辰巳柳太郎、木琴の平岡養一、ヴァイオリンの諏訪根自子《ねじこ》、歌謡曲の東海林太郎などが来演している。

夜は八幡平市松尾の藤七《とうしち》温泉・彩雲荘に投宿。部屋はテレビ無し。少し傾いだ感じのする木造二階建ての宿だ。盛岡を出るときM氏が言っていたように、藤七温泉辺りの電波の状況は至って悪い。彩雲荘の階段の踊り場で少しだけａｕの携帯電話が接続可能、と教えられた。地元の人はよく知っているものだ。

宿からは岩手富士（岩手山）と駒ケ岳が見える。温泉は乳白色で泥のように重い高温（源泉九一℃）の湯。数え方にもよるが、一〇の露天風呂のうち五つが混浴だ。湯は二四時間開いているが照明がほとんどない。不便と質素の温泉旅館だ。にもかかわらず贅沢感が味わえる。

五〇年の歴史を閉じた鉱山の学校

翌朝五時過ぎに露天風呂でご来光を見る。宿は、案内書には海抜一四〇〇メートルの高度とある。八幡平の雄大な景色を眺めながら日の出を遥拝できる。太陽そのものは山の端に隠れ、すぐに雲に覆われてしまった。だが真っ赤に染まった雲がことのほか美しい。

朝食を済ませて松尾鉱山跡を見て回る。『松尾の鉱山』の写真で見たとおり、まるで時間が昭和三〇年代でフリーズしたような光景だ。木造の社宅は姿を消し、鉄筋コンクリートのものは、風雨にさらされ廃墟と化しながらも辛うじてその外形を留めている。

社宅跡、選鉱所跡、精錬所跡、そして学校や病院があったとされる場所を手書きの地図を頼りに見て回る。「学習院八幡平校舎跡地」と書かれた木製の標識が目に入る。鉱山の住民のための学校だけでなく、東京の学校も、林間学校やスキー合宿のためだろうか、この辺りに校舎を建てていたのだ。

鉱山会社の従業員の子供たちの学校は、早くも一九一六（大正五）年、寄木《よりき》小学校本山分教場として出発した。日本の小学校は一九四一年に国民学校と名を改めているが、鉱山の小学校も、私立松尾鉱山国民学園となった。戦後は私立松尾鉱山小学校と私立松尾鉱山中学校の二校になり、高等学校として松尾鉱山学園高等部（定時制）も設立された。一九五三年から五四年にかけて鉄筋校舎が竣工している。当時岩手県内では鉄筋の校舎は花巻中学と松尾鉱山の学校だけであったという。経営危機に見舞われた一九六二年には企業合理化が進み、一〇〇〇名以上の希望退職者を出した。そのすぐ後から、一時は一〇〇〇名を超えた生徒数が減少の一途をたどる（一九六三年四月時点では生徒数は六三〇名まで減少)。

一九六九年一一月一五日に松尾鉱山小、中学校の卒業式が行われ、閉校式は翌年三月に執り行われた。二人の女子児童が、うつ向きながら沼田村長に校旗を手渡している写真が『松尾の鉱山』に掲載されている。中学校でも閉校式が行われた。卒業生代表が別れの言葉を述べた後、校長先生が、「長い間お世話になりました。校旗と施設、設備一切を村にお返しいたします」と助役に校旗、施設・設備台帳を渡すと、会場は水を打ったように静かになったと記されている。

木造の住宅群は一九七二年八月二五日に焼却された。朝七時から村の消防団が見守るなか、主に戦時中に建てられた木造家屋に火がつけられ、鶉《うずら》山、野田山、組町の合計八二の住宅が瞬く間に灰になった。八幡平の入り口を廃墟のままに放置しておくのではなく、緑を取り戻すための焼却事業として敢行されたのだ。翌日、『岩手日報』に「60年の夢 土に帰る」と報道された。

借金魔のリヒャルト・ワグナーと石川啄木

車で一時間半ほど走って盛岡に戻り、渋民の石川啄木記念館を訪ねる。松尾鉱山のあとにぜひ訪れたかった場所だ。敷地内には啄木が通った旧渋民尋常小学校が移築されている。館内には直筆の手紙、日記、ノート、そのほか遺品や写真などが展示されている。前章の最後に、啄木が「林中の譚」という猿と人間の対話(口論?)を書いていることに触れた。これは傑作だ。同行のT先生がコピーを取ってくれた。

啄木は「ワグネルの思想」という評論も書いている。一九〇三年二月二六日に東京の丸善でC・

松尾鉱山の光景（昭和32年頃、上）と集合写真（昭和11年）

（提供：上下ともに八幡平市松尾鉱山資料館）

A・リッジー（Lidgey）の*Wagner, With Illustrations and Portraits,* を購入し、病身を気遣いつつワグナー研究に勤しんでいる。結果は同年五月三一日から六月一〇日まで『岩手日報』に七回に分けて連載された。わたし自身の好みを言うと、読点のない音楽、沈黙のない音楽、感覚に直接襲いかかるようなワグナーの音楽は、時に酔いもするが、どちらかと言うと苦手だ。

記念館で入手した近藤典彦『石川啄木と明治の日本』（吉川弘文館）は、一七歳の青年啄木がワグナー死してわずか二〇年後に書いた「ワグナー論」の成立を細かく分析している。浪費癖、借金による逃亡生活、天才の自己中心主義など、ワグナーと啄木には意外なほどの共通点がある。こうした近藤氏の丁寧な分析を読むと、職人気質のいい学問だなと思う。啄木の緻密さ、大胆さ、そして虚と実の混同などがよく読み取れる。実際、啄木を援助し続けた金田一京助の子供たちは、啄木を「嘘つきオジサン」と呼んでいたそうだ。

昼食後、盛岡市先人記念館を訪れる。明治以降に活躍した岩手の著名人を紹介する記念館だ。「政治に生きた人々」「社会の近代化に尽くした人々」「学術・教育に生きた人々」の三つの部門を代表して、米内光政、新渡戸稲造、金田一京助の記念室がそれぞれ設けられている。

政治部門では先に触れた楢山佐渡の盛岡藩家老印が展示されている。「芸術・文化に生きた人々」のウェイトが小さいのは残念だ。啄木や宮沢賢治にはそれぞれ独立の立派な「記念館」が（賢治のは花巻に、啄木のは渋民に）あるからだろうか。

工芸の世界に新しい息吹を吹き込んだ南部鉄器クラフト界の先駆者として、宮昌太朗が顕彰されている。伝統を打ち破りつつ、職人の精神文化を築き上げた郷土の先人の遺徳をしのぶのはなかなかいいいものだ。東京の息子に送った三枚の自製の絵ハガキの美しさに目を見張る。

ダミアン神父のブロンズ像

盛岡市から国道四六号線で雫石盆地を抜けて車を西へと走らせると、秋田県との県境にある国見温泉に至る。宿は秋田駒ケ岳の登山口にある石塚旅館だ。山を越えると秋田県仙北市だ。田沢湖も近い。国見温泉は、硫黄、ナトリウム、炭酸水素塩という特殊な湯質のためか、かけ流しの湯は黄緑色だ。入浴剤かと思わせるような不思議な色は硫黄のせいだろう。硫化水素の匂いも強い。長く浸かっているとと全身アマガエルのように緑色になってしまうのではないかと心配になるほどだ。脱衣場には、湯にあまり長く浸かるなという注意書きがある。

食堂での夕食には、近隣の川魚、野菜など素朴で健康に良さそうな料理が沢山並ぶ。岩手県の三陸海岸方面（大船渡）からの漁師夫婦とその友人仲間、横浜から「女房に逃げられたので車で独り旅をしている」というオジサンと談笑する。といっても土地の人たちの話はよくわからないことが多い。くつろいで話すときの言葉は異語に近い。同じ岩手県でも、三陸海岸近くの人々の言葉は、八幡平あたりの内陸部の人たちには難しいというからわたしに分かるはずはない。緑色の湯の効能のためか、緑のカエルの夢こそ見なかったが、実によく眠れた。

翌日九時に宿を出て盛岡市内に戻り、岩手県立美術館を訪ね、舟越保武（一九一二―二〇〇二）の彫刻を観る。どれも心を不思議な穏やかさで包んでくれる。特に、ハワイ王国のモロカイ島でハンセン病患者の世話をし続けたベルギー人神父、聖ダミアン（一八四〇―一八八九）をモデルにしたブロンズ像「ダミアン神父」(いわゆる「病醜のダミアン」)を観た。ダミアン神父は結局、自らもハンセン病に罹りつつ命を落とす。この彫刻が心に染み透るのは、造形の美だけではなく、その造形がさし示す自己犠牲の精神に心が揺さぶられるからであろう。舟越は「私はこの病醜の顔に、恐ろしい程の気高い美しさが見えてならない。このことは私の心の中だけのことであって、人には美しく見えるはずがない。それでも私は、これを作らずにはいられなかった。私はこの像が私の作ったものの中で、いちばん気に入っている」(『巨岩と花びら』ちくま文庫)と書いている。

盛岡駅一二時〇七分の新幹線「はやぶさ18号」で吉野作造記念館の学生セミナーに参加するために古川へと向かう。

20　筑豊三都を巡り、秋月城址へ

石炭無しの生活は考えられなかった

鉱山跡の踏査となると、誰しもまず思い描くのは石炭鉱山であろう。金銀などの金属とは異なり、液体にも気体にも変化する石炭は、日常生活に直接結びついた馴染み深い鉱物だからだ。薬品、肥料、染料など、工業化学の分野でも次々と石炭から新しい製品が生み出された。わたしと同世代、あるいはそれより上の世代の人々には、石炭についての懐かしい思い出は多いはずだ。

冬の学校の暖房は鋳物の石炭ストーブが大活躍だった。毎朝、少し横長のペリカンのような口の付いたブリキのバケツに入った石炭（コークスか）を、日直の生徒が教室に運び込む。点火は誰がしていたのか。時間が経つと室内の煙突が赤くなることもあった。たまに給食のない日になると、石炭ストーブで弁当を温める者もいた。

電化が進む前の鉄道の旅も煤煙の記憶と切り離せない。トンネルが近づくと汽笛が鳴る。窓側の乗客が立ち上がって窓を閉め、車内に電灯がともる。トンネルを抜けると再び窓を開けねばならない。

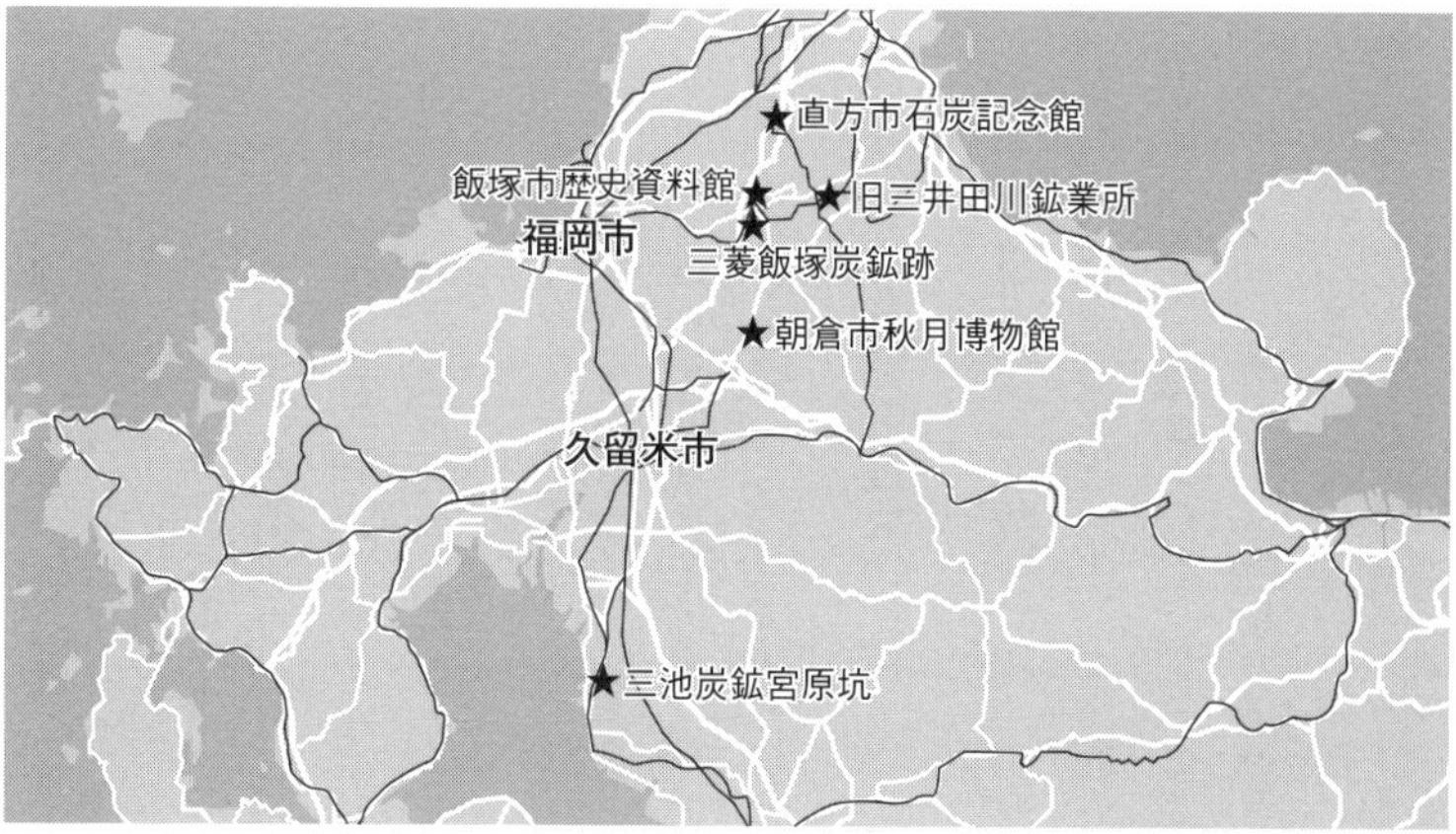

この面倒な作業を怠ると、ススが車内に広がり喉がいがらっぽくなり顔も黒ずむ。

「燃える石」と呼ばれた石炭は、燃料としては、火力発電、産業用ボイラー、蒸気機関車で用いられ、原料としては、製鉄用コークスだけでなく、都市ガス、あるいは石炭化学工業においてナイロンなどに姿を変えた。ものの本によると、石炭と金属鉱石は深い関係にある。石炭を高温乾留したコークスは、金属鉱石の製錬の際、還元剤として使用されるからだ。石油がエネルギー供給の主役となるまでは、石炭がものの生産や輸送、人々の移動の原動力であり、石炭をベースにした技術革新によって新しい製品が生まれ、経済は膨張を続けた。石炭の活躍によって、生活様式が変り、さまざまな伝統的な日用品が脇へと追いやられて行った。そのあとの石炭から石油へのいわゆる「エネルギー革命」は、産業活動の舞台における主役の交代劇でもあったのだ。

工業化と切り離すことのできない石炭を、争うように掘り出したのは明治に入ってからである。江戸末の福岡藩と小倉藩では石炭の採掘と販売は藩の強い統制下にあった。明治に入ると、新政府は行政官布告第七十七号を発して、鉱業開放の主旨を中外に宣明した（『日本鉱業発達史』上巻1、原書房）。石炭の採掘も自由になり、願い出れば誰でも石炭を自由に掘ってよし、売ってよしということになったため、多くの「山師」たちが北九州地域に流入し、中小の炭鉱が乱立し始める。こうした状況に対処するため、福岡県の指導で経営者たちが明治一八年に結成したのが「筑前《ちくぜん》国豊前《ぶぜん》国石炭坑業人組合」であった。「筑豊」の名前は、明治二六年に筑前の四郡と豊前の五郡の組合が団結して「筑豊石炭鉱業組合」と名称を変えたときに生まれたとされる（『直方市史 補巻 石炭鉱業篇』）。

明治末から大正、昭和と続く時期、増減はあったものの日本の石炭産出量でほぼ半分近くを占めたのは九州の炭坑であった。中でも明治に入って筑豊炭田が最も活発な展開を見せた。まず筑豊を訪れようということで、北九州に向かった。（2009.8.7〜10）

筑豊の三つの炭田跡地

筑豊の石炭鉱業は、飯塚、田川、直方《のおがた》の「筑豊三都」と呼ばれる地域がよく知られる。これらの炭坑がわが国最大の産炭地として発展しはじめたのは、明治二〇年代から三〇年代であった。一九〇一（明治三四）年に操業を開始した、当時東洋最大の製鉄所であった八幡製鉄所は、この筑豊炭田の石炭をエネルギー源とする構想で建設された。大正期の重化学工業発展の大きな原動力となったのもやはり筑豊の石炭であった。

筑豊の中心都市であった飯塚は旧長崎街道の宿場町だ。その長い歴史は、飯塚市歴史資料館に展示されている二〇〇〇年前の弥生時代のカメ棺や人骨、あるいは古墳からの出土品が示している。だが現代のわれわれからすると、飯塚というと麻生家一族がまず思い浮かぶ。わたしに負けず物見高い同行の先生方と、麻生家の屋敷を探し当てて一周してみた。三万坪の屋敷と言われるだけあってグルリと回るだけでも時間がかかる。門衛らしき人も立っている。中は木立がうっそうとしているようだ。

麻生家は石炭の他にも、銀行、セメント、鉄道などの事業も手掛けてきた素封家だ。麻生太郎元総理が、御自分で、ユーモアを交えて「俺は、生まれはいいが育ちが悪い」とおっしゃるのも、なんとなくうなずける。太郎さんのひいおじいちゃんの麻生太吉が、明治二七年に住友に売り渡した忠隈炭鉱は一九六五年まで操業していた。「筑豊富士」とよばれた高いボタ山（北海道や常磐の炭田などでは「ズリ山」と呼ばれた）が、激しい採炭の歴史にもかかわらず、いまはあたかも何もなかったかのように静かな姿を見せている。

その麻生本家よりもおそらくさらに立派なのが、同じ飯塚市で極貧の身から「筑豊の炭鉱王」として莫大な富を築いた伊藤伝右衛門の屋敷だ。明治末に伊藤の後妻となった伯爵令嬢燁子《あきこ》（柳原白蓮）を迎えるために建てた数寄屋造りの二階部分が公開されている。

一般に、大資本の経営になる炭鉱近くには、鉱夫や職員とその家族のための福利厚生の施設として病院が建てられた。その多くは閉山と共に閉じられることが多い。だが飯塚病院は現在も一〇〇〇あまりの病床数を持つ大病院として活発な医療活動を続けている。立派なものだ。

甘党・辛党の両刀遣いのわたしが、東京駅で時々みやげに買うお菓子「ひよ子」は福岡生まれだとは聞いていた。だが飯塚が誕生の地だとは知らなかった。明治末から売り出されたこの可愛いひよ子を、頭からパクっと口にするとかすかな罪悪感が生まれるのは可笑しなものだ。

直方の石炭王の「成金饅頭」

筑豊地方にもうひとつ、どら焼き風の銘菓、「成金饅頭」がある。このハデな名前を付けたのは、八歳から直方で石炭を掘り始め、次第に経営規模を拡張し、井上馨と三井財閥の政治力をバックにして、遂には「筑豊の炭鉱王」と呼ばれた貝島太助だと言われる。あいにくこの「成金饅頭」を食べる機会は逸した。名前はストレートでパンチがあって悪くない。

直方の成金と呼ばれた貝島太助は社会事業にも熱心に取組んだ。従業員の子供たちのために小学校を開き、病院も建てた。そのため直方の町には洋風建築が目立った時期もあった。大正時代の医院や銀行を改修した美術館や、シャレた寄棟平屋のＪＲ直方駅舎（われわれが訪れた二年後に解体された）も遺されていた。「直方市石炭記念館」の屋外展示場では、採掘現場まで鉱夫たちを運んだ人車や、石炭掘削機械ロードヘッダー、ドラムカッターなどの大型機械の現物が見られる。

明治に入るまでの採炭は、露頭炭を頼りに、ツルハシ、タガネ、セットウ、ノミなどを使う過酷な労働であった。炭鉱の機械化は、維新後に英国からの技術導入によって進む。田川でも蒸気ポンプなどが使われ始めた。明治末頃からは、刃先を付けたチェーンで炭壁を切るコールカッターなどを使って採掘が行われるようになった。

直方の炭鉱の規模については、記念館が発行している『石炭と炭坑』が分かりやすいデータを示している。日本全体で見ると年間最高の出炭量を記録したのは太平洋戦争が始まる前年の一九四〇年度であった。戦時中の石炭増産運動による乱掘と戦争直後の坑内労働者の不足から、敗戦直後は出炭量が大きく減少する。だが復興のために石炭生産を重点的に進める「傾斜生産方式」によって、再び石炭は日本の産業復興の中心的な役割を担うようになった。

全国で炭鉱の数が最も多かったのは九四九炭鉱を記録した一九五二年末だ。九州全体では一九五三年度の五四〇鉱、筑豊は一九五一年度の二五六鉱となった。ところが高度経済成長期が終わりを迎えた頃、すなわち一九七三年の一二月には、炭鉱数は全国で四〇、九州は一二、そして筑豊では坑内採掘をする炭鉱は完全に姿を消していた。一九五六年の調査では、筑豊炭田の埋蔵量は一七億九〇〇〇万トンと報告された。この数字からその後の出炭量を差し引いても、筑豊炭田には、現在も一五億トンの石炭が地中に眠っていることになる。

一九五〇年代後半から、石油の「エネルギー源」としてのコストが石炭と比べて大幅に低下、石炭の競争力は大きく低下する。先に触れた「エネルギー（流体）革命」の急速な進行である。一般に鉱物資源の「素材・原材料として」の経済価値は、鉱業科学における技術革新と海外からの輸入によって厳しい競争にさらされ、金属・非金属鉱山の多くが、一九六〇年代後半から一九七〇年代にかけ閉鎖に追い込まれたのはこれまで見てきた通りだ。

エネルギー革命のあとも生き延びた

九州最後の炭坑の島となった長崎県の池島炭鉱（松島炭鉱）は二〇〇一年に閉山、その翌年には大正時代から八〇年の歴史を持つ釧路の太平洋炭鑛が閉山した。二〇年ほど前、釧路を旅した時、

(旧)太平洋炭鑛を継承し再出発を果たしたばかりの「釧路コールマイン」を見学したことがあった(2002.9.3〜5)。「釧路コールマイン」では、炭鉱技術海外移転事業としてアジアからの研修生の受け入れと技術者派遣を行う一方、営業採炭として、日本唯一の坑内掘り石炭生産を続けていた。こうした例外的なケースを除くと、日本はオーストラリア、インドネシア、ロシアを輸入先とする世界有数の石炭輸入国となった。

だが石炭産業は、石油を中心とした他のエネルギー資源とのコスト競争に敗れたにもかかわらず、一九六〇年代以降、約四〇年もの間、減退しつつも生きながらえてきた。石炭がコスト競争の原理通りに市場から完全に退出したわけではなかったのだ。そこには石炭産業の市場からの退出が政治的に引き延ばされた事情があった。

一九六二年の「第一次石炭政策」から一九九一年の「ポスト八次石炭政策」まで、「石炭政策」は合計九度にわたって策定されている。佐脇紀代志氏の研究によると、そのいずれの政策も、①国の補助金と融資、②電力・鉄鋼などの大口需要業界が石油や輸入炭に対してコスト高の国内炭を保護、③閉山に追い込まれた産炭地域の地域振興特例措置という点で共通していると指摘する(佐脇紀代志『石炭政策　オーラル・ヒストリー』政策研究大学院大学C・O・Eオーラル・政策研究プロジェクト二〇〇三年)。

石炭産業を「温存」させた政策の背後には、石炭鉱業の生産性向上を実現させれば、石炭産業は安定的に操業しうる、一国のエネルギー政策として、輸入資源に依存しすぎることは資源エネルギー供給体制を脆弱なものとするという考えがあった。

確かに地下にまだ大量に眠っている石炭は、石油・天然ガスやウランに比べ、今後三倍から五倍の長きにわたって使える量があると推定される、その地理的分布も石油のように（中東などに）偏っていない。充分クリーンに利用できる技術が開発されれば、石炭は天然エネルギーとしてまだまだ可能性を秘めた資源だとする見方も傾聴すべきだろう。

田川で与謝野晶子が詠んだ歌

筑豊随一の炭坑とも言われた三井田川鉱業所伊田坑は、深さ三〇〇メートル以上の二つの竪坑があった。第二竪坑の櫓は解体されたが、いまも第一竪坑櫓と、両竪坑の二つのボイラーの排煙用の煙突が残っている。

田川市石炭・歴史博物館『炭鉱《ヤマ》の文化』（一九九八年）で田川市域の人口を見ると、明治一一年の約八〇〇〇人から急速に増加を重ね、ピークの昭和三〇年には一〇万人に達している。後藤寺と伊田に炭坑施設と炭坑住宅街が集中した田川市は文字通り「都市」であった。したがってそこには文化が生まれた。文化が生まれた原因を『炭鉱の文化』は次のように説明する。ひとつは、三井本社や中央からの職員が住宅や倶楽部において最新の生活スタイルを持ち込んだこと。地元福岡だけでなく、東京や関西から画家の斎藤五百枝《さいとういおえ》、和田三造などが来山し、長期滞在したことで交流の場ができ、そこから芸術活動へのエネルギーが生まれたことを挙げる。

小倉に赴任していた森鷗外は明治三四年に陸軍衛生隊演習のために小倉を訪れ、後藤寺の三井倶楽部に泊まっている。また大正六年六月には与謝野鉄幹・晶子夫妻も、伊田竪坑の開削の機械工手長小

三井田川三坑炭住風景（昭和20年代、上）と社宅風景（昭和30年代、下）
（提供：田川市石炭・歴史博物館）

林寛の招きで田川を訪れた。その時に晶子が詠んだ歌、

　地の底にわれを誘ひて入るさまに悲しき山の秋の水音

小林寛夫人への礼状として「その村の人々の涙をこと〲くあつめしを、わたしはそのひののちにながし居り申し候ひき。（中略）地下千二百尺の水の音の今もかたへにいたし候やうとき〲おもはれ申し候」と書き送っている（『炭鉱の文化』）。

旅をすると与謝野夫妻の歌碑によく出会うが、林芙美子の文学碑も多い。直方の須崎町公園の林芙美子の文学碑には、「私は古里を持たない。旅が古里であった」とある。なるほどこういう言い方もあるのかとつい感心してしまう。

炭鉱での厳しい労働の様子を絵画や文章で表現することから、迫力のある美術作品が生まれている。わたしが目にしたものでは、石井利秋「地上への執念」などの絵画作品、あるいは七歳の頃に入坑して五〇年間筑豊のいくつかの炭鉱で働いた山本作兵衛（一八九二―一九八四）の記録画風の純朴さとその観察力には驚く。田川市石炭・歴史博物館開館（旧・田川市石炭資料館）二五周年記念（二〇〇八年）の折に出版された『炭坑《ヤマ》の語り部 山本作兵衛の世界』でその画業を知ることができる。山本は六六歳にして初めて絵筆を執り、千枚近くの記録画を残した。山本作兵衛『画文集 炭鉱《ヤマ》に生きる地の底の人生記録』（新装版、講談社）も貴重な歴史資料だ。採掘法には炭柱式、長壁式などいろいろあること、炭層が厚ければ立って掘れるが、薄くなると座って、あるいは寝て掘っていること、採炭機械と道具の使い方も実に分かりやすく示されている。

炭鉱災害で亡くなった人々の魂魄

山本作兵衛の画集の中に「死者の搬送」という絵がある。その説明に「坑内で災害による死者ができるとその魂魄は地下に溜まり幽霊となって坑内をさ迷うと信じていた。ヨッテ屍を炭函に収容すると同僚知人は五、六台に分乗しユル〳〵巻きあげる。この際死者の名を呼ぶオーイあがりよるぞココは××片ぞ――と大声で交互におめく……」とある。

坑内で多くの鉱夫が殉職した。ガス爆発、ガス突出、落盤などによって瞬時に数百人の死者を生む

山本作兵衛「死者の搬送」
（提供：田川市教育委員会）

こともあった。最初の大災害は福岡県の豊国炭坑のガス爆発で、二一五人の命が奪われた（明治三二〔一八九九〕年六月）。その八年後に、同じ豊国炭坑で再びガス爆発が起こり（明治四〇年一一月）、三六四名の死者が出た。

甚大な炭鉱災害としてわたしの記憶にあるのは、昭和三八年一一月の三池炭鉱（三井鉱山）の炭塵爆発事故だ。三池の大争議の三年後、組合内部でも経営側でも争議の余波がまだ残っている状態での悲劇であった。

三池三川鉱の大爆発と三井三池の争議に関しては、小池和男氏の分析がある。経営側の実質的な勝利を意味した斡旋案によって、第一組合と第二組合との勢力分野が変る。賃金の悪い坑内の「雑作業」はほとんど第一組合（三池労組員）に回ってくる。

組合の発言力は一挙に落ちたのである。発言力の低下は安全政策への怠りを生み出した。一九六三年一一月九日の三池三川鉱の大ガス爆発が起こり、四五八名が亡くなるという大惨事となった（小池和男「三池」『現代日本経済史――戦後三〇年の歩み』上巻、筑摩書房）。

こうした炭鉱災害は人間関係や人事管理といった面だけでなく、安全対策の不備が突出した形で現れる。通気システムの改善の遅れ、落盤を防ぐための支柱の不足やそのメンテへの出費が不十分であったことなどがある。

炭坑殉職者の霊魂の平安を祈念する殉職者慰霊碑は、田川（坂田顕彰公園）にも直方（石炭記念館）にも建てられている。田川の慰霊碑の碑文には、殉職者約二万人とある。建立されたのは一九八九年。長くかかったものだ。飯塚の麻生本家の裏庭にも炭鉱での殉職者の慰霊塔があると聞く。

坑内のガス充満を察知するために、一般にはカナリアが坑内に持ち込まれたことがあった。筑豊にはカナリアはいなかったので、十姉妹《ジュウシマツ》、メジロ、四十雀《シジュウカラ》がガス検知に使われた。そうした動物のための慰霊碑「小鳥塚」が飯塚市にある（筑豊近代遺産研究会編『筑豊の近代化遺産』弦書房）。

古都秋月の文化の厚み

筑豊三都を後にして南下、甘木（二〇〇六年の「平成の大合併」で朝倉市）の秋月城跡に立ち寄った。維新後の不平士族の反乱が起こった熊本、萩、鹿児島などを訪れたことはあったが、秋月の乱（明治九〔一八七六〕年）でも知られる秋月は初めてだ。

福岡藩から分離した秋月藩の初代藩主黒田長興は、「島原の乱」が勃発すると、幕命により二〇〇〇を超える軍勢を率いて島原の原古城攻略戦に参加する。原城の籠城軍は三万七〇〇〇人、攻城軍は一二万五〇〇〇人にのぼった。この戦いで殊勲大であった長興は秋月に凱旋している（秋月郷土館編『筑前秋月のキリシタンを探る』より）。

黒田氏の秋月城は廃城令（明治六（一八七三）年）で撤去され、いまは跡地に中学校が立っている。秋月藩は、島原の乱（寛永一四（一六三七）年一〇月）のあと幕末まで城下町として栄えた。多くの神社と、天台宗、臨済宗、曹洞宗、浄土真宗、日蓮宗、浄土宗などの仏閣のある静かな古都だ。秋月藩が福岡藩の支藩であったとき、熱心なキリシタンであった黒田惣右衛門直之（ミゲル）が秋月に入ってから、キリシタンの数が増え、城内に天主堂が立つほどであった。秋月城址から「キリシタン瓦」が見つかって話題となったこともある。しかし黒田直之の死後、キリシタンは急激に減少した。

藩校稽古館跡の隣の秋月郷土館（今は「朝倉市秋月博物館」となっている）には、この博物館の至宝、『島原陣図屏風』（出陣図、戦闘図、六曲一双）などの貴重な作品が所蔵されている。この絵屏風は実際の「島原の乱」（一六三七―三八）の二〇〇年ほど後に完成されたものであるが、軍事史学者の考証や当時の歴史資料に基づいて描かれ、美術品としてだけでなく、史料としての価値も大きいと言われる。

秋月郷土館では、洋画・日本画をはじめとする東西の美術品、「土岐コレクション」を観た。土岐勝人氏は秋月藩士の子として生まれ、医師となり、満鉄に勤務後、終戦直前に応召となった。シベリアに抑留され、二年余りの苦役の後に帰国し横浜で開業医となった。ご子息・政嗣氏が尊敬するご父君を偲ぶ一文を美術館の図録に寄せておられる。この父にしてこの子ありと思わせるような、滋味あふれる文章を読み、収集された美術品に対してと同様に心打たれる。

ちなみに秋月郷土館は秋月の乱に加わった戸波半九郎の屋敷跡に立っている。戸波の辞世や両親あての書簡などはこの郷土館に保管されている。

旅から戻って、秋月について読んでいると意外なことがわかった。長崎で医学を学び秋月藩の藩医となった緒方春朔《しゅんさく》（一七四八―一八一〇）の著した『種痘必順辨』もこの秋月郷土館にあったという。緒方は当時流行した天然痘のための種痘の開発に成功している。寛政二（一七九〇）年、英国のジェンナーより六年も前のことだ。旅の後に、旅を想い出しながら学ぶことも多い。江戸期の科学の水準の高さと地方文化の厚みを改めて実感する。

21　久留米から三池を訪ね、天草へ

筑豊炭田の次は大牟田・荒尾の三井三池の炭鉱だ。大牟田・荒尾と一括りにしたが、荒尾市は熊本県の北西端に位置し、福岡県大牟田市と隣接している。両市はともに三井三池炭鉱の町として発展した。行政区画を調べると、大牟田市の中に荒尾市の「飛び地」が三カ所あるようだ。したがってこの二つの市は不可分の関係にある。

日文研に奉職していたころに仕事を手伝ってくれていたM氏、その前任者で九州の大学に就職していたI氏と、久留米、柳川、大牟田・荒尾から天草へと旅した時のメモと写真を取り出してみた。記憶とは不思議なものだ。旅程表とこうした資料をゆっくりたどって行くと、文字通り「芋づる式」に次々と一〇年以上も前の出来事や感情がよみがえってくる。あたかも映画や写真の技術としてのモンタージュ（部品や断片を組み立てる）作業のようだ。

日本の近代化に大きく貢献した大牟田・荒尾の石炭採掘の盛時に地上と地下坑内で起こった様々なできごとを想像し、そのあと天草に渡って、キリスト教信仰の霊的遺産を見聞する旅となった。

（2010.1.28〜31）

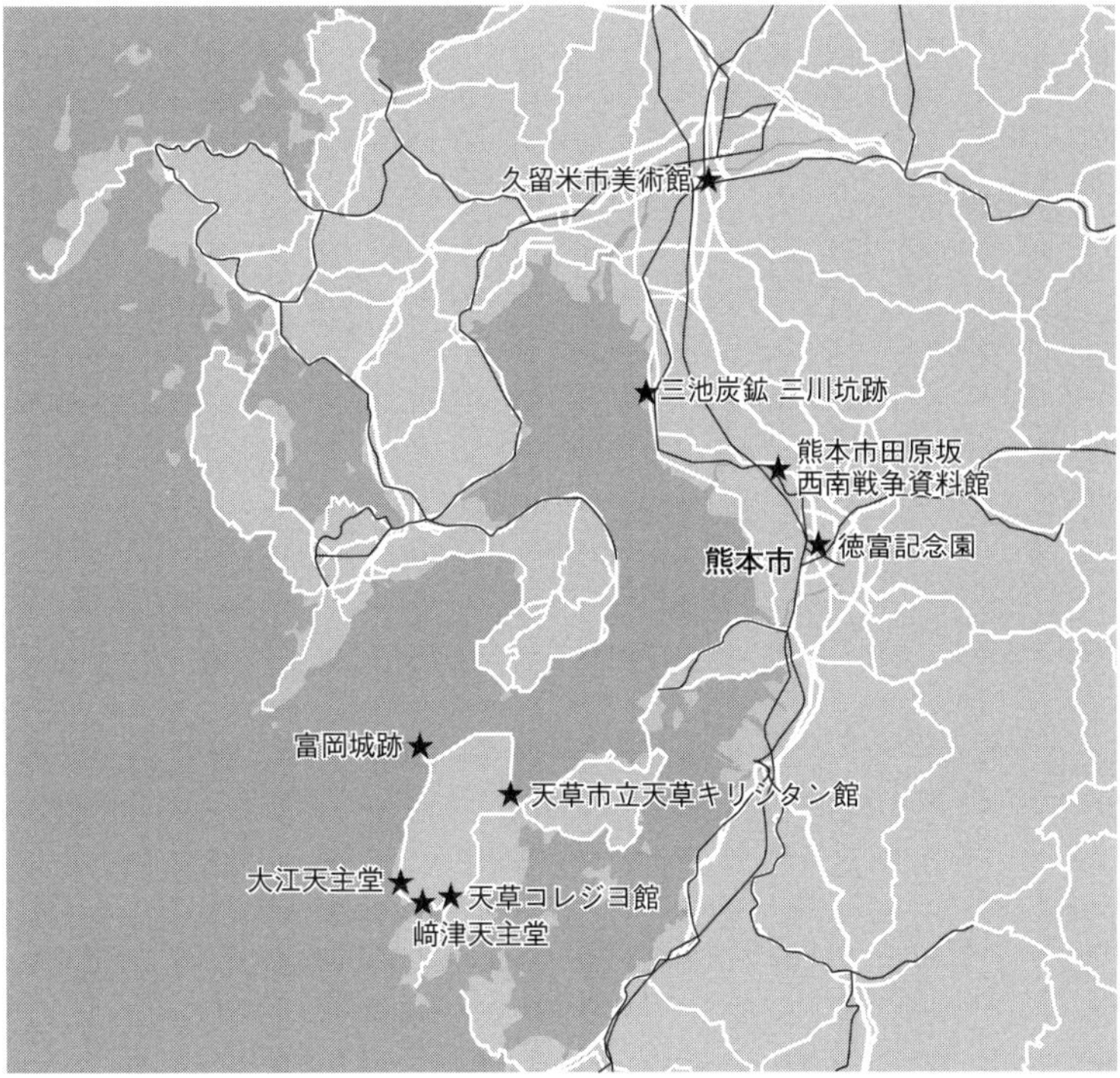

久留米で観た日本の洋画

京都から博多までは新幹線で三時間ほどだ。博多から熊本行きの新幹線で大牟田へ向かう途中、久留米で下車。石橋美術館を観るためだ（同美術館は二〇一六年に「久留米市美術館」として久留米市に運営が移管されている）。久留米を故郷とした坂本繁二郎《さかもとはんじろう》や青木繁《あおきしげる》などの作品を、同じ久留米出身の石橋《いしばし》正二郎《しょうじろう》（ブリヂストン創業者　一八八九—一九六七）が収集していた。隠者のごとき画家、髙島野十郎《たかしまやじゅうろう》（一八九〇—一九七五）も久留米出身だ。この美術館は、鹿児島出身の藤島武二《ふじしまたけじ》（一八六七—一九四三）の作品も多く所蔵している。

わたしは絵や音楽が好きだが、敬愛する画家や音楽家が書いた文章を読むのも好きだ。芸術家はその作品で評価されるというのが基本だが、気に入った芸術家たちが何を考え、どのような生活を送っていたのかを知りたくなるのも抑えがたい。モーツァルトの家族への手紙やゴッホの弟への手紙は、人間について多くのことを教えてくれる。

日本の画家では藤島武二や東山魁夷《ひがしやまかいい》（一九〇八―九九）の文章を読んだことがある。例えば東山魁夷の文章は、彼の絵から受けるのと同じような、沁みとおるような静謐さが味わえる。「物憂い独白」と魁夷自身も認める『風景との対話』（新潮選書）は、傑出した芸術家にとって反時代的であることがいかに重要かを改めて教えてくれる。

藤島武二はどれほどの数の文章を残したのだろうか。はるか昔、『藝術のエスプリ』（中央公論美術出版）を読んで、カンバスに向かう彼の心構えに感心したことがあった。例えば「態度」という文章には、社会研究に携わる者も肝に銘じなければならない次のような心得が記されている。

「対象を前にして、あれやこれやと他から注入された思念に煩わされることはもっともいけないことであって、自然が標的であるということに先ず心を致して、それに対する観察が大切であろう。そして描写するにあたって、技巧を先に考うべきものではなく、また指導者なるものも決して自己の経験から獲得した技法を強いる筋合のものでもない」。そして最後に、「自分の感情と多少の経験と他人の書いた知識によって学んだそれ等のみに頼って批評を敢てすることはとかく弊害に陥るものであることを深く戒め合わなければならない」と言う。

藤島がヨーロッパ留学前に描いた「天平の面影」をはじめ、昭和期の風景画も石橋美術館で観ることができる。青木繁、坂本繁二郎を、一度にこんなに沢山観るのもどうかと思いつつ、よい音楽を聴いた後と同じような風韻がよい絵画にもあることを実感する。

柳川の北原白秋

目の贅沢をした後、美術館から少し離れた西鉄久留米駅から、西鉄天神大牟田線で柳川に向かう。水郷で知られた、北原白秋の故郷だ。西鉄柳川駅から少し歩くと松月川下り乗船場だ。この旅に同行予定の二人は、それぞれ大牟田と熊本で合流することになっている。この川下りではコタツのある「どんこ舟」にひとり乗り込み、船頭さんの話を聴きながら水路をめぐった。橋の下を通過するときは身をかがめながらの回遊だ。昔、有明海の干潟が陸地に代わり、湿原を掘って生活や農業のために水を確保するために掘割が築かれたとのこと。相当な長さだ。旧柳川城の水門を通り、川下り六騎乗り場まで一時間ほどであろうか。舟から降りると白秋の生家と柳川藩一二万石の藩主立花家の別邸がすぐそばにあった。

柳川という過去が息づく旧城下町から詩人白秋が生まれたのも偶然ではなかろう。白秋も山田耕筰も、私生活では奔放だったと言われる。それはどうでもいい。二人が一緒に作った「からたちの花」、「この道」などの歌曲のなんと美しいことか！　スイス出身の名テナー、エルンスト・ヘフリガーが歌った白秋と耕筰の日本歌曲が思い出される。

柳川を後にして、西鉄で半時間ほどゆられて大牟田駅の一つ手前の新栄町で下車。すぐ近くのシティ・ホテルに投宿する。

良質炭のある三池の奪い合い

大牟田市（福岡県）と荒尾市（熊本県）はＪＲ鹿児島本線の駅でわずか一駅だ。大牟田には、有明炭坑、宮浦炭坑、宮原炭坑、そして三井三池の争議でも知られた三川炭坑がある。そして荒尾炭鉱では大きな万田炭坑が、同じ三井の経営で明治後期から操業を開始した。

前章で触れたように、明治元年一二月の行政官布告によって翌年から鉱山事業は幕府や藩の直営から民間に開放された。しかし五、六年後には再び官営事業へと逆戻りする。鉱山資源が廃藩置県後の明治新政府の経済的なベースとして、きわめて重要だとの認識が高まったためだ。

しかし三池炭鉱の場合、もうひとつ偶有的な要因も重なった（以下、大城美知信・新藤東洋男『わたしたちのまち三池・大牟田の歴史』〔古雅書店〕に依る）。三池周辺が柳川藩と三池藩の境界線上にあり、両藩が懸命に採掘を続けているうちに地下でぶつかってしまったのだ。当然どちらのものだという境界争いが起こる。この対立が採掘自由化後も続いたが、紆余曲折の後、明治六年、三池炭鉱は新政府の手に渡った。

官営鉱山になってからの三池の経営にひとつの特徴があらわれる。石炭運搬業務、次いで採炭作業に囚人を投入したことである。一八八三（明治一六）年には、内務省直轄の刑務所として「三池集治監」が建てられた。いまは、この監獄の正面入り口と五メートルほどのレンガの外壁と石垣を一部残すのみだ。亡くなった囚人たちの供養のための「解脱塔」がある。

長期刑の囚人を多く使役するという経営形態は、一八八九（明治二二）年に三池鉱山が三井に払い下げられた後も続いた。ちなみに民間への払い下げの際に、既に長崎県の高島炭鉱を経営していた三菱と、三井物産の経営に苦労していた三井との間に、激烈な入札競争が展開されている。

三池港の整備

石炭の積み出し可能な一万トンクラスの大型船が接岸するためには、有明海はあまりに遠浅だ。干満の差が五メートルを超す三池港には鋼鉄製の閘門《こうもん》が設置された。これによって干潮時にも閘門を閉めておくと八メートル以上の水深が確保できるようになった。閘門は水流ポンプで動く。

三池港で大型船に石炭を積み込む機械、三池式快速石炭船積機はダンクロ・ローダーと呼ばれる。若くして米国に渡り、ＭＩＴで鉱山学を学んだ團《だん》（ダン）琢磨《たくま》（一八五八―一九三二）と三池の技術主任黒《くろ》（クロ）田恒馬《だつねま》、牧田環《まきたたまき》がアメリカの機械をヒントに共同開発したものだ（大牟田市・石炭産業科学館の解説）。この大型石炭積み込み機は、いまはすべて取り崩されており、その姿を目にすることはできない。

大牟田と接する荒尾の万田坑の深度は二六八メートルという。明治三〇年代から昭和二〇年まで採炭が続き、昭和二年から二〇年の終戦までの最盛期には、年平均八六万トンを出炭する、わが国最大規模の竪坑であった。二つの竪坑のうち、第一竪坑櫓《やぐら》は昭和二九年に解体された。坑口は今も開いているが、櫓は北海道芦別鉱業所へ持ち込まれた。第二竪坑の櫓は修理されて残ったが、平成九年に坑口は閉鎖された。櫓や巻き上げ機の往時の雄姿は、大牟田・荒尾の「炭鉱のまちファンクラブ」が作ったTanto（炭都）ポストカードで窺い知ることができる。

旧三井倶楽部に近い三川鉱は海底採鉱として一九四〇年に掘られ、巨大な選炭場を持つ戦後の三井三池の最主力坑であった。「総資本対総労働の対決」と言われた三池争議の舞台としても知られる。三川鉱を中心とした大争議を分析した小池和男「三池」（『現代日本経済史』所収）は前章で紹介した。こうした優れた論考を読むと出来事の背景や対立の構造への理解が深まる。

田原坂を訪ね、熊本の大江塾跡へ

大牟田から熊本市へ向かう途中、西南戦争（一八七七年）激戦の地、「田原坂《たばるざか》」に降り立った。同地の資料館を観て、丘陵地付近を散策しながら知識人であり軍人でもあった「不平士族」の悲運を想う。士族の反乱は、禄を失った士族階級の単なる経済的な困窮で起こった騒乱ではない。「中央の専制と地方分権の対決」であり、本来であれば日本の地方政治の中核となるはずだった人材が行き場を失ったために生じた内乱であった。

西南戦争（特に田原坂の戦闘）についての詳しい解説は田原坂公園の資料館にある。植木町が編集した『田原坂の戦い』（二〇〇一年）が、田原坂を中心とした連続攻防戦の模様を分かりやすく説明している。田原坂は植木台地が突き出たなだらかな丘陵地の先端に位置している。当時の田原坂は熊本城方面に抜ける砲隊が通過できる唯一の道であった。明治一〇年二月、薩軍の一部は熊本鎮台のある熊本城を政府尋問のために囲み、さらに北上し、熊本鎮台救援のために南下してくる官軍と交戦。薩軍は田原坂に陣地を設け、三月四日から二〇日まで二週間以上に及ぶ激戦が繰り広げられた。長い戦闘による砲火で一帯は緑を失い荒廃地と化した。

西郷隆盛は、田原坂での薩軍の潰走によって残党とともに南下を強いられ、郷里鹿児島の城山で自死する（明治一〇年九月二四日）。傍にいた別府晋介に「晋どん、もうこの辺でよか」と言葉を掛け、介錯させたとされる。西郷の最後については異説もある。桐野利秋の銃砲が西郷の腰から太ももを貫通し、倒れて苦しむ西郷に別府晋介が近づいて首を切断したとも言われる（勇知之『真説 西南戦争』あそ星文堂）。

四半世紀も前、鹿児島へ行った折に西郷終焉の地、城山と、西郷隆盛の墓所（桜島を望む南洲公園）を訪れたことがあった（1995.3.31〜4.3）。墓所近くに人間西郷をどこか深いところで理解していた勝海舟の歌碑がある。

ぬれぎぬを干そうともせず 子供らがなすがまにまに果てし君かな

西郷隆盛　西郷は天下の人物なり。日本狭しといえども、国法厳なりといえども、豈一人を容るるに余地なからんや。（福沢諭吉）
（出所：近世名士写真頒布会『近世名士写真其一』）

田原坂から熊本市へ入り徳富蘇峰（猪一郎）の足跡を訪ねる。蘇峰はエネルギッシュな優れたジャーナリストであり、評論家であった。しかしその思想と行動の振幅は大きく、必ずしも首尾一貫していたとは言い難い。終戦の年の七月に発せられたポツダム宣言の受諾に反対したように、大局で判断を過つようなところがあった。その割り切り方のよさ、影響力の大きさはどこから来たのであろうか。

熊本市中の大江にある徳富記念園は、大江義塾跡と徳富旧邸からなる。大江義塾は、蘇峰が父の一敬（彼の妻久子と横井小楠の妻つせ子は姉妹であった）と一八八二（明治一五）年に開いた私塾である。荒尾出身の大陸浪人、宮崎滔天（一八七一—一九二二）などもここで一時学んだことがあった。

蘇峰の弟で小説家の蘆花（健次郎）の書いた「恐ろしき一夜」に、明治九年一〇月二四日の夜、幼い蘆花が恐る恐る二階の雨戸の陰から「神風連の乱」のひとコマを見ていた、と参観用の説明書にある。この士族の反乱は、「うけひ」と呼ばれる神託に基づく、勝算を無視した「反時代的反乱」であり、他の士族の反乱とは性格が異なるとされる（渡辺京二『神風連とその時代』洋泉社）。翌一〇年には西南戦争が起こり、熊本の町は戦火に覆われ、徳富家は沼山津や杉堂に避難する。同じく蘆花が明治二八年に書いた「犬の話」にも、戦乱が治まって大江に戻ると、愛犬は食べられ、頭だけが残っていたという凄惨な光景が記されていると同じ説明書にある。

夜は熊本市中の「天然温泉」とうたったスーパー温泉のあるホテルに泊まる。夕食に近くの中華料理屋に入ると、主人が暇そうに厨房に近い客席で新聞を読んでいる。他に客はいない。空腹の勢いで、あれもこれもと注文してしまう。調理に時間がかかるだろう、ゆっくりビールでも飲んで待つことにしようと思っていたら、矢継ぎ早に料理が運ばれてくるではないか。これが中華料理の不思議なところだ。

明日はいよいよ天草だ。熊本市内から宇土《うと》半島を通り、天草の上島を抜けて下島へと向かう予定だ。

二時間はかかるだろう。

天草キリシタンの魂魄

死後の霊が地下に向かうのか天に昇るのか、日本と西洋では信仰が異なると言われることがある。日本でも考えがいくつかあったことは第5章で触れた。漠たるイメージでは、キリスト教では「帰天」「昇天」（ascension, Himmelfahrt）という言葉が示すように、死後、最後の審判を経て霊は天に昇るという表現が多い。カトリック教会のレクィエム（死者のためのミサ）の奉献唱では信徒の死について、「主イエス・キリストよ、栄光の王よ、すべての死せる信者の魂を地獄の罰と深淵からお救い下さい」との言葉で始まっている。地獄や深淵は地下を想起させるが、神学として地獄が何処なのかの議論は寡聞にして知らない。天草のキリシタンはどのように考えていたのだろうか。

北原白秋は、一九〇七（明治四〇）年夏、与謝野鉄幹、吉井勇、木下杢太郎、平野万里の五人で広島、九州、京都など一カ月の大旅行を敢行した。九州では福岡、唐津、柳川、阿蘇、そして佐世保、平戸、長崎、天草富岡、大江などを訪れている。五人は、「皆ふわふわとして落着かぬ仲間だ。彼らは面の皮も厚くない、大胆でもない。しかも彼らをして少しく重味あり大量あるが如くに見せしむるものは、その厚皮な、形の大きい五足の靴の御蔭だ」として、この旅行を「五足の靴」と呼んだ。長崎を出てからは、茂木の港で汽船に乗って風の激しい日に天草の富岡港に着いている（五人づれ著『五足の靴』岩波文庫）。

富岡城は天草下島の北西にあり、富岡半島は砂州で下島と繋がっている。禁教令が幕府直轄地から全国に広げられ、「伴天連追放之文」が出た一六一四年六月に捕らえられて、拷問を受け殉教したアダム荒川は、われわれが天草を訪れたほんの一年余り前に、ローマ・カトリック教会によって福者（beatus）に列せられていた。

天草四郎は、重税とキリシタン迫害に抗すべく一揆の狼煙《のろし》を挙げて、富岡城を攻め落とそうとしたが果たせず、結局、島原の原城で兵糧攻めに遭い、壮絶な戦いの中で討ち取られる。キリシタン農民一揆勢三万七〇〇〇人は、幕藩連合軍一二万五〇〇〇人による攻撃によって皆殺しになるのだ。

大江天主堂

富岡から南に車を走らせると、大江天主堂が美しい白亜の姿を現わす。中に入ると祭壇に向かって右にザビエルの聖像、左には長崎で殉教した日本二六聖人のパウロ三木とルドビコ茨木の聖像がある。この聖堂は一九三三年にフランス人のカトリック司祭ガルニエ（一八六〇―一九四一）らの力で建てられた。二五歳で日本に来たガルニエは、天草の信徒たちから「パーテルさん」と呼ばれ敬愛された。そもそも「五足の靴」が天草を訪れたのはガルニエ神父に会うためであった。白秋たちは富岡城跡を訪ねた後、ガルニエ神父のいる大江まで、暗くなってからも狭い山道を道に迷いながら、平服巡査に助けられ、松明《たいまつ》をかざしながら移動している（『五足の靴』――「（十二）大失敗」）。

大江天主堂を辞してM先生の見事なハンドルさばきで、下島の西海岸を天草灘の輝きを眺めつつ河浦町に入る。港のすぐそばにある﨑津天主堂は、大江天主堂とは趣の異なるスタイルだ。一九二七年に﨑津に来たフランス人司祭アルブー（一八六四―一九四五）によって、かつて「踏み絵」が行われた土地の庄屋の屋敷跡に一九三四年に建てられた。外観はゴチック風、信徒席は畳敷きだ。アルブー神父は在日五六年、終戦の年の一月に八〇歳の生涯を閉じた（廣瀬敦子『よみがえる明治の宣教師　ハルブ神父の生涯』サンパウロ）。

天草コレジヨ館（天草コレッジョ跡にある）や天草キリシタン館（本渡歴史民俗資料館一階）では珍しい展示品が観られる。一五九〇年に、八年間のローマへの旅から戻った天正少年使節が持ち帰ったグーテンベルク印刷機もそのひとつだ。展示されているのは複製である。ホンモノは伴天連追放と共にマカオへ送り返された。日本初の活版印刷は天草で始まった。コレッジオで用いられた教材、布教のための天草本、伊曽保《イソップ》物語もここで印刷された。ちなみに鶴田文史『西海の乱と天草四郎』や天草コレジヨ館で入手した鶴田文史編集『天草学林――論考と資料集　第二輯』には、天草の印刷文化をはじめ多くの論考と資料が収められている。

この日は上天草まで戻り、「ホテル松泉閣　ろまん館」で一泊。天草は不知火海、有明海、天草灘に囲まれているだけあって、夕食は新鮮な魚介類のオンパレードであった。

日本人のキリスト教と仏教の融合

先に、旅をすると与謝野晶子と鉄幹（寛）の歌碑によく出会うと書いた。ここ天草にも歌碑がふたつある。ひとつは、「五足の靴」の旅の後、昭和七年秋に与謝野鉄幹は再び晶子と共に天草へ駕籠の

旅をした。その折の歌、

天草の西高浜のしろき磯江蘇省より秋風ぞふく　（晶子）

天草の十三仏のやまに見る海の入日とむらさきの波　（鉄幹）

晶子の「江蘇省より秋風ぞふく」のスケールの大きさは流石だ。

さらに、ふたりが翌昭和八年に天草市松島町で詠んだ歌、

天草の松島ここに浮ぶなり西海のいろむらさきにして　（晶子）

天草の島のあひだの夕焼に舟もその身も染みて人釣る　（寛）

日本のキリスト教について天草に来て改めて感じ入ったことがある。ひとつは、天草キリシタン概史に示されているように、一八〇五（文化二）年、天草下島の西海岸の集落で潜伏キリシタンが五〇〇〇人以上見つかったとき、異宗信仰者であって「切支丹」ではなく、「宗門心得違い」として扱われたことだ（「天草崩れ」）。幕府は、彼等はキリシタンではなく、「異宗信仰者」であるとみなした。型通りの踏み絵をさせたあと、異宗回心の誓約に押印させて放免しているのだ。この対応は、一揆を恐れたためなのか。事を荒立てたくないという「事なかれ」の解決法だったのか。いわゆる本音と建前の乖離を当然とする「大人の解決」だったのか。いずれにしても「心得違い」とはうまい言葉だ。

いまひとつは南蛮寺の中のキリスト教である。南蛮寺は天草の正覚寺だけでなく、京都にも、大坂にも、江戸にもあった。禁教令のあとは、南蛮寺といわれる教会堂が新たに建てられることはなく、既存のものも破壊された。したがって南蛮寺跡しか存在しない。京都の市中（蛸薬師通室町）にも「此付近　南蛮寺跡」の石碑がある。ただこの南蛮寺という発想は、建築という形でキリスト教と日本仏教を折衷させたものであった。ここにも、神仏習合ではないが、よいと思うものは、取り入れようという日本流の折衷主義（シンクレティズム）が読み取れる。

そもそも現代日本のキリスト教にもシンクレティズムの要素があると思い当たる。教会で七五三のお祝いをするのも身近な例だ。かつてヴァチカンの聖ピエトロ大寺院を訪れ、システィーナ礼拝堂の少しドギツイ天上壁画を見たとき、「これは私のイメージの中のキリスト教ではない」と感じたことを思い出す。

22 苫小牧から夕張・三笠の炭鉱跡を歩き五稜郭へ

六〇年ほど前になるが、高校二年生の夏、修学旅行で北海道を一〇日間旅したことがあった（1962.7.23～8.2）。この旅行の日程表を級友のM君が持っていた。それによると、早朝七：五二に京都駅から北陸本線の鈍行列車に乗り込んで一路北上、能代から奥羽本線で大鰐《おおわに》へ。大鰐からバスで休屋《やすみや》、そして十和田湖へと至っている。休屋着が京都を出発した翌日の一四：三〇となっているから、移動に一日半かける強行軍だったことになる。十和田湖畔で一泊したあと、翌日の午後に青森から青函連絡船で函館に渡ったとM君の「修学旅行のしおり」にある。

函館を観光したあと、札幌から網走まで北海道を移動してその広大な自然風土に魅せられ続けた。大学受験の一年前の修学旅行で北海道の魅力にすっかりとりつかれ、北海道の大学に進学するものもいた。三方山に囲まれた盆地の京都での生活は、「圧力釜」の中にいるように感じることもあったのだろう。東海道線で京都駅から逢坂山を抜けて大津に出ると、パッと視界が開け、近江の平らな地形と明るい陽光に開放感を覚えたものだ。

この修学旅行の帰路は、未明四時ごろ函館からの連絡船で青森に戻り、浅虫温泉で仮眠と朝食を取

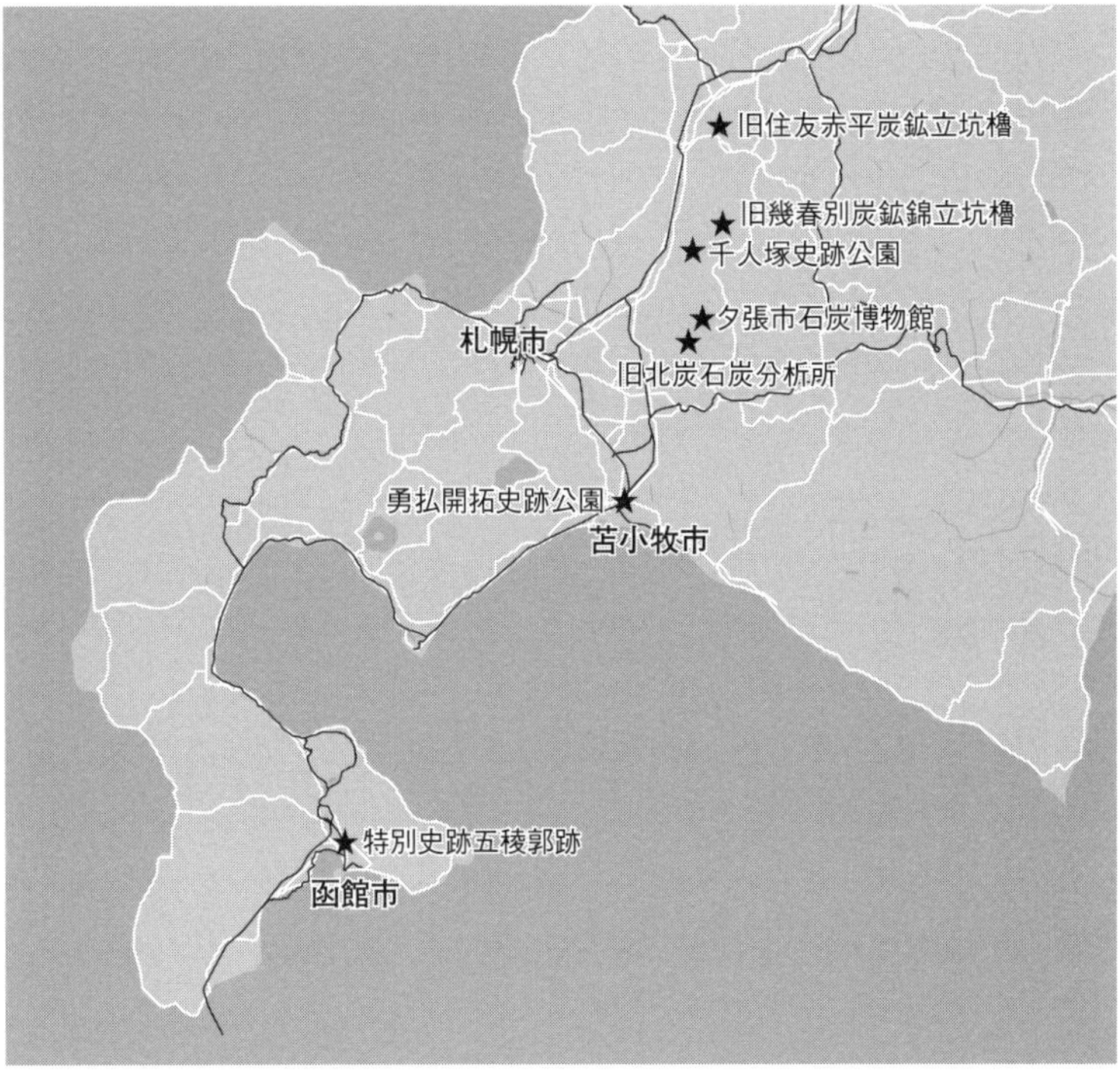

ったあと、昼頃の急行「日本海」で京都に戻るという旅程であった。旅行費用を積み立てて一〇日間北海道を旅するというのは確かに贅沢であった。M君の話では、当時の修学旅行で急行に乗るというのは「画期的」なことだったそうだ。

修学旅行で何を観たか思い出せない……

この旅行で住友赤平《あかびら》炭鉱を見学した。一九七〇年代まで北海道で操業を続けていた炭鉱は大きく分けると、空知《そらち》北部の赤平や芦別《あしべつ》、空知中部の幌内《ほろない》、南部の夕張《ゆうばり》、そして釧路の太平洋炭礦であった。赤平が人口約六万人のピークを記録したのは一九六〇年だ。高校生のわれわれが訪れた一九六二年は、五〇年代後半から経営がそろそろ厳しくなり、炭鉱の合理化が始まった頃である。原油の輸入自由化は一九六二年からだ。安価な外国炭も輸入され始めている。ただ、合理化によって従業員数が減り始めても、出炭量が直ちに減少したわけではない。住友赤平炭鉱の出炭量は一九六八年の一九〇万トンがピーク、そのあと減少一途の傾向を示す。

空知は九州の筑豊と並ぶ国内最大の産炭地であった。空知地方全体では炭鉱数は一時一〇〇を超え、人口も一〇〇万に迫った。空知川は夕張山地に横谷を造りながら流れ、滝川付近で石狩川と合流している。下流域には芦別、赤平などの空知炭田の拠点があった。赤平の少し南の歌志内《うたしない》市（赤平村は大正末にこの歌志内村から分村している）は、後に触れるように、明治六年に榎本武揚が炭層を発見したとされる炭鉱町である。

修学旅行での赤平炭鉱見学については、石炭を掘るのに地下深く（五〇〇メートル？）まで降りなければならないと知って驚いたこと以外、ほとんど記憶がない。炭鉱周辺には共同住宅があり、大きな小学校があり、といった働く人々の生活への社会的関心はなかった。集団移動の旅行で何かを学ぶのは、わたしのような注意力散漫気味の生徒には難しかったようだ。

その後四〇年ほど経って、旭川から札幌へと向かう旅で、途中、懐かしの赤平と歌志内に立ち寄った（2003.8.12〜14）。赤平には、北海道移住を考えた作家、国木田独歩が一二日間北海道を旅して、『空知川の岸辺』を書いたと記した碑がある。独歩は北海道での開拓生活を望んでいた。「余は今も尚ほ空知川の沿岸を思ふと、あの冷厳なる自然が、余を引つけるやうに感ずるのである。何故だらう」という彼の言葉は、自然美がいかに人間の魂を魅了するのかを示している（岩井洋『国木田独歩　空知川の岸辺で』（北海道新聞社）に綿密な考証がある）。

空知川沿いに車で走ると、炭鉱で栄えた時代の従業員用宿舎や様々な施設が、そのまま、あるいはその後の産業転換によって装いを変えた姿で道路脇に立ち現れる。石油が石炭に取って代わる過程で、地域の人々は新しい時代に合った産業振興と企業誘致に必死の努力を重ねて来たのだ。

勇払会所の跡と蝦夷地開拓移住隊士の墓

北海道炭鉱跡の主な目的地は、空知南部の三笠市と夕張市であった（2017.9.6〜9.9）。同行の諸氏と新千歳空港で集合。空港の傍で借りたレンタカーで道の駅「サーモンパーク千歳」まで走り、昼食の後に新千歳から苫小牧《とまこまい》に向かった。

苫小牧に立ち寄ったのは、苫小牧の東の「勇払《ゆうふつ》」の史跡を観るためだ。蝦夷地に外国船が出没するようになると、江戸幕府は警護のために寛政一一（一七九九）年、東蝦夷地を直轄領とした。翌年、警護と開拓のために入植したのが多摩八王子（現在の東京都八王子市）近郊の半士半農の同心（下級兵卒）約一〇〇名であった。しかし北海道の厳しい気候のため病死者や帰還者を出して数年で解散している。この「八王子千人同心」はじめ、江戸後期の蝦夷地開拓移住隊士の墓が勇払開拓史跡公園にある。

明治に入ってからこの勇払は北海道地図を作成するのに重要な三角測量の起点となった。すでに江戸時代に、伊能忠敬《いのうただたか》（一七四五―一八一八）が日本全国を歩きまわって、歩数と天文学の知識を駆使しながら『大日本沿海輿地全図』というかなり正確な日本地図を作成していた。しかし伊能忠敬の測量は三角測量を用いたものではなかった。明治に入って、開拓使が三角測量によって北海道図を作成するための起点としたのが勇払である。「史跡　開拓使三角測量勇払基点」と記された石碑が立っている。

　それにしても伊能忠敬は実に桁外れな人物だ。商人としては五〇歳で隠居、それから独学で数学や天文暦学を学び、さらに江戸に出て自分より一回りも二回りも若い先生について学問を深めた。その後、日本全国を歩き回り「伊能図」と呼ばれる日本地図を作り上げた。文字通り「一身にして二生を

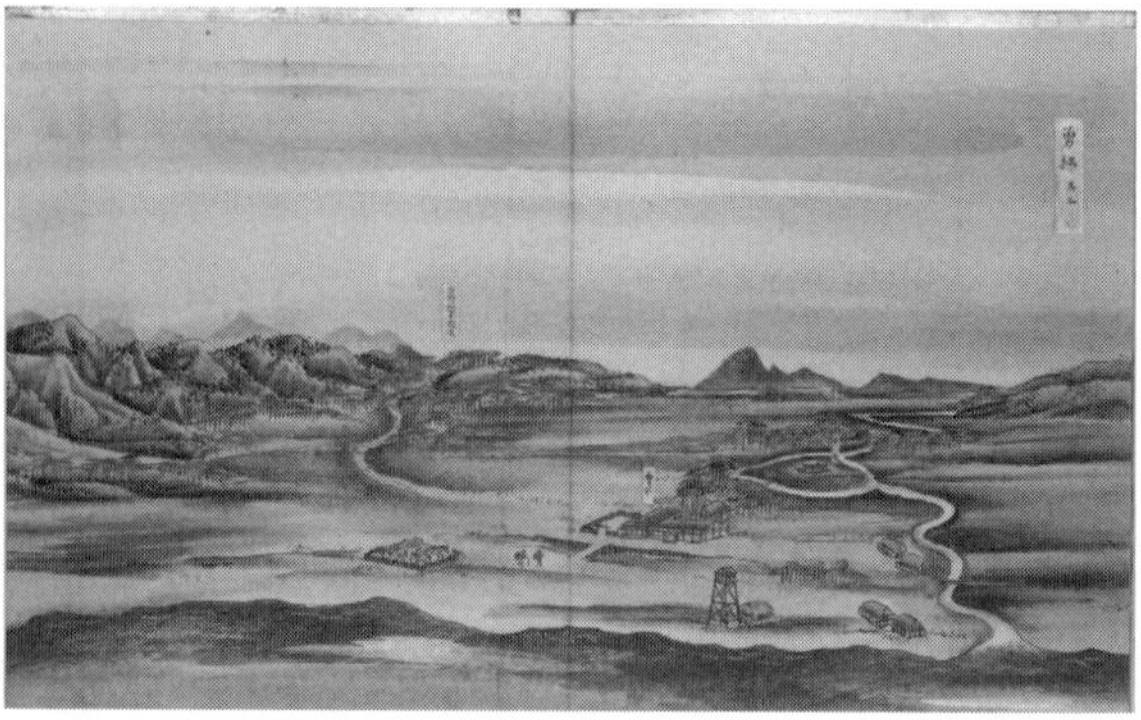

幕末に描かれた勇払絵図（上）と開拓使三角測量勇払基点
（提供：上：北海道大学、下：苫小牧市教育委員会）

経る」がごとき生涯である。このいわゆる「伊能図」は、当時のヨーロッパの地図学の水準と遜色のないものを独自の測量技法を用いて作成したものであった。

孫へのプレゼントに買っておきながら、渡す前に先に読んでしまった、『天と地を測った男 伊能忠敬』（岡崎ひでたか・文／高田勲・画、くもん出版）には感動した。この伝記で伊能忠敬の強靭な意志力を知った。彼は地球の大きさを知るため、「緯度」一度分がどれほどの距離なのかを計測したいと考えた。そのためまず蝦夷地の測量を考え、自費で測量を計画し、幕府の許可を得た。その後、第一〇次の測量までおよそ三万五〇〇〇キロメートル（ほぼ地球一周）を一七年間歩き続けた。何が彼を動かしたのか。おそらく、ごく限られた人の心の中で燃える、私心無き真理への情熱、「認識への純粋な欲求」なのだろう。現代とは異なり、江戸時代には、そうした人物が生まれ出るような社会的風土があったのだろう。

伊能忠敬　歩数と天体観測で測定した緯度１度の距離と日本地図の正確さは奇蹟的といってよい。

「勇払《ゆうふつ》」という変わった名前はアイヌ語らしい。勇武津、あるいは優武津の漢字が充てられる。北海道の地名の多くはアイヌ語由来だ。先に触れた炭鉱町の赤平（アカピラー、山稜のガケ）もそうだ。今回訪れる幾春別《いくしゅんべつ》、「イクスンペッ」も「向こう側にある川」というアイヌ語、幌内（ポロナイ）も苫小牧も網走もアイヌ語から来ている。先住民が名付けたものを、一挙に漢字に塗り替えてしまったのだ。

苫小牧を少し早めに離れて、車を北西に三〇分ほど走らせて支笏湖《しこつこ》に面した宿に入る。大正時代からの古い宿だ。足元から湯が湧き出るという珍しい加水加温ナシの温泉場だ。露天風呂は支笏湖と接し、支笏湖の向こうには、長い優美な裾の線を示す風不死岳《ふっぷしだけ》が見える。宿の近くには商店も人家も見当たらない。

北炭夕張の模擬坑道

翌朝宿を出て、夕張の北炭北海道支店石炭分析所と夕張市石炭博物館を目指す。夕張については、財政問題やメロン栽培など、炭鉱が閉山となった後の市民の奮闘ぶりが報道されてきた。現場で何が起こったのかを知るための書籍として『夕張は何を語るか——炭鉱《ヤマ》の歴史と人々の暮らし』（田巻松雄編・夕張の歴史と文化を学ぶ会協力、吉田書店）がある。夕張で生活した人々の生の声が記録された貴重な本だ。幸い、旅の前に読むことができた。

夕張の本格的な炭鉱開発は、夕張川上流で石炭の大露頭が発見されたことに始まる。明治七（一八七四）年に米国人鉱山学者ベンジャミン・ライマン（一八三五—一九二〇）の調査によって採掘がはじまった。さらに明治二一（一八八八）年、道庁技師・坂《ばん》市太郎が一帯を調査中に、なんと七メートルの層厚（thickness）を持つ瀝青炭石炭層の大露頭を発見する。翌年、官営の幌内鉄道と幌内炭鉱が払い下げられ、「北海道炭礦鉄道会社」（「北炭」と略称）が発足する。

夕張採炭所が設置され夕張の炭鉱開発は本格化した。「石炭の歴史村」の炭鉱遺産のうち、最初に目に入るのがこの大露頭だ。この大露頭の内部に設けられたのが、昭和一五（一九四〇）年に設けられた模擬坑である。この旧北炭夕張炭鉱模擬坑道は明治三三（一九〇〇）年に北炭が採炭のために開坑した第三斜坑（後の天竜坑）の一部である。一九八〇年の歴史村建設で石炭歴史村ゾーンとして整備された（「夕張市石炭博物館」の資料より）。

模擬坑を出ると、「採炭救国坑夫の像」が目に入る。この像は軍需生産美術推進隊彫塑班の二科会会員、中村直人《なかむらなおんど》（一九〇五―八二）らによって、炭鉱産業で働くものへの激励と慰問のしるしとして昭和一九年六月にコンクリートで作られたと説明板にある。なかなか迫力のある像だ。中村直人という彫刻家については何も知らなかった。帰って調べると、中村は戦後、彫刻家時代の資料をすべて焼き捨てパリに渡り、画家に転身している。一九四六年四月に日本美術会が結成され、洋画家藤田嗣治、日本画家横山大観、彫刻家中村直人らを「戦争協力者」として厳しく非難弾劾したからだ。中村の年譜を見ると、確かに朝日新聞・海軍省の依頼で、太平洋戦争開戦ハワイ真珠湾攻撃の特攻隊で未帰還となった「九軍神」の像を制作し、東郷神社に奉納されたとある。

中村は、軍部や世間・マスコミの「正義」に翻弄され、体制転換の後は罪人のように扱われた不幸な芸術家のひとりだ。手の平を返すように、賛美から糾弾へと都合よく立場を変える世間の「正義」は当てにならない。己の追求する芸術美のために創作した作品の価値は、戦争に勝とうが負けようが変わらないはずだ。共同体における徳義としての正義は相対的、かつ不確かなところがある。

石炭産業の斜陽化は急速に進行したが、第二次オイルショックもあって「石炭見直し」が検討された。その政策の一環として、北炭夕張新炭鉱は国から補助金を受けながら最新設備の大規模炭鉱として昭和五〇（一九七五）年、出炭が開始される。しかし六年後にガス突出事故が発生し、救援隊を含めて九三名が死亡、六日後に火災が発生し、五九名の不明者・遺体を坑内に残したまま注水作業が行われるという悲劇が起こった。事故から一年後の昭和五七（一九八二）年一〇月に新炭鉱は閉山に至っている。

先に挙げた書物、『夕張は何を語るか』では、炭鉱が閉山になったあと、一時は人口一二万近くを数えた夕張の地域住民の生活やインフラの立て直しがいかに深刻であったかが語られている。問題が集約された形で現れるのが財政である。北炭が不要になったものを夕張市が高く買い取らねばならなかった事情が市の財政に過大な負担をもたらしたこと、住友赤平炭坑の撤退の際は、住友側が企業誘致活動を行い、住友の私有地を安く払い下げるなど一定の社会的責任を果たしたことなどが指摘されている。同書は、産業転換のもたらす調整過程の厳しさ、企業の社会的責任の問題など多くの示唆に満ちている。

空知集治監の囚人労働

石炭博物館のレストランで昼食を取り三笠市へ向かう。車で一時間足らずの移動だ。幾春別川に沿って旧幾春別炭鉱錦立坑櫓や三笠市立博物館を観るためだ。近年、この付近は「三笠ジオパーク」として、「一億年前から五千万年前までの大地の記憶とかつての石炭産業の息吹を体感できる」散策路が、昭和三一年まで運行していた森林鉄道の線路跡を利用して整備された。

三笠市の幾春別、奔別《ほんべつ》、幌内の地理関係が手許のメモではどうもはっきりしない。どう動いたのかをT先生が撮ってくれた写真の順序を頼りに確かめた。まず千人塚史跡公園に行っている。ここには囚人たちの墓地があり、「合葬之墓」と刻された石碑が立っている。近づいて説明を読むと、空知集治監の囚人たちが道路開削工事に出役し、遠隔地でも多くが死亡している。空知集治監のあった明治一五〜三四年までの二〇年間で死者は一〇〇〇名を超える。囚人墓地に埋葬の余地がなくなったためか、明治二五年までに亡くなった囚人のうち九六五体（九五六体とも言われる）を集骨して「合葬之墓」とし、明治二九年一〇月追弔法要を行ったとある。

空知の炭鉱の囚人労働がいかに過酷であったかは博物館のパネルで推測できる。いくつか紹介しておこう。財政の厳しさから公共事業を民間企業に発注できないという事情があり、最も低い工賃で雇える囚人が駆り出された。囚人は採炭と坑道掘進、さらに道路工事、開墾、農作業にも使役された。明治二〇年代には、幌内炭鉱の労働者の四分の三が囚人労働によって賄われていたという統計が示されている。

ただ、環境の劣悪さや労働の苛酷さは次第に人の知るところとなり、明治二五（一八九二）年、帝国議会でも取り上げられ、世間の非難を浴びるようになる。北海道集治監典獄の大井上輝前《おおいのうえてるちか》ら、内部からの批判も強まり、結局、北海道庁長官北垣国道《きたがきくにみち》（一八三六—一九一六）の命で、明治二七（一八九四）年、幌内外役所（この出張所で採掘作業をしていた囚人たちが寝泊まりしていた）は廃止された。（ちなみに北垣は、本書第5章で触れた「生野の変」（一八六三年）に加わった但馬国養父出身の志士であり、京都府知事として琵琶湖第一疏水の工事を成功させている）。

当時の内務卿、山県有朋はすでに明治一八（一八八五）年、集治監典獄に次のような訓示を与えた。曰く。そもそも監獄の目的は懲戒にある。教誨訓導で改過へと導くべきところ、懲戒駆役堪えがたいような牢苦を与えるのは、監獄の本分に反するものであると。明治の政治家の良識を示す立派な言葉だ。

千人塚史跡公園の「合葬之墓」のすぐ傍に「原利八君の碑」が建てられている。碑の説明プレートによると、自由党員急進派の原利八は、加波山事件（一八八四年）で逮捕・起訴されて空知の集治監に送獄された。加波山事件関係者（政府転覆を謀り挙兵した一六名中七名は死刑）は明治二七（一八九四）年には特赦出獄している。だが原は、その三年前に空知の病監で死亡した。盟友の河野広躰《ひろみ》（河野広中の甥）が原の死を後世に伝えるために昭和六年に建碑したとある。

原の辞世の句は「国をおもふ心のたけにくらぶれば浅しとぞ思ふ石狩の雪」であった。

幾春別・奔別

幾春別と奔別へ移動する。幾春別の市街地にはかつて一万五〇〇〇もの人々が生活していた。百貨店や劇場も賑わった。炭鉱住宅（いわゆるハーモニカ長屋）は市街地より少し離れた西にあった。

幾春別鉱山が操業したのは、明治一九（一八八六）年から昭和三二（一九五七）年の七〇年間である。昭和四六（一九七一）年に閉山した奔別炭鉱は少し山の方の奥まったところにあり、いまは立ち入り禁止となっている。ここの竪坑櫓の深さはなんと七三五メートルもあるという。

幾春別でも「友子の墓」が見つかった。三笠市役所から一一六号線を西へ行ったところ、三笠市立博物館の近くの弥生墓地の一角である。友子という鉱山労働者の自治的な共済組織についてこれまでしばしば触れてきた。親分・子分の契りを交わした友子の子分が、親分が死ぬとその恩返しとして墓を造った。墓を見て行くと、家族だけでなく多数の鉱夫たちが合葬されたものもある。

幌内地区では、石炭を本州へと輸送した産業鉄道「幌内鉄道」の旧幌内駅が三笠鉄道村となっている。幌内鉄道は明治一三（一八八〇）年に、手宮—札幌間に北海道初の鉄道として開通した（第18章で触れた釜石鉄道の開通も一八八〇年である）。だが幌内鉱山が閉山する二年前の昭和六二（一九八七）年、国鉄分割民営化に伴い幌内鉄道は廃線となった。時代の波というのは容赦のないものだ（三笠鉄道記念館『北海道の鉄道』）。

必ずと言っていいほど鉱山には「山の神」を祀る神社がある。幌内にも明治一三（一八八〇）年に建立された神社があった。しかし今は鳥居と狛犬、灯籠を残すのみだ。本殿は跡形もない。ここにはかつて幌内を訪れた榎本武揚が「幌内神社」と書いた社号額があったと聞く。幌内閉山によって、今は美唄《びばい》の方の神社に移されたため実物を観ることはできなかった。

幌内から箱館五稜郭へ

この日は三笠市岡山の三笠天然温泉太古の湯にて宿泊。翌朝、同行の先生方と別れ、箱館五稜郭に向かう。榎本武揚の降伏の地を見定めるためだ。明治二年五月一八日、榎本は箱館五稜郭での最後の戊辰戦争に敗れ降伏、東京へ護送され監獄で二年半を過ごした。明治五年一月六日に特赦で出獄し、榎本の助命に奔走した黒田清隆の強い引きで、北海道開拓使に四等出仕として任官。石狩山地の空知炭田の発見にも貢献したとされる。

榎本武揚が明治新政府に入ってからの栄達ぶりは、幾多の幸運が重なったとはいえ、駐露特命全権公使、逓信大臣、文部大臣、枢密顧問官、外務大臣、農商務大臣を歴任し、文字通り「出世双六」のマスを進むような勢いであった。一時は榎本の助命に力を貸した福沢諭吉は、『福翁自伝』の「雑記」の中で、榎本への複雑な心境を次のように述べている。

榎本と自分とは刎頸の交わりという訳ではなし、と断った上で、「元来榎本という男は深く知らないが随分何かの役に立つ人物に違いない、少し毛色の変わった男ではあるが、何分にも出身（デ）が幕府の御家人だから殿様好きだ、今こそ牢に入っているけれども、これが助かって出るようになれば、後日あるいは役人になるかも知れぬ」と妻に話していたが、「後日に至って私の言った通りになったのが面白い。榎本がだんだん立身して公使になったり大臣になったりして立派な殿様になったのは、私が占八卦の名人のようだけれども（中略）榎本がドウなろうとわたしの家で噂をする者もない」と。

福沢は、『瘠《やせ》我慢の説』では榎本を、幕臣でありながら、出獄後は新政府に入り込んで栄利栄達を遂げた奴と厳しく批判している。確かに榎本には、もっともと思わせるような「軽さ」はあったかもしれない。頭もよく行動力もあったのだろう。だが、こういう人物と一緒に働くのも大変だろうな、と感じさせるようなところがある。同じ『瘠我慢の説』で、勝海舟も福沢から批判された。しかし、体制転換の大混乱の時代の「人材の払底」を考えると、こうした福沢の批判は厳しすぎるように思う。

それよりも福沢の批判に対する両人の反応に、それぞれの人間の器が表れているように思う。福沢から送られて来た『瘠我慢の説』に対して、榎本は、「昨今別而《べっして》多忙に付《つき》いずれその中《うち》愚見可申述候《もうしのぶべくそうろう》」と逃げを打っている。しかし勝海舟の方は「不計《はからず》も拙老先年之行為に於いて御議論数百言御指摘、実に慚愧に不堪《たえず》、御深志忝存候《かたじけなくぞんじそうろう》。行蔵は我に存す、毀誉は他人の主張、我に与《あずか》らず我に関せずと存候」と応じた。勝海舟の大局を観る叡智がにじみ出たような見事な応答だ。

23　小諸から小串鉱山、小布施から米子鉱山へ

信州のふたつの硫黄鉱山跡

　学生時代に北信州飯山の戸狩の学生村で友人たちとふた夏を過ごしたことがある。当時、長野、岐阜、山梨などの農家が、夏に大学生たちを食事付きで長期間受け入れるという民宿事業を行っていた。戸狩に温泉が掘削されるはるか前のことだ。

　毎日の食事は、動物性たんぱく質の少ない簡素なものであったが、採りたてのスイカやまくわ瓜、トマト、トウモロコシなど、果物と野菜の美味さは格別であった。夕食の後は、食事の世話をしてくれるおばさんから農地改革の時の様子を聞いたり、あるいは文学談義などをしたものだ。「アンナ・カレーニナの生き方をどう思うか」と聞かれ、「まだ読んでません」と答え、ガッカリされたことを思い出す。

　夜の冷気は、蒸し暑い真夏の京都ではとても経験できないものであった。それでも午後は汗ばむような暑さになった。沢山の本を京都からチッキ（手荷物輸送）で送ったにもかかわらず、読書がはか

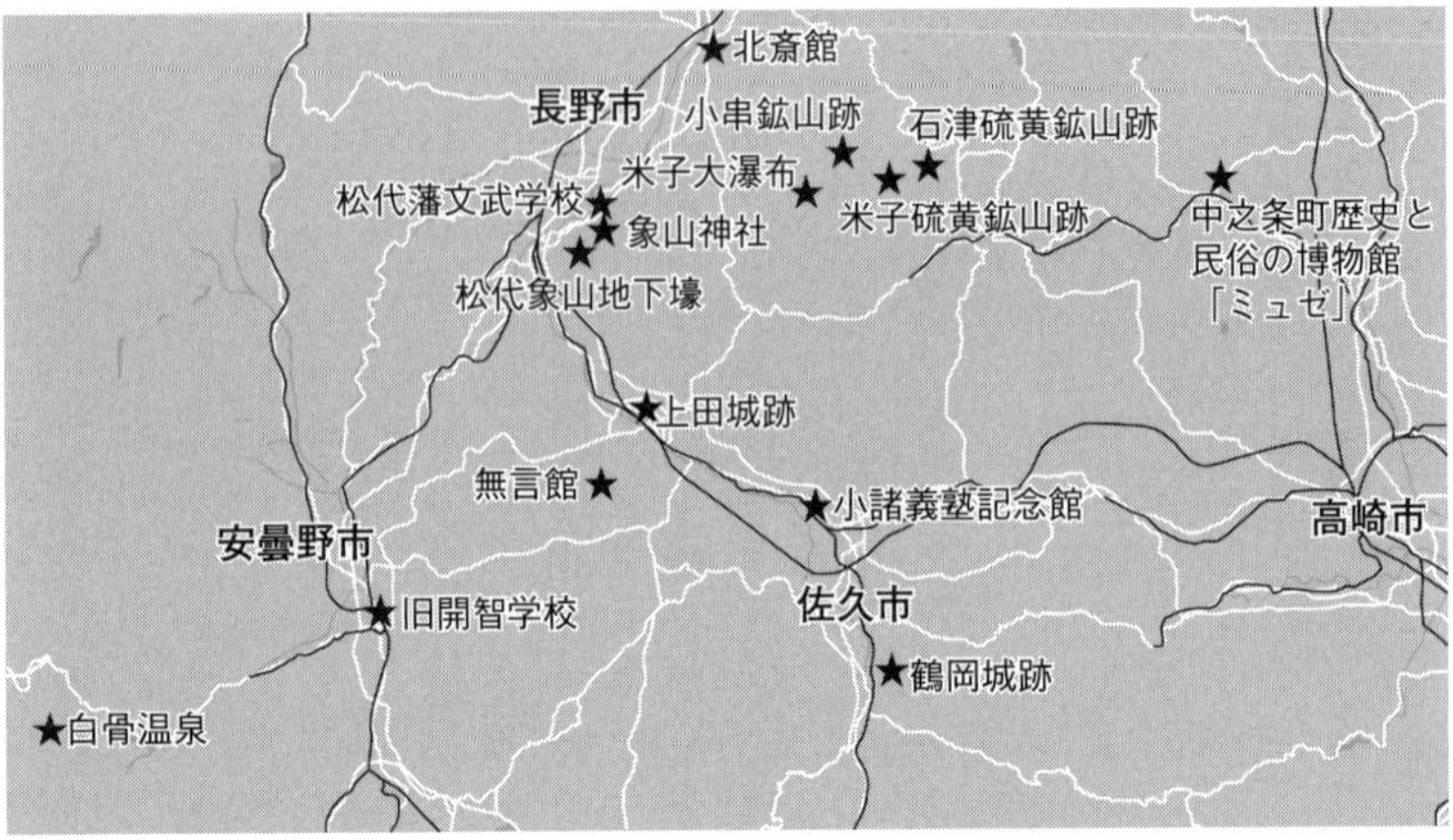

どるというわけでもなかった。時間をもてあまして、千曲川まで歩いて泳ぎに行ったこともあったが、信濃川と名前を変える直前あたりでは、遊泳を楽しめるような川の清澄さはなかった。

それから一五、六年経って、野沢温泉を旅した折に戸狩を通る機会があった。懐かしくなり、お世話になった民宿に立ち寄ってみた。不意の訪問にもかかわらずおばさんが歓迎して下さり、冷えた美味しいスイカをご馳走になった。温泉とスキー客のためだろうか、客室も多く増改築されており、近隣も学生村の時代とすっかり異なった景色になっていた。

一九六〇年代の末からは、野尻湖に近い黒姫山麓の大学村で夏の休暇を過ごすことが多くなった。大学の演習生と合宿をすることもあった。そんな記憶もあり、信州には十分土地勘があると思い込んでいた。ただ温泉には馴染みがあっても、信州の鉱山となると思い浮かぶ所がない。金・銀・銅の鉱山ではなく、硫黄を調べてみると、群馬県との県境付近にいくつかの鉱山跡があった。ひとつは須坂市東の群馬県白根山近くの毛無峠の小串《おぐし》鉱山《こうざん》。もうひとつの米子《よなこ》鉱山《こうざん》も往時は硫黄産出で栄えた町であることがわかった。

佐久平の龍岡城五稜郭

まず小串鉱山への旅から記しておきたい（2015.10.30～11.1）。佐久平駅で途中下車して、鉱山調査旅行にしばしば同行してくれるI君の郷里、佐久平にある龍岡城五稜郭を観ようということになった。日本に二つだけある星型稜堡の様式の城跡だ。I君から「函館の五稜郭に比べると小さいですよ」と聞いていた。だが、訪ねてみると敷地は意外に広い。この五稜郭を築いたのは大給《おぎゅう》松平氏の最後の藩主松平乗謨《のりかた》である。大給乗謨は洋学に通じ、西欧の築城術にも明るいハイカラ藩主だった。自ら城の模型を作成し、難工事の石垣は、伊那高遠藩の石工六〇人を招き三年ほどかけて築いたという（施工方法については、佐久市教育委員会「龍岡城五稜郭」）。

建設開始時の政情から想像できるように、この五稜郭は厳しい運命をたどっている。文久三（一八六三）年、三河の奥殿《おくとの》藩四〇〇〇石の大給松平氏は本領の領地が手狭なため、領地の大部分を占めた信濃国佐久郡の一万二〇〇〇石の地に本領移転を願い出た。許可が下り、田野口藩と改称、合わせて新陣屋五稜郭の建設も許された。慶応三（一八六七）年四月に五稜郭は一応の完成を見、竣工祝いを行っている。時まさに坂本龍馬らが大政奉還への運きを活発化させ始めたころである。

「一応の完成」として竣工祝いを早めたのは、資金問題だけでなく、大給松平乗謨が、まさに崩れなんとする幕府の老中格・陸軍総裁の要職にあり、時代の雰囲気としても「趣味の城」の建設にこだわっている場合にあらずという事情があったと考えられる。

明治四（一八七一）年七月一四日の廃藩置県の詔書とともに、兵部省は全国の城郭の取り崩しを布告した。五稜郭は石垣を残して払い下げられ、「御台所」を残して多くの建物は取り崩された。民有地となった敷地は小学校として使用されることになる。

江戸時代には藩の所領を別の場所に移す転封（国替え）、所領を削減する減封、没収する改易などの制度があった。江戸幕府への貢献度や忠誠の度合いを測り、その評価を処分や恩賞に反映させつつ統治権を確かなものとした。江戸幕府という「連邦政府」の統治には、コントロールしつつ競争を促す智恵が隠されていた。田野口藩と称するようになった翌年には、三河領民の「国替え反対一揆」が起こっている。

明治元年、田野口藩は竜岡藩と改称し、松平を大給と改めた。大給氏は一時謹慎を命ぜられたが、後に東征軍に従い北越に転戦する。だが結局、明治四年に財政難を理由に廃藩となっている（『藩史事典』秋田書店より）。その後、旧藩主の大給乗謨改め大給恒《ゆずる》は、西南戦争の折、佐野常民とともに負傷者救護に従事し、日本赤十字社の前身である救護団体、慈善団体としての博愛社を設立した。藩主から華族になった人物が示した公的奉仕への使命感には、現代のわれわれが容易に想像できないところがある。

上田城跡と「無言館」

群馬県の小串鉱山を見て回る前に、上田城址も訪ねてみようということになり、佐久市から上田に向かう。上田城といえば真田氏だ。われわれが訪れた時は翌二〇一六年一月からＮＨＫ大河ドラマ

『真田丸』の放映が決まっていたため、上田城跡公園はすっかりお祭りムードで、沢山の幟《のぼり》が立つ賑わいであった。わたしは大河ドラマを見ることはない。歴史ドラマは実際の歴史と比べて、新味や迫力のあるものは多くない。それに毎週同じ時間にテレビに向かう几帳面さがないだけでなく、現代風の美男美女が話す日本語になぜか抵抗感があるからだ。

上田城は武田氏の旧臣真田昌幸が一五八三（天正一一）年に築いた平城である。しかし関ヶ原の戦いで真田昌幸が豊臣側についていたため、上田城は徳川軍によって完全に破却された。したがって天守構造がどのようなものであったのかは不明だという。櫓や石垣、土塁と堀だけが残っている。

「蚕都上田」と呼ばれたように、上田地方は、明治・大正にかけて養蚕・製糸が盛んであった。明治四三（一九一〇）年には桑園面積が水田面積を上回ったほどだ。岡谷を中心に生産された「信州上一番」と呼ばれた生糸は、日本の輸出を支える重要商品となった。ただ、「信州上一番」と名付けられてはいたが、格別良質の生糸ではなかった。強みは大量生産が可能な点にあり、明治末にはアメリカへの直輸出を開始している。生産の拡大によって労働時間が長くなり、その劣悪な労働環境は、明治三六（一九〇三）年に農商務省の調査による『生糸職工事情』に、「毎日ノ労働時間ハ決シテ十三四時間ヲ降ルコトナク長キハ十七八時間ニ達スルコトモ亦之ナシト云フヘカラズ」と記されている（上田市立博物館『郷土の産業　養蚕・製糸』）。明治末には、「信州上一番」は輸出の尖兵としての役割から経糸にも使える品位の高い生糸生産へと転換を遂げた。

上田を中心に小県郡《ちいさがた》で養蚕が盛んだったことは、明治四四年四月に、日本で唯一の蚕糸学の国立専門学校、上田蚕糸専門学校（昭和二四年、新学制によって信州大学繊維学部に改組）が設立されたことにも窺える。

上田市から車で南へ三〇分ほどの林の中に、戦没画学生の遺作を蒐集・展示している「無言館」という小さな美術館がある。先年亡くなった義兄が、病に臥せる前に、叔父（岡田弘文、ビルマのメークテーラ市街戦で、二八歳で戦死）の作品が二点ほど展示されているこの美術館を何度か訪ねている。入り口には、コンクリートに直接刻された「無言館」という文字の上に、やや小さめに「戦没画学生慰霊美術館」と記されている。簡素で控え目な佇まいの建物付近には、画業に情熱を燃やした若者たちの無念の霊が漂うようだ。

上田から小諸義塾へ

上田の町が描かれた作品というと、島崎藤村の『千曲川のスケッチ』、『破戒』がある。『千曲川のスケッチ』が活字になったのは明治末であるが、書き始められたのは藤村が小諸義塾で教えていた頃だ。その中で、屠牛を見に行った折に上田と小諸を比較した面白い箇所がある（「屠牛の一」）。

「上田は小諸の堅実にひきかえ、敏捷を以て聞こえた土地だ。この一般の気風というものも畢竟地勢の然らしめるところで、小諸のような砂地の傾斜に石垣を築いてその上に骨の折れる生活を営む人達は、勢い質素に成らざるを得ない。寒い気候と痩せた土地とは自然に勤勉な人たちを作り出した」と言いつつも、藤村は、「小諸の質素も一種の形式主義を生み、表面《おもて》は空しく見せてその実豊かに、表面は不愛想でも、その実親切を貴ぶのが小諸だ」と記している。対して「上田に来てみると、都会としての規模の大小はさて措き、又実際の殷富《とみ》の程度はとにかく、小諸ほど陰気で重々しくない。（中略）上田ではそれほどノンキにしていられない事情があると思う。絶えず周囲に心を配って、旧い城下の繁昌を維持しなければ成らないのが上田の位置だ」と言う。作家の観察眼には恐れ入る。

藤村が英語と国語を教えていた小諸義塾の記念館を見学。明治二六（一八九三）年一一月、元幕臣の木村熊二（一八四五―一九二七）が、勝海舟の助力による一二年間余りのアメリカ留学から帰り、キリスト教の人格形成の精神に基づく教育のための施設として小諸で開いた私塾である。六年後には県の認可を得て、私立中学へと発展した。しかし次第に日本の教育制度が中央集権的な学校として整えられて行くにつれ、入塾者も減少、財政が厳しくなって来る。特に日清・日露戦争後は私塾での自由な教育は困難になり、明治三九（一九〇六）年三月をもって一三年の歴史を閉じている。

義塾誕生の原動力となった八名の同志、町議会、北佐久郡会、町の有志たちなど、塾長の木村熊二の教育思想と気概を理解し強く支援した人がいたというのは、人々が目標を目指して前向きであった時代を感じさせる。支援者の中には、藤村が自費出版した『破戒』の刊行を助成した神津猛の名も見える。フェイス・トゥ・フェイスで人々が理想を共有できた時代であったのだ。

塾のカリキュラムを見ると、現代の中学校で教えている科目とほとんど変わらないが、習字、農学、倫理などが含まれ、英語・漢文・古文読解など、読むことの訓練に向けられた時間数の多さが目立つ。

小諸義塾からそれほど遠くない小諸市立藤村記念館を訪れた後、日が没する前に高峰高原の温泉宿にたどり着く。標高二〇〇〇メートルの雲上温泉と呼ばれる。源泉かけ流しの露天風呂の乳白色の湯につかりながら中央アルプスを眺める。

嬬恋村の硫黄鉱山

翌朝は朝食の後すぐに、長野県東の県境の毛無峠へと北上し、群馬県の嬬恋《つまごい》村の小串鉱山へと向かう。嬬恋村には小串・吾妻《あがつま》・石津《いしづ》の三つの鉱山があった。この辺りには、生活圏は長野、行政は群馬という特異な鉱山町が形成されていた。白根山の近くには大きな硫黄の鉱床があり、鉱山で製錬された硫黄の塊を鉄索で送り、草軽《くさかる》電気鉄道と信越本線で軽井沢駅に運んだ（平成二七年度嬬恋郷土資料館企画展資料「消えた硫黄鉱山」）。

これら三鉱山の硫黄は一時期海外へも輸出されていた。戦時は物資統制令や硫黄鉱業整備令による事業縮小で硫黄の採鉱は低迷する。戦後再び硫黄需要が増大し、一時は硫黄が「黄色いダイヤ」と呼ばれた時期もあった。一九六〇年代半ばからは石油公害問題が取り上げられ、石化燃料の「回収硫黄」の時代に入った。その結果、硫黄採掘は壊滅的な打撃を受け、次々と閉山に追い込まれる。この点は岡山県津山から遠くない柵原《やなはら》鉱山や岩手県の松尾鉱山について触れた通りである。嬬恋村の小串鉱山も経営難に陥り、一九七一年六月に閉山している。

小串鉱山跡に立つと、ほとんどの施設や建物が消え去っていることに気づく。峠の東側には運搬用の索道（リフト）跡が残っている。山と小高い丘陵地が重なり合っている見晴らしのよい場所に、高さ二メートルほどの木製の杭が立っている。「小串鉱山物故者……」と書かれているが、途中で文字が消えている。杭の下にお供えが置かれている。恐らくこの杭は、昭和一二（一九三七）年一一月一日の「小串鉱山地滑り災害」で亡くなった人たちの慰霊の碑であろう。この土砂災害では、小串鉱山の背後斜面が崩落し、鉱山施設だけでなく住宅や学校が埋没、二四五名の死者が出た。瓦礫と化した鉱山町一帯は硫黄の青い火が幾晩も燃え続けたという。

小串鉱山跡を後にして、草津温泉を通り抜けて中之条町へと向かう。幕末の蘭学者、高野長英（一八〇四—五〇）が中之条を訪れていることを知った。「中之条町　歴史と民俗の博物館「ミュゼ」」には、長英の開いた蘭学塾の弟子、高橋景作に長英自身が送った天然痘ワクチンに関する書状が展示されている。天保飢饉（一八三三—三七）の最中、天保七年に中之条に来たことが、早生ソバとジャガイモの栽培を勧める論考、『勧農備荒二物考』を著すきっかけになったと言われる。また長英が「人は教えるためには、食わねばならない。しかし、食うために、教えてはならない」とオランダ語で認めた書のコピーもあった。われわれ一同思わず、ウーンと唸ってしまう。

夕方、沢渡《さわたり》温泉の「まるほん旅館」に到着。年季の入った檜造りの温泉小屋は、最近では珍しくなったのではないか。

小布施から米子鉱山へ

群馬県の小串鉱山と高山村に沿って繋がる、須坂の米子硫黄鉱山をめざしたのは、翌年の夏であった（2016.7.29〜8.1）。長野駅でT先生と落ち合い、まず小布施《おぶせ》を訪ねる。

小布施には遥か昔、四半世紀ほど前に来たことがあった。久しぶりの小布施はすっかり様変わりしていた。すべてが新しくなり、観光客をレトロ趣味で喜ばせたいという気持ちにあふれている。「信州小布施　北斎館」も新館の増築と本館の改修によって完全にリニューアルされている。

北斎は八〇歳を過ぎた晩年、小布施の門人・高井鴻山（一八〇六―八三）の招きと支援で、この地で数々の傑作を残した。中でも、東町祭屋台《ひがしまちまつりやたい》、上町《かんまち》祭屋台に描かれた「龍図」「鳳凰図」「男浪」「女浪」の天井画を見ると、その色彩と大胆な構図に、北斎の芸術的構想力は年齢とは関係なかったと、思わず感嘆の溜息が出る。

小布施から須坂を抜けると、米子大瀑布と米子鉱山跡に至る。この大瀑布は二本の滝からなる。向かって右の不動滝は高さ八五メートル、左の権現滝は七五メートル。那智の滝や華厳の滝より落差は少し短かいが、確かに美しい。滝口は五メートルほどだ。

硫黄を大量に産出した米子鉱山は、江戸時代に開発され、昭和四八（一九七三）年に全面閉山になるまでの長い歴史を持つ（齋藤保人『鉱山の盛衰と山師――信州・須坂 米子硫黄鉱山の歴史』〈ほおずき書籍〉に山師を中心にした解説がある）。昭和恐慌期まで盛況を見た製糸業が衰退した後、須坂の経済を支えたのは硫黄であった。特に戦前は軍事用の火薬製造のための硫黄への需要が高まったため、米子鉱山周辺には鉱山関係の人々が一五〇〇人ほど生活していた。診療所、共同浴場、学校が建てられた。生活物資はリフトで須坂から運ばれた。鉱山で製錬された硫黄も須坂駅まで、なんと全長一四キロメートルのリフトで搬出されていたとは驚きだ。ここ米子鉱山でも落盤事故、鉱山集落の大火災、爆発事故で多くの犠牲者が出ている。

須坂市立博物館で硫黄の精製について改めて学んだ。硫黄鉱石を鉄釜で四〇〇～五〇〇℃に熱して、硫黄を一度気体にした後に外気温で冷却して液化する。その液体を鉄器の型に入れて固形にするのだ。人間の知恵は凄い。博物館で見た自然硫黄の透明な黄色結晶「鷹ノ目硫黄」の見事さに思わず目を見張る。米子鉱山では、蠟石《ろうせき》も産出していたとある。蠟石とは懐かしい！　もう七〇年近く使わなかった言葉だ。小学校では筆記用具は鉛筆であったが、石板と蠟石も使ったものだ（落書き用にも）。

松代の象山神社と「松代大本営」

米子鉱山から高山村の宿「蕨《わらび》温泉旅館わらび野」へと向かう。北アルプスを望むのどかな村にあった。ゆっくり休んで翌朝、松本に向けて出発。途中、長野市の南、松代町に立ち寄り、松代藩士だった佐久間象山の生家と象山神社《ぞうざんじんじゃ》を訪ねる。

佐久間象山は、門弟の吉田松陰が伊豆で米国への密航を企て失敗した事件（第24章で触れる）に連座して伝馬町牢屋敷に入獄した後、松代で一八六二年まで蟄居を余儀なくされた。蟄居中の高義亭で、高杉晋作、久坂玄瑞、中岡慎太郎らと面会している。その後一橋慶喜に会うために上洛したが、三条木屋町で攘夷派に暗殺されている。三条木屋町は筆者が、学生時代それと知らずに友人たちと飲み歩いた高瀬川の橋のたもとだ。

佐久間象山　頭脳明晰な開明派であったが、法螺吹き、傲慢な西洋かぶれとみなされて、京都で攘夷派に暗殺された。

象山の著した『省諐録《せいけんろく》』に、象山の妻順子の兄である勝海舟が漢文体で認めた「序」とする名文がある。

花の、春に先だつ物は、残霜の傷《そこな》ふ所となり、説の、時に先だつ者は、舊弊の厄する所となる。然りと雖も、先だつ者あらずんば、後るる者何を以てか警起せんや。……嗚呼、説の衆に魁くる者は厄に遭ふを免れず……子の見識のここに至れる者は、豈に厄に遭へる者の賜《たまもの》にあらずやと。

『省諐録』は象山の死後、明治四年に公にされた。象山にとっての最大の問題は、対外的な危機をいかに乗り越えるかという点にあった。その基本は西洋の科学と技術と兵法（軍事学）だと考えた。海舟は、その着眼自体が時代に先だつものであったからこそ、狭量な国粋主義者から命を奪われるという悲運に遭ったのだと見ているのだ。

さらに、太平洋戦争末期に国家中枢機能の移転を目的として造られた「松代大本営」の地下坑道を観る。「松代象山地下壕《まつしろぞうざんちかごう》」は太平洋戦争末期、本土決戦の拠点として、極秘裏に大本営、政府各省を硬い岩盤地帯である松代に移す計画を立てた。昭和一九年一一月から突貫工事に取り掛かり、完成間近で終戦を迎える。本土決戦にでもなっていたら、この松代大本営も、沖縄戦終局の地、摩文仁《まぶにがおか》丘の ような悲劇を迎えていたのだろう。

松代の旧文武学校、松本の旧開智学校

松代藩の藩校、文武学校も訪ねた。幕末に建てられたこの藩校の特徴は、他の藩校とは異なり、教育の中心から儒教教育を排除した点にある。松代藩主の長谷川昭道の建議によって、校内には「孔子廟」がない。建物も時代を反映して近代的な学校建築への移行期のスタイルを取った。象山の意見が

採り入れられ、カリキュラムも漢学の他は西欧砲術などの軍事学や医学、自然科学に重点が置かれた。

白骨温泉に向かう途中、松本に立ち寄って、旧開智学校を見学する。旧開智学校は明治六（一八七三）年五月に女鳥羽川《めとばがわ》沿いに創立された。擬洋風校舎が新築されたのはその三年後である。当初の児童収容数は、一三〇〇人ほどだ。驚くべきは、総工費約一万一〇〇〇円のうち、その七割が松本住民の寄付によって賄われたことだ。明治初期の地方住民の自発性と心意気には頭が下がる。先に訪ねた佐久市の（旧）中込《なかごみ》学校も、ベランダの付いた擬洋風の明治初期の学校建築であったが、（旧）中込学校も建設費用のほとんどは佐久の村内有志募金によって賄われた。教育に対する当時の人々の情熱には感心するばかりだ。

旧開智学校

開智学校が九〇年の歴史を閉じたのは、昭和三八年三月であった。翌年、校舎は解体の上、現在地に移築・復元された。明治時代の日本の小学校の美しさについては、宮城県の（旧）登米《とよま》高等尋常小学校で既に書いたのでここでは繰り返さない（第13章）。七月末、真夏の太陽に照らされた旧開智学校は文字通り輝かんばかりであった。

24　伊豆の鉱山を訪ねる——土肥《とい》・大仁《おおひと》・蓮台寺

伊豆は冬に訪れて、暖かな陽射しと温泉、猪の肉（ぼたん鍋）を楽しんだことがあった。温泉の近くには必ずと言っていいほど鉱山がある。伊豆の場合も鉱山跡を巡った後、温泉で癒されるという幸せに恵まれる。

川端康成『伊豆の踊子』にも温泉宿だけでなく、鉱山労働者たちの姿が描かれている。下田港の乗船所で、五、六人の鉱夫たちが気の毒な婆さんを一高生の主人公に東京まで託す場面だ。

あんたを見込んで頼むだがね、この婆さんを東京へ連れてってくんねえか。可哀想な婆さんだ。伜が蓮台寺の銀山に働いていたんだがね、今度の流行性感冒てやつで伜も嫁も死んじまったんだ。こんな孫が三人も残っちまったんだ。どうにもしょうがねえから、わしらが相談して国へ帰してやるところなんだ

主人公は婆さんの世話を快く引き受ける。

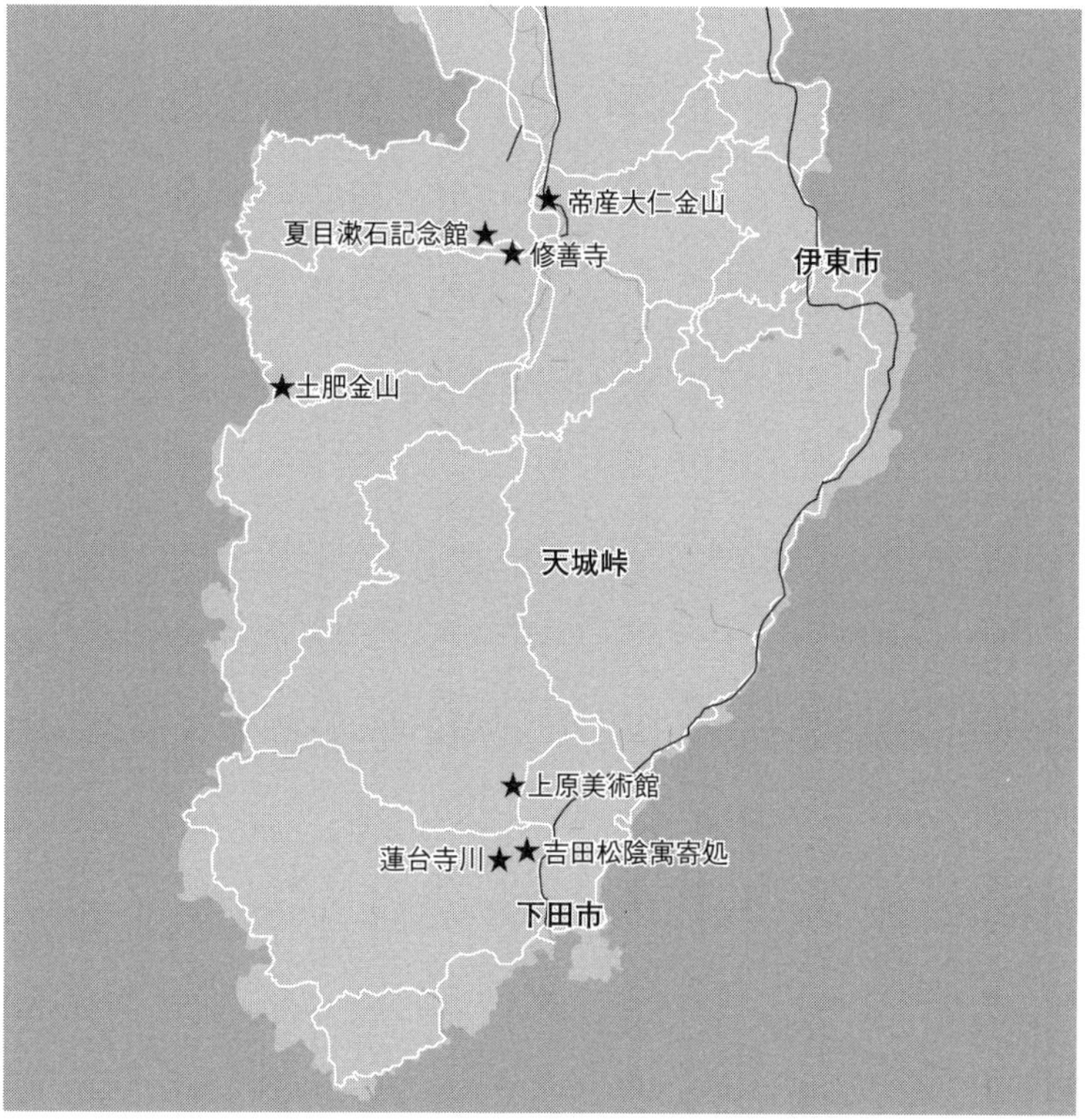

この短編は一九二五年ごろに書かれている。「流行性感冒」とは、一九一八年から一九二〇年にかけて流行り、日本本土で四〇万人近い死者を出したと推定されるスペイン風邪であろう。この最後の場面は、踊子と別れねばならなかった主人公が、ひとへの親切な気持ちをほとんど無意識のうちに示す箇所だけに印象に残る。今回思い出して読み返し、その簡素で繊細な描写に感心して、自分まで若返ったような気分になった。

伊豆の金山跡には、第七章で書いた佐渡の金銀山の開発で辣腕をふるった大久保長安《おおくぼながやす》

（一五四五―一六一三）の影が幾つかの場所で認められる。伊豆の金山の多くは金山奉行・大久保長安の主導によって開発された。少なからぬ謎を秘めたこの大久保長安なる人物について論じた川上隆志『江戸の金山奉行　大久保長安の謎』（現代書館）は読者の想像を膨らませる面白い本だ。

修善寺の漱石

日文研を退職した年の六月、在職中に世話になったT先生と西伊豆を訪ねた。東京の大学で一〇年ぶりに教壇に立ち、新しい生活をルーティン化する道を探っていた時だ。ちょうど大学や研究所といった教育や研究の場にも、財政改革と同時進行的に「改革」の波が押し寄せていた。改革フィーバーの中で、自分に残されたこれからの研究生活をどのように組み立てていくのか。土肥《とい》金山を訪れたのはそんな落ち着かない日々のことであった。（2012.6.14〜16）

前日夕刻にJR三島駅で落ち合い、駅近くの寿司屋で夕食を取る。大都会の高級店で不愛想な主人が握った寿司を特別有難がることはない。魚介類の流通がどのような仕組か正確には分からないが、やっぱり海の近くで食べるのが一番だ。手ごろな価格で美味い寿司を感激しつつ黙々と食べる。

三島は懐かしい。一九七四年から隔年「数量経済史研究会」が裾野市にある大手企業の研修施設で開かれた。二泊三日の研究会が終わると、三島駅から海の方に歩いて鰻を食べるのが、一五年ほどの間、ほとんど恒例となっていたからだ。その頃のうなぎ屋はどうなっているのか歩いてみたが、かば焼きの店はめっきり減っている。鰻が高級品になったのだろう。

駅から歩いて二、三分のビジネスホテルに宿泊し、翌朝、伊豆箱根鉄道駿豆《すんず》線《せん》で修善寺へ向かう。

「夏目漱石記念館」を観るためだ。漱石がかつて滞在した「菊屋旅館」（旧本館）を一部移築した建物だ。明治四三（一九一〇）年夏、静養にやって来たこの宿で、漱石は胃潰瘍のため病臥して人事不省の危機に陥った。「シュゼンジ、キクヤ、センセイ、キトク」という「ウナ電」で、知人・友人や新聞の知るところとなり、木曜会のメンバーなどの見舞客が相次いで訪れた。

修善寺滞在中は、謡曲をうたい、「生きて仰ぐ 空の高さよ 赤とんぼ」をはじめ、一〇〇あまりの俳句と漢詩を作るという日々であった。W・ジェームズ（William James 一八四二―一九一〇）の著作を修善寺で読んだと記念館の解説にある。宗教意識や宗教経験を論じた『多元的宇宙（*A Pluralistic Universe*）』のようだ。一〇月に入って東京に戻った漱石は、数日してジェームズが亡くなったことを雑誌で知る。大きな衝撃だったと推測される。

記念館の展示の中に、ヱビスの缶ビールとグラスが並べられているのを観て思わず笑ってしまった。「恵比寿ビール」は明治二三年に発売されていた。なお小説『吾輩は猫である』の中の猫は酔って甕《かめ》に落ちて命を落とす。この酒はビールである」と書かれている。『猫』はやはり漱石の最高傑作だと思う。『猫』の最後の箇所が懐かしくなってめくってみた。猫が一杯のビールを飲み干して、暫くは自分の動静を窺うため、じっとすくんでいた。その後の様子は次のような具合だ。

> 次第にからだが暖かになる。眼のふちがぽうっとする。耳がほてる。歌がうたい度なる。猫じゃ〱が踊り度なる。主人も迷亭も独仙も糞を食らえと云う気になる。金田のぢいさんを引掻いてやりたくなる。妻君の鼻を食い欠きたくなる。色々になる。最後にふら〱と立ちたくなる。起《た》

ったらよた〳〵あるき度なる。こいつは面白いとそとへ出たくなる。出ると御月様今晩はと挨拶したくなる。どうも愉快だ。

ここには、漱石の（金田などの）経済人嫌い、細君への視線をはじめ、彼の人間観が「猫のこころを借りて」かわいらしい口調で示されている。

夏目漱石記念館を後にして近くの花菖蒲園を歩き、修善寺駅に戻りレンタカーを借りて土肥金山へ向かう。

土肥金山は大金山であった

伊豆の金山の中で最も古い土肥金山は、天正五（一五七七）年に発見された。江戸時代初期に大久保石見守長安が本格的に伊豆の金山開発に取りかかった。最盛期には金子《かなこ》たち（採掘にあたる者）の賃金は彼らの衣服や体に付いた鉱石の粉や泥を洗って取れるもので全て賄われたともいわれた。長安の死後は、特筆すべき金の本格的な生産はなかったようだ。長安の悲惨な最期については、既に本書の第7章、佐渡島の金山開発に関する箇所で触れた。

近代に入ってから昭和にかけての金の産出量では、土肥は佐渡に次いで第二位の地位を占めた。しかし昭和四〇（一九六五）年に閉山となり、その後の土肥金山は観光地として現在に至っている。総重量二五〇キログラムの世界一の巨大金塊、二二キログラムの千両箱の重量実感体験コーナー、約一〇〇キロメートルにも及ぶという坑道（一部）めぐり、土産物店では金箔カステラ・黄金抹茶・土肥金山まんじゅう・金箔入りコーヒーと、ツーリストが喜びそうなものばかりだ。坑道の最奥部にはホコラで、金山としては日本唯一の龕《がん》が置かれている。龕とは仏像を納める厨子《ずし》(安置するための収納具)らしい。

掘り出された金銀は近くの炉で精錬された。精錬所跡は「釜屋敷」と呼ばれる。伊豆半島で採掘された金銀のほとんどが土肥に運ばれ、早い時期からアマルガム精錬法で鋳金され地金となった。地金は千石船で、駿府と江戸に運ばれた。

土肥町教育委員会『新版・土肥の金山』は調査の行き届いた立派な刊行物だ。同書から次のような情報を得た。

明治になって、土肥金山株式会社が設立された。設立時に取締役として参加したハンス・ハンター(範多《はんた》範三郎、一八八四―一九四七)の父、エドワード・ハンター(一八四三―一九一七)は、嘉永五(一八五三)年にペリーの浦賀来航の折に船員として日本に来ている。エドワードは帰国後に資本を蓄えて再来日、神戸に住んで日本に帰化して日本女性と結婚した。エドワードは、たまたま範多姓で絶家になった事例があると聞いて戸籍を買い取り、範多商会という貿易会社を立ち上げた。日本生まれの次男ハンスは、英国の名門の王立鉱山学校(Royal School of Mines, Imperial College London)を卒業している。彼は大分県の鯛生《たいお》金山の近代化

土肥天正金鉱の龕
(提供:永田士郎)

にも貢献。ハンター親子の商事契約に対する誠意を『新版・土肥の金山』は称賛している。

土肥金山（株）は、昭和六（一九三一）年、地下湧水処理の技術問題が発生した折に住友資本を導入。同じ年、土肥のすぐ近くの清越《せいごし》鉱山も発見されて積極的な採鉱が始まった。

大仁《おおひと》鉱山と湯ヶ島金山

土肥を訪ねた三年後、伊豆半島の内陸を、大仁金山跡から下田街道（414号線）を南に走って、天城峠を越えて下田へ出たことがあった（2015.1.27〜29）。大仁は伊豆箱根鉄道の終点「修善寺」の二つ手前の駅だ。瓜生野《うりゅうの》にあった大仁金山も大久保長安によって江戸初期に開発されている。長安が活躍した後は、長く休山状態に入った。

一九三三年、金鉱山開発奨励策が国策となったため「帝國産金興業株式會社」によって採掘が再開された。坑内から温泉が噴出、公衆浴場が建設された。先に訪れた土肥でも坑内で温泉が出て、坑夫たちの入浴が盛んになった。伊豆の「地のめぐみ」だ。

昭和期の奨励策で金は増産されたものの、一九四三年には金鉱山整備令が出たため操業停止。戦後は採掘コストの上昇と資源枯渇もあり、一九七三年に閉山している。狩野川《かのがわ》の岸近くにコンクリート製の階段のような姿を残す浮遊選鉱場が、往時の姿を忍ばせる遺構になった。コンクリートの上段部に赤い文字の「伊豆温泉村　大仁金山」の看板が見える。

大仁から南に天城峠方向に進むと天城湯ヶ島金山跡だ。ここにも大久保長安の影があると言われる。しかし江戸初期についての詳しい歴史は不明のようだ。近代以降については、探してみると、湯ヶ島坑道やトロッコの線路が一部残されている。崩落寸前の管理棟や作業棟が辛うじて往時の姿を忍ばせる。

天城峠を越える

湯ヶ島から下田街道をさらに南に進むと難所の天城峠を越えねばならない。途中、井上靖の旧邸に立ち寄ってから、そのまま天城山隧道《ずいどう》に向かう。この旧天城トンネル（旧田方郡天城湯ヶ島町〜賀茂郡河津町）は、下田街道の改良工事の一環として明治三四（一九〇一）年に貫通、明治三七年には隧道として完成、翌年旧トンネルは無事に開通を見た。全長四四五メートル、幅員四メートル、トンネル両端の坑門と内部全体が切り石積で作られている。この石造り隧道はその長さと技術的な完成度の高さによって、平成一三（二〇〇一）年、道路隧道として初めて国の重要文化財に指定された。これを機に旧トンネル北口にあった「登録有形文化財　旧天城隧道」の石碑は踊り子歩道の方に移された。

このトンネルが完成するまでは南伊豆は陸の孤島同然であった。あとで触れる勘定奉行川路聖謨《かわじとしあきら》（一八〇一―六八）やタウンゼント・ハリスは、どのようにして陸路で天城峠を越えたのだろうか。このトンネルの開通によって、伊豆半島を内陸で南北に繋げたルートの経済効果は大きかったはずだ。河津町の人々の願いと熱意は、工事費用の四分の一を引き受けたことにも示されている。

旧トンネルの西側に造られた新天城トンネルは一九七〇年に完成した。

温暖な伊豆にふさわしい上原近代美術館

下田市に向かう途中、414号線から少し外れたところに上原近代美術館（二〇〇〇年三月開館、二〇一七年に「上原美術館「近代館」」と改称している）がある。須田国太郎、岸田劉生などの日本の洋画家だけでなく、日本画、さらにヨーロッパの有名画家の作品も多いと聞いていた。創設者は大正製薬の名誉会長の上原昭二である。

上原の考案による大正製薬の「ワシのマーク」が商標登録された後、「油絵でいい鷲の絵」を求めていたところ、知人に須田国太郎の『鷲』（一九四三）を教えられ、入手したという。上原は須田の絵に魅せられ、須田作品の収集を始めたそうだ。わたしは須田国太郎も好きなのだが、この美術館には岸田劉生の絵（『麗子微笑像』、静物）があり、それも観たかった。受付で尋ねると、いまは劉生の作品は展示されていないとのこと。確かに美術館は所有する絵をすべて展示しているわけではない。順次展示は入れ替えている。「京都から来たんですが、残念だな〜」とガッカリしていると、上原コレクションから約一四〇点の図版をエピソードを交えながら紹介する、上原昭二『絵画に魅せられて――上原昭二とコレクション』を教えて頂いた。

この美術館の主なコレクションは抽象画ではなく具象画であり、上原自身が自ら収集した作品ばかりである。実在感のある穏やかな絵画が多い。伊豆の山間にこのような美術館があるのは日本の地域文化の豊かさと奥ゆかしさを感じる。

この日は湯ケ野温泉 福田家に宿泊する。一高生の川端康成が泊まった宿だ。入り口近くに踊子らしき少女の像があり、「伊豆の踊子　湯ケ野温泉　福田家」との札がある。川端が踊子たちの太鼓の音に誘われて、河津川の対岸の共同浴場前に立つ裸の踊子の姿にビックリした部屋がこの宿の二階だという。

翌朝、宿を出て蓮台寺へと向かう。河津鉱山・蓮台寺鉱区を観るためだ。事前勉強が不足しており、どこを観ればよいのか見当がつかない。大正時代に久原鉱業が蓮台寺鉱山（河津鉱山）など、この付近一帯を買収して日本鉱業の株式会社日立鉱山の支山となった。戦前は、金・銀・銅などの採掘を行っていたが、金・銀などの品位がいまひとつ高くなかったこともあって一九六〇年ごろ閉山になっている。

蓮台寺鉱区は、いまはすぐ近くに民家が迫っている。坑道へと向かう道の入り口のバス停近くに、旧事務所とおぼしきバラック建てがあった。入り口に掛けられた木製の表札に「株式会社　ジャパンエナジー　河津鉱業所」とある。通りを隔てた低いコンクリート壁からは赤茶けたシミが浮き出ている。操業停止後の鉱毒処理がなされた後のシミだろうか。

吉田松陰の隠れの間

下田市蓮台寺には、吉田松陰（一八三〇―五九）が海外密航を企て潜伏していた漢方医師・村山行馬郎の家がある。伊豆急下田駅から遠くない所だ。松陰は嘉永七（一八五四）年三月一八日、黒船に便乗するために下田の蓮台寺温泉に到着した。外国情勢を知るための密航という直接行動だ。江戸の長州藩邸の雑役であった弟子の金子《かねこ》重之輔《しげのすけ》（一八三一―五五）が同道している。

すでに下田にはペリーが日米和親条約締結の国書の回答を受け取りに再航しており、非常事態のため奉行所は厳重警戒中であった。松陰たちは泊まるところもなく、共同風呂で夜を明かしていたところ、風呂で出会った村山医師が見かねて秘密裡に自宅に泊めた。村山は松陰が下田に来たわけを知り、驚いたものの、黒船乗船までお世話しよう、と二階の部屋を与え、階段を外して天井板を引いて完全な密室（「隠れの間」）にしつらえたという。医師村山行馬郎六九歳、吉田松陰二五歳。祖父と孫ほどの年齢差である（下田市教育委員会「吉田松陰寓寄処」解説）。村山医師は松陰と文明論や開国の是非を論じるうちに松陰の精神からまっすぐな熱気のようなものを感じ取ったのだろう。村山邸には「隠れの間」、風呂場などがそのまま残っている。

三月二七日深夜、松陰と金子は柿崎の弁天島付近から小舟で米艦（旗艦ポーハタン号）に接近したが乗船を拒まれた。下田奉行所に自首した松陰は、四月一五日、江戸伝馬町の獄に送られた。その後、長州に送り返され幽囚の身となり、松下村塾で若者への実践力を養う教育に携わるものの、安政六（一八五九）年、「安政の大獄」に連座して処刑される。松陰の熱烈な「公」の精神、天下はひとりの天下、つまり国家は天皇の支配であり、その天皇のもとでの国民の平等という過激な尊皇思想は、そのままでは時代が求める形に馴染まなかった。

松陰は特異の人であった。酒・たばこを嗜まず、囲碁将棋の類を弟子に禁じ、冗談も言わず、激しく語ることもなかった。しかし人には親切であったという。こうした例外的な人物は、ときに世の中に強い影響力を持つことがある。そこに畏敬の念は生まれうるが、陽明学への強い傾斜は現実からの遊離を生み出した。幕末に現れた傑物の中で、松陰は最もファナティックな雰囲気を醸し出す人物であり、次に触れる川路聖謨のように理想を抱きつつも実務をこなしうる人物とは対照をなした。
松陰が下田からの黒船密航に失敗すると、前章で触れたように佐久間象山は事件に連座して入獄し、文久二（一八六二）年まで蟄居している。

川路聖謨とプチャーチン

嘉永七（一八五四）年三月に締結された日米和親条約によって、下田は（箱館港とともに）開港され、米国からの艦船や商船が入港し、奉行所、水先案内、警備などの外国船への対応の体制が整った。ただ一八五八年に日米修好通商条約によって神奈川（横浜）港も開港されると、その後、下田は貿易港としての役割を終え、観光用の港となった。

下田というとペリーの黒船の話が中心になるが、日米和親条約が締結された一八五四年の一〇月一五日、ロシアのプチャーチン（一八〇三―八三）がディアナ号で下田に来航し、一一月三日に福泉寺で日露和親条約の第一回交渉を始めている。ところが交渉開始の翌四日朝、大地震が発生し大津波が下田を襲った。被災状況は正確には分からない。下田開国博物館発行の尾形征己『日本とロシアの交流――下田・戸田・富士からはじまった』は、「『伊勢町旧記』によると下田町は家数八七五軒のうち流失皆潰八四一軒、……」とその被害の凄まじさを記している。下田港に停泊していたプチャーチンのディアナ号も致命的な被害をうけて死傷者を出した。

津波の後、日露交渉は再開される。ディアナ号は修理のため戸田《へだ》に向かう途中で沈没したため、戸田で建造された代船でプチャーチン一行はロシアに帰っている。この間のロシア人乗組員たちの日本

川路聖謨　御家人の出で、閣老に列したわけではなかったが、壮絶な死に方で幕府と武士道に殉じた。

人津波被災者への救援、宮島村での日本人のロシア人への救助活動など国家という壁を越えたうるわしいエピソードも生まれたという。

プチャーチンと川路聖謨の相互の信頼と尊敬をベースにした交渉過程にも、また心を打つところがある。米国のペリーとの交渉が、ほとんど「強要」されたような形での条約の妥結に終わったのとは対照的であった。

筆者が川路聖謨をはじめて知ったのは、いまから四〇年前、中村隆英先生から薦められて佐藤誠三郎氏の論文「西欧の衝撃への対応——川路聖謨を中心として」（佐藤誠三郎『「死の跳躍」を越えて——西洋の衝撃と日本』所収）によってである。幕府への忠誠を終始忘れずに、危機の日本外交を担ったこのような「誠実なリアリスト」が幕末にいたことには驚いた。川路のように、軽輩の身から勘定奉行まで上り詰める人物を見つけ育てる人材養成システムが徳川日本にはあったのだ。川路という人物の思想と行動を明晰に論じた佐藤論文には感服した。

同論文で佐藤が注記しているように、川路は「朝敵の名の上ぬりをせぬ様にいたしたく」（日本史籍協会編「川路聖謨文書」）と考え、朝廷側への抵抗にむしろ反対であった。しかし、鳥羽伏見の一戦により多くの譜代諸藩が先を争って朝廷側に転向し討幕軍に参加したことに川路は我慢がならなかった。特に彦根藩が討幕の先陣に立っているという報に憤慨したという。

すでに外国奉行を辞していた川路は、勝海舟と西郷隆盛の会談によって江戸城の無血開城が決まった日に、割腹の上、ピストル自殺を図った。その最期は、吉村昭『落日の宴——勘定奉行川路聖謨』（講談社文庫）でも静かな迫力をもって描かれている。

川路聖謨は単に幕府の滅亡に絶望して殉じたというのではない。死の直前にロンドンにいた孫の太郎に「いか様にも生長らえて、日本・徳川の御為に力を尽くすべし」と未来への希望も托しているのだ。

伊豆猪戸《ししと》鉱山（加増野金山）、岩科学校、伊豆の長八美術館を訪ねた旅（2019.3.28〜29）について書く紙幅が尽きた。別の機会に譲りたい。

25　白神山地東の尾太鉱山跡から八甲田山麓へ

毎年恒例の同窓会を兼ねた鉱山跡踏査として、青森県の南西部から東の八甲田連峰の裾野を旅しようということになった。白神山地の尾太岳《おっぷ》北麓の中津軽郡西目屋《にしめや》村にある尾太鉱山跡付近を歩くためだ。

白神山地一帯は、「マタギ」と呼ばれる独特の生活形態を持つ人々の集落のひとつとして知られ、金属鉱石を精錬するときに使用する木材の供給地でもあった。一七世紀は銀山として、一八世紀後半からは銅山として栄えた地域だ。戦後は三菱金属鉱業（現在の三菱マテリアル）が経営する銅、鉛、亜鉛などの金属鉱山となった。しかし第一次オイル・ショック以降、経営は一挙に悪化、一九七九年に閉山に至っている。尾太鉱山で産出されたバラ色や紅色の「菱マンガン鉱」（ロードクロサイト）は、世界の鉱石収集家憧れの「レアメタル」のひとつとされる。

この地域に関心が向いたのには、日露戦争二年前の一九〇二年一月下旬、八甲田山雪中行軍の遭難事件が起こった場所だということもあった。遼東半島の領有権をめぐってロシアとの交戦は必至とみられる中、日本陸軍は、主戦場と予想される厳寒の満洲を想定した実験的訓練として「雪中行軍」を

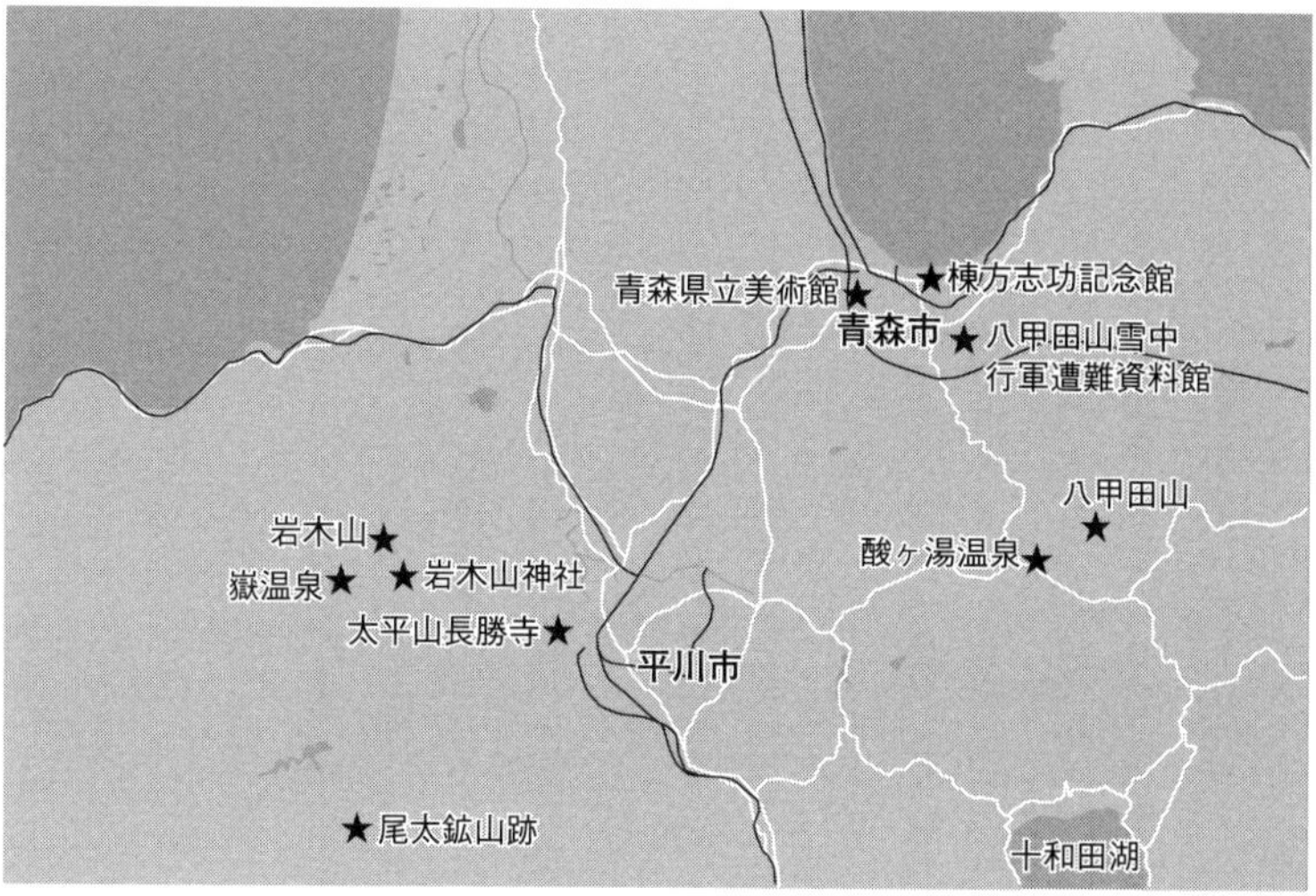

計画した。しかし日本陸軍第八師団歩兵第五連隊が、青森から田代温泉方面に向かう途中で猛吹雪と異常な気温低下に遭い、二一〇名の隊員のうち一九九名が命を落とすという悲惨な遭難事件が起こった。われわれの旅は紅葉が色づく頃であり、「白い地獄」と言われる猛吹雪の一月末を想像できるような時節ではない。

三〇年ほど前、新田次郎『八甲田山死の彷徨』を読んで、この事件の大筋を知った。小説では、軍隊における指揮命令系統の問題、明治の軍隊に残っていた士官学校出身者と教導団出との間の差別意識などにもメスが入っている。中央気象台での勤務経験がある新田次郎の苛酷な自然描写には圧倒された。

生存者が少なかったこともあり、事件の真実を明らかにすることは困難を極めたようだ。生存者の記憶による証言と医学関係者の検証に完全な一致があるわけではない。そのような条件で、フィクションとして事件を描いた新田次郎の力量は見事なものだ。

この雪中行軍遭難事件に関する資料を集めた施設がリニューアルされたことを知り、是非訪れてみたいと考えた。(2018.10.27〜29)

マタギの生活

正午過ぎに青森空港で関西組と東京組が無事合流。昼食を済ませて空港の傍でレンタカーを借り、岩木川ダム方面を目指す。尾太鉱山跡にはもちろんアドレスも電話番号もない。いちばん近いと思しき岩木川ダム統合管理事務所をカーナビに入れる。西目屋村中央公民館の展示写真を観るためだ。尾太鉱山跡だけでなく、山に生活の糧を求めた「マタギ」の姿を、公民館の展示としてではあるが現地近くで学べる。できる限り現場に近づくというのは大事だ。

マタギは、奥羽北部の冬季狩猟を専業とした人々を指す。いわゆる「かりゅうど」は東北地方以外では、狩人、鉄砲撃ち、猟師などを意味する日常語として用いられるが、マタギは固有の伝統を持つ社会集団である。ほぼ定まった集落に居住し、狩猟、林業、炭焼きなどで生活し、固有の狩猟儀礼を一九二〇年代まで厳しく維持、継承してきたという(山口弥一郎「東北地方に於けるマタギ集落の機構とその変遷」『地理学評論』一八巻二号〔一九四二〕)。

展示によると、江戸時代は熊皮や熊の胆《い》を津軽・秋田藩に納め、その見返りとして米を得ていたとある(江戸時代でも猟師は鉄砲の所持・使用が認められていた)。明治維新後、藩への熊の献上がなくなり、熊の狩猟はマタギ集団内の自家消費のためのみとなった。収入源の一部がテンやムササビの狩猟で支えられるようになったのは、軍の北方進出と関連しているとされる。北海道や東北で、兵士が寒中で纏う野生動物の毛皮への需要が高まったからだ。

狩猟に用いる村田銃に装塡するタマをマタギは自分たちで作った。ストーブの上で鋳皿に銅を流し込んで液体にして、タマヅクリの穴に注いだと解説されている。館内にはその他民具も含め、さまざまな生活調度品が展示されている。

弘前の南西約三〇キロ、標高一九〇メートルの砂子《すなこ》瀬《せ》・川《か》原平《わらたい》の両地区では併せて約六二〇名、一七九世帯のマタギが生活していたが、津軽ダム建設のために平成一三（二〇〇一）年に移転を余儀なくされた。ちなみに川原平のマタギ、米沢万次郎家には、本書第9章で触れた菅江真澄が逗留した。

古いダムが水没し、新しいダムが生まれる

岩木川ダムと呼ばれるのは、黒石市の浅瀬《あせ》石川《いしかわ》ダムと西目屋村の津軽ダムの二つだ。竣工したばかりの津軽ダムは、建設に当たって「世界自然遺産白神山地」と調和するデザインを目指すという方針で進められた。確かに美しい。あたりは展望台や遊歩道のある公園になっている。ダムの高さは一〇〇メートルもあろうか。

津軽ダムは、一九六〇年に完成した目屋ダムの再開発事業として新たに建設された（竣工式は二〇一六〔平成二八〕年一〇月一六日）。この大きなダムの誕生によって目屋ダム自体は水没した。管理事務所の説明板によると、目屋ダムは五六年間、岩木川を洪水から守り、津軽地方の発電と灌漑に貢献してきた。だが計画高水流量を上回る洪水にしばしば見舞われたため、高さが目屋ダムの一・七倍に達する優美なダムが白神山地の玄関口に建設された。

岩木川上流の津軽ダムの完成によって湖が誕生し、目屋ダム時代の人造湖「美山湖」ではなく、「津軽白神湖」という新しい名前が付けられた。浅瀬石川ダムが一九八八年に建設されたことにより、沖浦ダムもやはり水没している。

同行のM先生の話によると、われわれのように鉱山跡を訪ねて回る「廃墟マニア」もいるが、ダムを徹底的に巡り歩く「ダム・マニア」も少なくないという。ダムの歴史、型式と構造、周辺の環境についての知識には実に奥深いところがあり、その世界に踏み込むと出られなくなるそうだ。

尾太鉱山跡を探す

ダムと湖の自然の調和に感心しつつ尾太鉱山跡を目指す。だが、このあたり、と目星を付けた方向への山道が途中で「通行止め」になっている。西目屋村中央公民館の展示には「砂子瀬から湯ノ沢川をさかのぼると尾太岳（一〇八三・四メートル）がある」とあった。ごく近くまで来ていることを知りながら無念の撤退を余儀なくされる。

尾太鉱山では銅イオンを多く含む排水の問題が発生し、下流の弘前市でも水質汚染が起き、県は溜まった鉱滓《こうさい》（鉱石を溶錬する際に出る非金属性のカス）を処理する処分場を造ることになる。閉山後は坑道の入り口は圧力密閉されたらしい。いずれにしても、鉱山跡にもはや近づけないことは確かだ。

中央公民館の展示で見たことを、以下簡単に要約するにとどめる。

尾太鉱山は戦前から幾度か経営母体が変わっている。戦後、三菱金属鉱業が買収し「尾富鉱業株式会社」が設立された。一九七〇年ごろの最盛期には坑道も総延長七〇キロメートル以上に伸び、地下に選鉱所ができるほどの大鉱山となった。展示写真を見ると、大きな購買所、ユニフォームもある野球部、芸能クラブがあり、その活況ぶりは今ではとても想像できない。尾太会館という鉱山従業員のための立派な集会所もあった。

購買所は、鉱山で働く人々とその家族が食料や日用品を入手する重要な場所であった。写真で見ると、品ぞろえが多く、現代のコンビニを大きくしたような店舗だ。弘前まで買い物に行く必要はなく、むしろ弘前から多くの業者がこの購買所へものを売りにやって来たという。こうした従業員向けの建物もいまはすべて跡形もなく消えている。何か形跡らしきものが見つからないかと周辺を歩き回ってみたが何もない。

達成感のないまま嶽《だけ》温泉の宿に向かう。嶽温泉郷は弘前岳鰺ケ沢線を西へと進んだところ、岩木山の麓に位置する温泉宿の集落である。源泉は六〇℃以上というから湯舟の温度はちょうどいいくらいだ。源泉かけ流し。わずかな湯の花があり、硫黄の匂いがして湯がやや白濁しているのはわたしの好みだ。

夕食はいわゆる温泉旅館の夕食ではあったが、品数が多すぎないのがいい。最後に出た、具たくさんの炊き込みご飯、「マタギ飯」はいい味だ。思わず「大輪菊盛」を呑み過ぎそうになったが、病後の五年間の断酒時代を思い出し、眠気も味方してくれてリタイアを決める。

岩木山神社と長勝寺で拝む

嶽温泉郷から津軽岩木スカイラインを通って岩木山を目指す。途中リンゴ畑が延々と続く。青森の西洋リンゴの栽培は明治新政府による士族授産事業として始まった。新体制の下、「禄」（家禄・賞典禄）を強制的に取り上げられ、定収入を奪われた士族への新事業の立ち上げと雇用機会の創出が目的であった。地租改正によって土地の所有権を否定された士族は経済的な独立を図るために幾多の辛酸を嘗めたが、廃藩置県によって藩の債務から解放されたという側面もあった。金禄公債の金利は低く、多くの旧氏族は公債を売却して新事業に打って出たものの、それもうまく進展せずに終わったケースも少なくない。

青森のリンゴのように、士族授産事業を契機としてその後の地方の特産品となった例も少なくない。静岡のお茶、福岡の久留米絣、名古屋の養鶏などもそうした例であろう。青森のリンゴの場合、よりうまい品種を開発しようと、虫害とたたかいながら「青森のリンゴ」のブランドを確立していった企業家精神は見逃せない。

昔、萩を旅した時にも同じような士族の苦境と努力を知った。萩の史跡を自転車で走り回っているうちに、民家の庭に柑橘類の樹木が多く、空き地に夏みかんが沢山ころがっているのに気づいた。土産物屋ではビン入りの夏みかんジュースが沢山並んでいる。「なぜ萩に夏みかんが」と尋ねると、維新後も萩にとどまった一部の士族の救済事業として、夏みかん栽培が推進されたという。「萩の乱」は明治九年一〇月末に起こっているが、同じ年、夏みかんの種をまき、翌年苗木に接ぎ木をして育て士族に配ったという。西洋リンゴや夏みかんの本格的栽培も秩禄処分がもたらしたものなのだ。

目指す岩木山神社は岩木山の南東に位置している。岩木山は津軽平野のどこからもその美しい姿が眺められる火山だ。明治以降の噴火の記録はない。案内書を見ると、北東の巌鬼山《がんきざん》、中央の岩木山、南西の鳥海山の三つの峰があり、それぞれをご神体としており「三所大権現」と呼ばれる。「本地垂迹説」によってそれぞれに阿弥陀如来、十一面観音、薬師如来が割り当てられていたが、明治維新の「神仏分離」によって寺院は廃止された。現在の社殿群は弘前藩主津軽家が造営したものだ。拝殿、楼門、本殿は一七世紀に建てられている。

参道の入り口にある境内配置図を見ると神社の全体の構造がよくわかる。本殿の遥か先、岩木山の頂上付近に「奥宮《おくみや》」がある。奥宮の方が、麓の神社の本殿（下居宮《おりいのみや》）よりはるかに古いらしい。麓の第一の鳥居から眺めると山頂の奥宮が真正面に位置していることが分かる。奥宮まで行かねば参詣したことにならないはずだ。同行四名のうち、奥宮を目指そうとする熱意と体力のあるものはいない。遥拝ということで衆議一決。

弘前市に入ると、歴史都市だけあって名所旧跡があまりにも多い。説明は観光案内書に譲るが、一六世紀前半に創建され、弘前城の築城によって寺町（禅林街）の奥に移された津軽家の菩提寺、長勝寺（曹洞宗）については触れておきたい。三門、鐘楼、庫裏、本堂、といずれもその静かな佇まいにはある種の霊気を感じる。京都の寺社とは趣きの異なる素朴さだ。本堂奥には色鮮やかな藩祖津軽為信の木像を祀った御影堂《みえいどう》、本堂の南には津軽家霊屋《たまや》がある。

弘前城は桜の季節にぜひ訪れたいと思いつつその願いは未だ実現していない。一番美しいのはゴールデン・ウィーク頃らしいが、その人混みを想像すると二の足を踏んでしまう。今回も紅葉の季節の訪問となった。弘前市内の名所をさらにいくつか回ってから、八甲田山の大岳の西に位置する酸ヶ湯《すかゆ》温泉旅館へと向かう。

八甲田山は十和田八幡平国立公園の北部の連峰の名（北八甲田）で、主峰大岳、井戸岳、赤倉岳など一五〇〇メートル級の十余の山の総称だ。宿泊した酸ヶ湯温泉旅館本屋は、主峰大岳の西の麓に位置する大きな宿だ。一六〇畳といわれる大浴場の「ヒバ千人風呂」で知られる。中国の「白髪三千丈」ではないが、「千人風呂」という名は大袈裟だ。天井は高くて確かに大きい。暗めの照明のために大きく見えるのかもしれない。男女混浴の浴槽は一応区切られている。泉温五〇℃、硫黄の香りも十分だ。風呂の帰りに宿の玄関付近を通ると、「混浴を守る会」という札が下っている。

八甲田山雪中行軍遭難資料館と幸畑陸軍墓地

翌朝は宿の前で、「へばの　まだ来いへ　まめしぐの　酸ヶ湯」と書かれた大きな幕を広げて番頭さんと記念撮影をする。「それでは　またおいでください　おげんきでね　すかゆ」という意味だそうだ。この言葉に限ると、京都と津軽の言葉の距離は、ドイツとオランダ、スペインとイタリアの間以上だと改めて知る。

次に目指すのはいよいよ八甲田山雪中行軍遭難資料館と幸畑《こうばた》陸軍墓地だ。先に触れたように、対ロシア戦争を想定すると寒地装備、寒地訓練が不足していると判断した陸軍は、第八師団青森第五連隊が青森から南下し八甲田山麓へと至る訓練のための行軍計画を立てた。同時に、弘前第三十一連隊が少人数の別動隊として、弘前から逆ルートで十和田湖の南をまわって青森を目指し、途中で両連隊がすれ違うという設定であった。

ところが田代温泉を目指した青森第五連隊は途中、観測史上まれに見るマイナス三〇℃という低温と猛烈な吹雪に遭い、田代温泉のわずか一キロメートル手前で、道に迷い数日山中をさ迷い、隊員二一〇名中一九九名が命を落とすという無残な遭難事件となった。逆ルートで進んだ弘前第三十一連隊は、寒気と吹雪とたたかいながらも全員何とか青森に到着した。

この事件に関する事実認定については一部未だに見解の一致を見ていない。資料館にも、医師の松

第八連隊の一部捜索の光景（上）と八甲田山の一峯前嶽の麓における捜索の光景

（提供：上下ともに八甲田山雪中行軍遭難資料館）

木明知氏の研究書『八甲田雪中行軍の研究』、『雪中行軍山口少佐の最期』、同氏編著『八甲田雪中行軍の医学的研究』、あるいは川口泰英『雪の八甲田で何が起ったのか——資料に見る〝雪中行軍〟百年目の真実』などの研究書が事務所近くの書架に並べられている。一部を購入し、品切れになっている書物は、事務所の方が親切にも主要部分のコピーを下さった。

新田次郎『八甲田山死の彷徨』はいわゆるノンフィクション小説である。だが作者が入手できる範囲での資料をベースに、想像と推論を織り交ぜながら書き上げている点で、研究書にはない迫力がある。例えば、平民で教導団出の将官が抱く、士族で士官学校出身の将官への弱気な姿勢、単に随行の立場にあった士官学校出が、行軍中に高圧的に教導団出から指揮権を奪い去る過程、あるいは、上官の中に、「物象を無視して、精神主義だけに片寄ろうとする傾向」があったことなど、現代のわれわれでも想像がつくような軍隊内の「空気」が巧みに描かれている。

遭難した青森第五連隊が、土地の案内人を断ったのに対して、弘前第三十一連隊は案内人の女性の先導でなんとか切り抜ける。小説の中ではあるが案内人を断る士官学校出の少佐の言葉、「お前等のように案内料を稼ぎたがる人間どもより、ずっと役に立つ案内人を軍は持っている。見せてやろうか。ほれこれは磁石というものだ」「磁石と地図があれば案内人は要らぬのだ」は、経験から得た知恵や知識を無視するエリートの傲岸さを示している。実際、磁石は極寒状況では使えない物体であり、深い雪で覆われた暗夜では地図は何の役にも立たないのだ。

幸畑は、当時の青森屯営からは平坦な道で三キロメートル離れており、青森平野の南辺に位置している。資料館の隣の幸畑陸軍墓地には、八甲田山で遭難死した青森第五連隊の兵士一九九名の墓標がある。近くに雪中行軍遭難六〇周年記念「生存者合同墓碑（一一名）」も建てられている。昭和三七年六月九日建立とある。近隣住民による慰霊祭は一九六〇年代から始まり、事件後一〇〇年を経た二〇〇二年まで続いた。

丸山泰明『凍える帝国――八甲田山雪中行軍遭難事件の民俗誌』（青弓社）に、第八師団内部の誤った判断に対する次のような厳しい記述がある。

> 新田次郎が聞いた話に出てくる兵舎に訪れる幽霊は、『靖国神社に合祀されることになった』と聞いて、その夜から姿を消した。だが、実際には靖国神社に合祀されていない。だから、いまだに現われ続けるのだろうか。いや、そもそも、恨みを残してこの世に訪れる兵士たちの幽霊は、靖国神社に合祀されれば、果たしてあらわれなくなるのだろうか。（二三九頁）

棟方志功と太宰治のやり取り

酸ヶ湯から八甲田山ロープウェー山麓駅前までは車で一〇分くらいだ。ロープウェーで、田茂萢《たもやち》岳の山頂公園に着くまでの一〇分間、眼下に広がる色鮮やかな紅葉を見ていると、厳寒の「白い地獄」を想像することは難しい。

山頂付近を散策した後、八甲田・十和田ゴールドラインで青森市方面に戻り、棟方志功記念館に向かう。ところが月曜は休館とある。そこで三内丸山遺跡のすぐ近くにある新しい青森県立美術館に入る。幸運にも丁度、「昭和十四年『青森県出身の在京藝術家座談会』の芸術家たち」という特別企画

棟方志功　ベートーヴェンが大好きで大音響でレコードをかけ、口ずさみながら版画制作に励んだ。

展が開かれていた。その展示に棟方志功と太宰治についての面白いエピソードがあった。

座談会は東奥日報社が主催したもので、一九三九年一〇月発行の雑誌『月刊東奥』（第一巻第九号）に掲載された。東京で活動していた三一名がこの座談会に参加している。これだけ多く集まれば、ひとりの発言時間は限られていたであろう。この大座談会は長部日出雄『鬼が来た——棟方志功伝（上）』（文藝春秋）でも紹介されている。冒頭「小さな火花」に、自己紹介の場面の長部ならではの見事な描写がある。太宰と棟方の性格を端的に表わしているように思うので書き出しておきたい。

太宰はおずおずと口を開いた。

「私は小説を書いている太宰治であります。北部金木町生まれで、本名は津島修治……」

途中から急に声が低くなって、語尾が口の中に消えてしまった。そのとき上座から、棟方志功が大声で叫んだ。

「聞こえません。もういっぺん高くいって下さい」

途端に太宰は、それまでの鬱憤を爆発させた。

「うるせえ、黙ってろ！」

太宰はいきり立った表情で、椅子に腰を下ろした。

二人の性格とその場の状況を推測するに十分なエピソードだ。この座談会を全部読む機会はないが、同じ土地で育った芸術家でも、ここまで違うのかと驚く。しかしよく考えてみると同じ親を持つ兄弟姉妹でも、性格や才能が対照的なこともある。だが棟方と太宰の年譜を読むと、その生と死の形のあまりの違いに改めて驚く。棟方志功は一九七五年九月、七二歳で肝臓がんのために亡くなった。二カ月後、青森市三内霊園に納骨、青森市民葬が行われている。

26 石見銀山跡を再訪、柿本神社を拝観し津和野へ

大航海の時代に拡大した世界の貿易圏で、特に一六世紀、国際通貨として銀が演じた役割は大きかった。日本の朝鮮・中国貿易が、ポルトガル人の仲介によって日本銀の中国への大量流出を招き、一六、一七世紀の銀の国際市場に大きな影響を与えた点を考えると、石見大銀山の世界経済史上の意義を無視することはできない。当時の日本はイエズス会の神父たちから「銀の島」と呼ばれていた。ベルギーのアントウェルペンで一五九五年に作成された「ティセラ日本図」には、Hivami（石見）のところにArgenti fodinae（銀鉱山）と記されているという。ちなみにティセラは数学者でもあったイエズス会の宣教師である。

石見について書かないと、確かに日本の銀が当時のグローバル経済に与えた影響力を理解できないことになる。石見にはすでに一度訪れている（2011.3.23〜24）。しかしその時のメモや資料、移動の記録、写真はどうも不十分だ。研究所の管理職で多忙であったこともあり、二〇一一年は日記をつけていなかった。この最初の旅は、わたしが病に臥せる前で、宿で夕食後に酒を楽しみ、同行の先生たちと遅くまで歓談、メモや資料の整理も放り出し崩れるように眠るという始末だった。

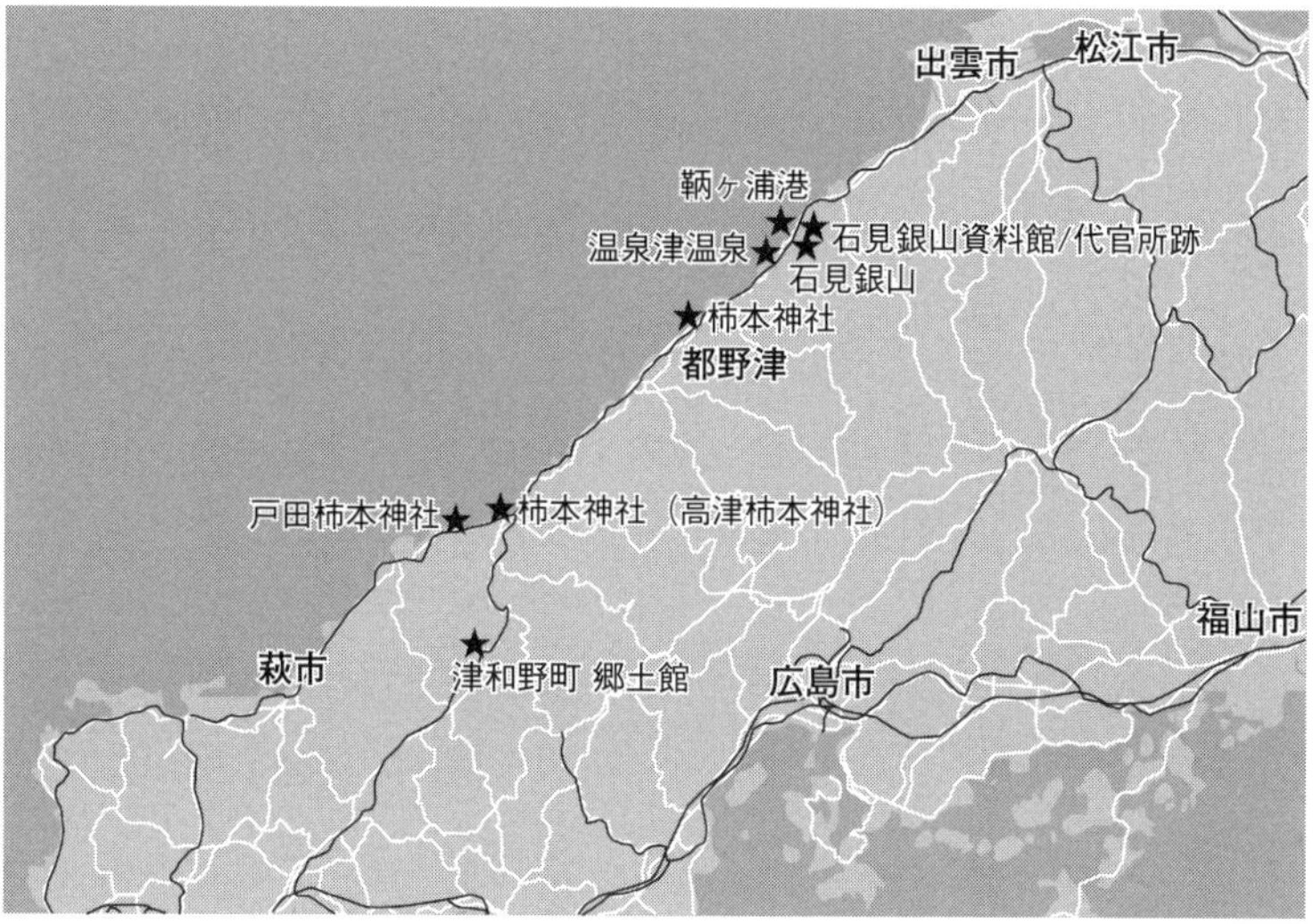

そこで一念発起して、石見と温泉津《ゆのつ》温泉、そして津和野をもう一度訪れることにした（2020.9.28〜30）。この石見再訪によって、前に気づかなかったことがいくつか分かり、改めて歴史の奥深さを味わうことができた。

石見銀山の歴史は、最初の旅で入手した仲野義文（石見銀山資料館館長）監修の『世界遺産　石見銀山を歩く』に美しい写真（穂坂豊）と共に簡潔に解説されている。銀山全体を知るのに格好の案内書だ。

石見では、一五二六年ごろに銀鉱石が発見され、博多の豪商神谷寿禎が「吹工」を伴って来山し、銀の精錬に成功したとされる。朝鮮から銀の画期的な精錬法、「灰吹法」が導入されたのだ。戦国時代の大内・尼子・小笠原・毛利氏による激しい銀山争奪戦が展開され、最終的には毛利元就が領有権を獲得した。

軍事的支配の柱のひとつは金銀鉱山の領有にあった。徳川家康は、関ヶ原の戦いが終わるとわずか一

○日で石見銀山を幕府の直轄地としている。だが石見銀山は、江戸初期に最盛期をむかえた後は採掘量も減少の一途をたどり、再び良質な銀の主要鉱山として数えられることはなかった。

都野津柿本神社に立ち寄る

新幹線広島駅でY先生、M先生と無事に落ち合い、駅構内で簡単な昼食を取り、駅近くでレンタカーを借りて一路北の石見へと向かう。わたしが石見も津和野も二度目だということで、同行の先生方が、「少し遠回りになっても、どこかに寄りましょうか」と気を遣ってくれる。

思いつくところがあった。わたしが一〇年間勤務した日文研の創設に尽力された梅原猛先生の『水底の歌』（新潮文庫）は、多くの人に読まれた柿本人麻呂論であるが、その人麻呂を祀った神社を見てみたいと思った。柿本神社は兵庫県明石をはじめ全国にいくつもある。調べると島根県内にも少なくとも三つ存在する。同行諸氏の同意を得て、まず江津市から山陰道を浜田の方へ向かう途中の都野《つの》津《づ》柿本神社を訪ねることにした。JR山陰線の都野津駅から遠くない位置だ。

探し出すのに少し苦労したが、車を停めて人家の間を歩いていると角地に小さな神社が見つかった。予想したより地味な佇まいだ。祭神は柿本人麻呂と妻の依羅娘子《よさみのおとめ》となっている。

境内の案内板には、石見の国司（？）の一員だった人麻呂が勤務地を去る際、依羅娘子が別れを嘆いた歌一首（『万葉集』巻第二、140）と、人麻呂が死んだとき依羅娘子が詠んだ歌二首（巻第二、224、225）が記されている。挽歌二首のうちのひとつ、「直《ただ》の逢ひは逢ひかつましじ石川に雲立ち渡れ見つゝ偲《しの》はむ」（225）は心を打つ。せめて魂が雲になって石川に立ち渡って下さいと。この

「石川」がどこなのか、専門家の間で論争があるらしい。江の川の上流とも言われる。

境内には、人麻呂が石見の妻と別れて京へ上る時の歌、「石見のや高角山の木の際《ま》より我が振る袖を妹見つらむか」（巻第二、132）と刻した碑がある。犬養孝の揮毫とある。大阪大学におられた犬養孝先生だ。わたしが同大学に赴任する少し前に先生はすでに退官しておられたが、何かの集まりでお会いしたことがあり、万葉の歌を朗唱されたのを憶えている。恒例行事となっていた犬養先生の「大阪大学万葉の旅」に参加した学生は延べ数万人になるといわれる。先生の学問と教育への情熱には頭が下がる。

都野津柿本神社の説明板には「人麻呂の松」についても記されている。人麻呂がこの地に仮寓した記念に植えたという口碑によって、「人麻呂の松」と呼ばれるようになったようだ。樹皮の薄いアカマツのような、高さ一三メートルもあった老木だ。樹齢は推定八〇〇年以上という。老朽化のために平成九年に伐採され、その一部が保存展示されている。太くて大きい。

再び車を走らせ、石見の銀鉱石の積出港のひとつであった鞆ヶ浦《ともがうら》港を目指す。車窓から眺めていると、江津市一帯は赤褐色の屋根瓦の家が多い。薄い柿色の石州瓦だ。四〇〇年ほど前に浜田城の天守閣の屋根がこの瓦で葺《ふ》かれたのがはじまりとされる。高温で焼かれており寒さに強く、防火に対しても耐久性が高いという。ちなみに浜田藩は、長州藩に対する幕府側の山陰の「押さえ」の砦とされていた。

鞆ヶ浦
（提供：四方田雅史）

鞆ヶ浦を散策する

石見銀山の仙ノ《せんの》山《やま》から北西の方向へ六キロほどの鞆ヶ浦は、銀山から最短距離の積出港であった。もうひとつの重要な積出港は温泉津である。鞆ヶ浦港に至る銀山街道は鞆ヶ浦道と呼ばれた。鞆ヶ浦には博多から銀鉱石を求めて来航する商船だけでなく、中国や朝鮮からも商船が乗り入れ、文字通り国際貿易港となっていた。

一六世紀から近代に至るまで、中南米、ヨーロッパ、中国との間で銀を支払い手段とする巨大な貿易ネットワークが形成されたことは世界経済史の研究が教えるところだ。銀が生み出した、スペインを覇者とする「グローバル・エコノミー」の出現である。米国の経済史家フリン教授（Dennis Flynn）は、一五〇〇年からの三〇〇年間で、メキシコとペルーの銀鉱山から採掘された銀は世界の銀採掘の八割近くを占め、その三割は貿易で中国へ流入したと推計している。しかしフリン教授は、一六世紀後半と一七世紀初頭の日本から中国への銀の流出に限ると、その量は突出していたと指摘する（『グローバル化と銀』）。まさに石見が大量の銀鉱石を採掘して灰吹法で製錬していた時期である。この期間、日本は中国から主に生糸と金を輸入するために銀で支払い、朝鮮からは朝鮮国内で通貨の役割を果たしていた木綿布を輸入した（小葉田淳）。貿易は中国商人との取引だけではなく、ポルトガル人、あるいはイスラム教徒を介する取引もあった（銀の国内と国外の流通の実態については本多博之『天下統一とシルバーラッシュ――銀と戦国の流通革命』吉川弘文館）。清帝国（一六一六―一九一二）以来、一九三〇年代まで、中国が基本的に銀本位制の国であったことは、この大量の銀の中国への流入を考えれば自然な制度であった。

鞆ヶ浦港の付近一帯はリアス式海岸で、入り江や洞窟、奇岩が多い。江戸も初期を過ぎて銀の輸出が減少すると、港は中世の港湾の姿を留めたまま漁港となった。港の北には石見鉱山開発の功労者、神谷寿禎が奉納したとされる弁財天を祀った厳島《いつくしま》神社がある。四〇〇年前の賑やかさを想像すると、「この世の栄光、過ぎたることかくの如し」という言葉が浮かんでくる。

湧き出たままの温泉津温泉の外湯

温泉津温泉には午後五時過ぎ、まだ明るいうちに到着できた。ここは石見銀山の外港として栄えた温泉町である。ほぼ一〇年ぶりであったが、谷を切り拓いたような長い通りを歩くと記憶が次第に蘇って来る。町家、廻船問屋、温泉旅館、寺社などの街並みは観光によって少しも壊されていない。港の近い、古くからの温泉街という雰囲気だ。

温泉津温泉には、「元湯（泉薬湯）」と「薬師湯」の二つの外湯がある。この温泉の由来として、一四〇〇年以上前、湯煙の中で一匹のタヌキが、幾日も傷口を湯につけ続けたあと姿を消し、その後、お湯がこんこんと湧き続けたという話が伝えられている。温泉の歴史によくある説明だ。キツネや猿、鹿のバージョンがあるが、やはりタヌキがいい。

源泉温度は四八℃。源泉と元湯の浴槽との距離は二、三メートル程度であり、使用位置（つまり浴槽温度）では四二〜四六℃となる。温泉津温泉の外湯は、源泉に一切手を加えていないのが特色だという。加熱、冷却もない。文字通りの「自然湧出泉」なのだ。

宿に着くと、とにかく湯に何度もつかりたいという気持ちになる。単なる欲張りということなのだが。まずは、薬師湯から湯を引いている内湯を一巡し、そのあと外湯の元湯の方に向かうことにした。鉄分が酸化し、淡茶褐色の堆積物が浴槽の縁に付着しており、足を取られそうなヌルヌルした床は素朴な温泉の姿だ。

夜の食事は日本海の海鮮を中心にした料理だが、牛肉もいい味だ。宿は十数年前にリニューアルされており、古い建物が多く残るこの辺りでは目立って新しい。

銀山資料館で観た福面《マスク》

宿の朝食を済ませて大森地区へ向かう。大きく分けると石見銀山は大森地区と銀山地区に分かれる。「銀山柵内《さくのうち》」を中心とする銀山地区は、重要伝統的建造物保存地区の大森地区の南に位置している。一六世紀から二〇世紀前半まで操業されていた銀鉱山の本体である「銀山柵内」は、江戸時代のはじめから柵で囲まれ、厳重な監視下にあった。「銀山柵内」の西側から東の日本海の温泉津（沖泊）の港へと至る道は温泉津沖泊道と呼ばれ、歩くと港まで五時間以上かかる山道である。

まず大森代官所敷地内にある石見銀山資料館を訪れた。建物は、明治三五年に建てられた邇摩《にま》郡役所を利用したものだ。資料館の入り口に、「石見銀山ではマスクを『福面』と言い、着用するのが当たり前でした」と書かれている。館内に「福面の図（模写）」が示されている。坑内の粉塵を遮るため、備中国笠岡の医師宮太柱が考案した、少し凝った構造のマスクだ。幕末に描かれたものだが、「マスクを描いた恐らく世界最古の資料」と解説にある。

鉱山技術は、銀鉱石の採掘から製錬までの作業を絵画形式で描いた「石見銀山絵巻」（総延長二四メートル）からも学べる。石見は一時期、人口二〇万を数えたと『石見銀山旧記』にはあるという。これは過大推計であろうが、相当の人口集積があったことは確かだ。石見のような大銀山については、さまざまなリサーチがなされており、外国語文献も少なからずある。小葉田淳先生の英字論文も英国の経済史の専門誌 *The Economic History Review* (New Series Vol.18.No.2, 1965) に掲載されている。

石見の初代銀山奉行は、本書の佐渡（第7章）や伊豆（第24章）の金銀山ですでに登場した大久保長安（一五四四—一六一三）であった。長安は、検地の実施、大森町の建設、道路の整備など銀山支配のインフラ的な基礎を作り、シルバーラッシュをもたらした。猿楽衆大蔵大夫の息子であった大久保長安が寄進した能面箱の展示もあった。

資料館を出ると、大森代官所の近くに、銀山の坑夫と祖先の霊を供養する石室山羅漢寺（高野山真言宗）があった。盛岡の報恩寺でも五百羅漢を観た。ここ石見の羅漢寺は、一八世紀後半の明和年間に二〇年ほどかけて完成したとある。阿羅漢は世間一般の人間を超越してはいるものの、仏や菩薩の境地には達していない。薄暗い内部に密に並んだ羅漢さまの表情を見ていると、さまざまな人間が求める救済への切ない願望が伝わってくるような気がする。

石見銀山龍源寺間歩
（提供：島根県観光連盟）

石見銀山の中心街とも言える大森地区は幕府直轄地（四万八〇〇〇石）であった。銀山川に沿って銀で栄えた商家や代官所地役人の豪邸が立ち並ぶ町は、ゆっくり歩くと一時間くらいはかかる。銀山地区を龍源寺間歩まで歩くとさらに一時間という距離だ。

運良く、電動のカート車両を大森代官所跡前から龍源寺間歩を無料で走らせる事業が実験運行中であった。腰痛もあって歩行が面倒になりつつあったので、こうしたサービスは有り難い。

龍源寺間歩は大久保間歩に次ぐ規模だ。入り口付近で思い出したことがあった。石見を初めて訪れた二〇一一年春は、「石見銀山遺跡とその文化的景観」が「世界遺産」に登録されて三、四年しか経っていなかった。観光客がもっともよく訪れる龍源寺間歩の、全長六〇〇メートルの地下坑道（一般に公開されているのは一五〇メートル程度）を見ようと、受付で求めたチケットを係りの人に渡そうとした。するとボランティアらしき老人が、どこから来たのと尋ねる。われわれがそれぞれ京都、千葉、岡山からだと答えると、「世界遺産て言ったって、中には何にもないよ」と笑いながら言う。こういう無気力には好感が持てる。とかく観光地化してしまうと、「在るがまま」ではなく、「演出したもの」を見せようとテンションが高まってしまうからだ。

高津柿本神社を参拝して津和野へ

先に訪れた江津市の都野津柿本神社は、殺風景なくらい地味なものであった。益田市にも柿本神社が少なくとも二つある。「本社」とも呼ばれる高津柿本神社と戸田柿本神社だ。「本社」を訪ねてみようということになった。益田駅からそれほど遠くはない丘陵地を背に建てられた神社だ。本殿に至る長い石段を上り詰めて楼門をくぐると、左側奥に社務所があり、老婦人が悠然と座っている。呼び止められたY先生たちは、この婦人から厳しいお説教を交えた神社の来歴の説明を律義に聴いている。わたしは途中で失礼して境内をうろうろ探訪。神社の案内板の地図に「梅原猛記念碑」とあるのを見つけた。万葉植物園への道のすぐ傍に石碑はあった。「柿本人麻呂 終焉之地鴨島 遠望台 梅原猛」と刻されている。梅原先生の筆跡のようだ。人麻呂は鴨島で刑死（水死刑）したとする先生の説は、ロマンを求める多くの歴史愛好家から熱烈に歓迎された。

柿本人麻呂が、どこで、なぜ亡くなったのか、そもそもどのような官暦の人物であったのかは不明だ。神社の「御案内記」には次のように説明されている。聖武天皇の勅命によって終焉の地である鴨島に人麻呂を祀る小社が立てられたが、三〇〇年後の万寿三（一〇二六）年の大地震で鴨島は海底に沈んだ。ご神体も津波で流され、現在の高津松崎に漂着したという。その後地元の人々によってこの高津松崎に「人丸神社」が建てられた（地元では人麻呂を「人丸さん」と呼ぶことが多いそうだ）。更に六〇〇年後、老朽化による破損が進んだため、一六八一年に津和野藩主亀井茲親《これちか》によって、ここ高角山（高津城跡）に移築された。拝殿は、津和野城から参拝できるようにと津和野の方を向いている。

本殿は江戸中期に造営されたものだ。

　高津柿本神社をあとにして、少し急ぎつつ津和野へと向かう。津和野といえば大国隆正、森鷗外、西周、山辺丈夫など多くの人材を輩出した外様の小藩だ。津和野には、大きな手術の後、つかの間の小康を得ていた家内と訪れたことがあった。

　心に沁みたのは、藩校養老館の庭に立っている「森鷗外遺言碑」だ。鷗外が「少年ノ時ヨリ老死ニ至ルマデ一切秘密無ク交際シタル友」、賀古鶴所《かこつるど》（一八五五―一九三一）を死の三日前に自宅に呼んで、口述筆記させた遺言だ。死が私的な事件であることを簡略に述べた箇所を書き出しておきたい。

森鷗外　医学・文学の分野での論争は知られるが、政治に対しては徹底した傍観者として孤塁を守った。（出所：『近代作家研究アルバム』筑摩書房）

> 死ハ一切ヲ打チ切ル重大事件ナリ　奈何《いか》ナル官権（憲）威力ト　雖此《いへども》ニ反抗スル事ヲ得スト信ス
> 余ハ石見人　森　林太郎トシテ死セント欲ス　宮内省陸軍皆縁故アレドモ　生死別ル、瞬間アラユル外形的取扱ヒヲ辞ス森　林太郎トシテ死セントス墓ハ　森　林太郎墓ノ外一字モホル可《べか》ラス（大正一一年七月六日）

ちなみに賀古鶴所は東京大学医学部を卒業した耳鼻咽喉科医師で、日清・日露戦争に従軍し、日露戦争後軍医監になった人物である。賀古が友人の松山市長加藤拓川《たくせん》（一八五九―一九二三）に宛てた書簡（大正一一年八月一三日付）に

墓はらに独りのこりし心地せりかたらむ友ははや失せ行きて

と哀傷の歌を記している（鷗外忌特別展図録「鷗外の終焉」より）。

古そうでも新しい

翌日津和野を離れる前に津和野町郷土館を訪れ、「古くからの伝統」というものが、時に意外に新しいことを改めて実感した。明治になって始まったことでも、古代から綿々と継承されて来たと思い込んでしまうことがある。その点でも、何をもってして「日本的だ」と考えるのかは難しい。

令和元年一〇月二二日に執り行われた皇位継承の大儀式のひとつ、「即位礼正殿の儀」（広く内外に即位を披露する儀式）も、その厳かさに、日本の天皇の「即位式」は遥か古代の昔からあのような形で執り行われて来たと思ってしまう。

しかし専門家の解説を聞くと、かなり大きな変化があったことがわかる。元来はきわめて地味な儀式であったが、七世紀に入ると遣隋使・遣唐使などにより中国の皇帝の即位式についての情報が日本にもたらされると、新天皇も中国風の派手な色彩の服装をまとうようになり、その様式が長く続いた。

ところが明治維新で様相は一変する。現在のような、和風と洋風を取り交ぜた形に変化するのだ。「王政復古」以後、新政府内の平田派神道の強い影響によって、唐風《から》を改め、天皇の装いは中国服から衣冠束帯に変わった。さらに明治末にはヨーロッパ王室に倣い、即位の礼には皇后も参与するようになった。天皇が「高御座」、皇后が「御帳台」に並び立つという現在の形式は、昭和天皇の即位礼からだという。

津和野藩がご即位新式取り調べ御用掛となった理由が、津和野で入手した松島弘『明治天皇即位礼」新式を制定した津和野藩』という本に記されている。津和野藩の藩主亀井茲監《これみ》が神祇官副知事であり宗教行政の中枢にあったこと、藩校養老館が津和野藩国学者大国隆正（一七九二―一八七一）や福羽美静《よしず》（一八三一―一九〇七）の指導によって、中心教学が儒学から国学へと転換され、西洋医学科を創設したことなどが、津和野藩が「即位新式」への移行に重要な役割を果たした理由だと説明されている。津和野藩は明治新政府が明治元年に神仏分離令を出す前に、すでに神葬祭式を施行していたのだ。

萩と接する山陰の小藩津和野は、中央政府の宗教行政の方向性を決定するのに強い影響力を持った。徳川幕府に「文部省」はなかった。それぞれの藩が、藩校という分権的な教育制度のもとで優れた人材を養成していたのである。

27　永野鉱山跡から菱刈鉱山を経て、知覧へ

鹿児島の生んだ偉人といえば西郷隆盛がまず思い浮かぶ。その存在感、自己犠牲の精神、謎めいた行動に不思議な魅力を感じてきた。西郷は、明治四（一八七一）年、廃藩置県を断行して新政府の基礎を築いてから後は、かつての東征大総督府参謀として錦の御旗を掲げて官軍を指揮した軍人、大政治家のイメージが急速に薄れて行く。そして明治六（一八七三）年、明治新政府との修好を拒む鎖国中の朝鮮国に対する征韓論が闘わされた折、西郷は武力行使派を抑えて、自ら全権大使となり談判すると主張した。しかし「西郷遣使」は岩倉具視・大久保利通・木戸孝允らの反対で無期延期とされたため、西郷は下野して故郷鹿児島に退いた。

西南戦争で自死した西郷を、世論・新聞はそれまでの西郷礼賛とは打って変わり、手のひらを返すように西郷を逆臣として断罪する。こうした浮薄な世論を苦々しく思った福沢諭吉は『明治十年 丁丑公論』をしたため、「西郷の死は憐れむべし、これを死地に陥れたるものは政府なり」と中央集権に強く傾斜した政府を批判しつつ断然西郷を擁護し、「西郷は天下の人物なり。日本狭しといえども、国法厳なりといえども、豈一人を容るるに余地なからんや」と嘆いた。

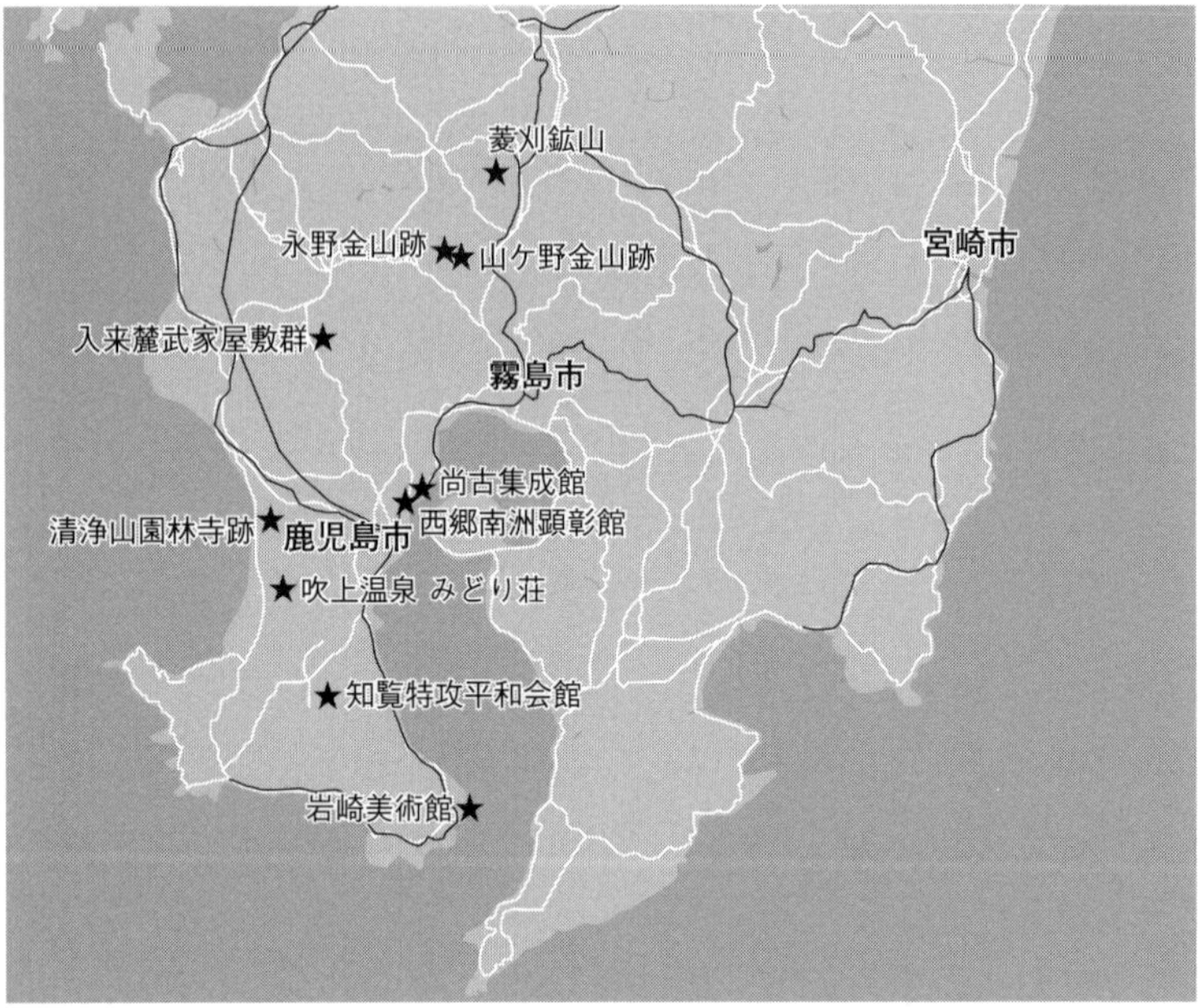

冷徹な政治家としての力量では、同郷の大久保利通が明治の新体制のもとでは突出していたと言えよう。しかし宗教的とも言い得るカリスマ性のあった西郷には、何か、現世の政治を超越したような精神の気高さを感じる。

鹿児島城下の加治屋町という下級武士が多く住む町内から、西郷隆盛・従道兄弟、大久保利通、村田新八、大山巌、東郷平八郎、山本権兵衛など、多くの人材が輩出したことは奇蹟に近い。土地柄というものがあり、後段ふれるが薩摩藩独自の教育理念によってお互い競い合い、切磋琢磨したということなのだろう。西郷の場合、彼を見つけ、評価し、育てた島津家第二八代当主斉彬《なりあきら》公の存在は大きい。

西郷さんの遺徳を偲ぶためもあって、

鹿児島は何度か訪れた。子供たちを連れて西郷南洲顕彰館へ行ったこともある。最近も鹿児島を訪れる機会に幾度か恵まれた。勤務していた研究所退職の少し前、同僚数人と連れ立って、世話になった事務部の人たちと「卒業旅行」を計画したときも鹿児島を選んだ（2011.11.21〜23）。その旅では、まず指宿《いぶすき》で泊まり、翌朝、宿からそれほど遠くない岩崎美術館に立ち寄った。地元の財界人、岩崎與八郎《いわさきよはちろう》が「豊かな郷土づくり」を願って、西郷をはじめ鹿児島の政治家の墨跡、藤島武二《ふじしまたけじ》やゴーギャンなど日欧の絵画を集めた美術館を建てた。

美術館で西郷の書（掛幅装）の絵ハガキを二種求めた後、指宿から北上して知覧《ちらん》特攻平和会館へ向かった。同行した諸氏と知覧で別れ、さらに車で北西三〇分ほどの日置市吹上浜《ふきあげはま》近くの中島温泉旅館で一泊した。敷地内から源泉温度五〇℃の湯が湧き出ている古い宿だ。この旅館には、西郷隆盛が明治三年、四年、七年に持病の皮膚病の治癒のために訪れた記録がある。

この「卒業旅行」から三年あまり経って、閉山している山ケ野・永野金山跡、そして現在も操業中の菱刈《ひしかり》鉱山を観るために鹿児島を再度訪れることになった（2015.3.9〜11）。この旅についていくつか記して本書の結びとしたい。

山ケ野・永野の金山跡へ

調査の計画を立てたY先生とドライバー役を引き受けてくれたM先生と鹿児島空港で無事集合。まず空港の北に位置する霧島市の山ケ野金山跡に向かう。車で三、四〇分の距離だ。

山ケ野金山は江戸初期に大隅国横川郷（この「郷」については後述）で発見され、一九六〇年代半ばに閉山した日本の大金山のひとつである。金山は薩摩藩の重要な財源であったため、島津家と幕府との間に採掘権をめぐる厳しい駆け引きもあったようだ。幕府から正式な採掘許可が下りてから、一五の鉱山所、三六の町、人口一万二〇〇〇人を数えるまでに発展し、門司と長崎に次いで「九州三大遊郭」のひとつが生まれるほどの賑わいを見せた。実際、一八世紀後半から一九世紀前半までの産金量は佐渡を上回る時期もあった。

明治元年、島津家は、五代友厚《ごだいともあつ》(一八三五—八五)率いる薩摩藩士たち(寺島宗則・森有礼ら)をイギリス、さらに欧州各地をも巡歴させるために送った。藩内の鉱山振興を図るために、翌年五代は帰国するときにフランス人技師コワニェ(生野銀山の近代化の功労者)を招聘している。コワニェは金の回収率を上げるための「アマルガム法」を導入した。その後コワニェ推薦のフランス人鉱山技師ポール・オジェ(Paul Ozier, 一八三四?—一九〇八)によって掘削や輸送のためのインフラ整備も進められた。山ケ野にオジェが建設した「谷頭精錬所」の操業は(収支相償わず)期待された成果を挙げることができず、オジェ解雇の原因となった(浦島幸世『金山——鹿児島は日本一』春苑堂)。

明治三七(一九〇四)年、五代友厚の娘婿で工学博士の五代龍作(一八五七—一九三八)が第七代鉱山館長となり、「青化法」を導入、明治四〇(一九〇七)年、永野に電力による大精錬所を完成させた。その結果、それまで主力であった自稼《じかせぎ》の採掘も廃止され、山ケ野は火の消えたように寂しくなった(山ケ野区会「山ケ野金山」の説明板による)。ちなみに一時期、東大教授を務めた五代龍作には『芹ケ野金山鉱業誌』という著作があるようだ。

鉱山跡を歩くと、何もない草地にいくつも説明板が立っているのが目に入る。「自稼掘坑跡」と書かれた杭の立てられた小さな穴も少なくない。刑所（牢屋）の跡も、オジェの住居跡も草生す原っぱになっている。半ば朽ちた木の杭がその場所を示すのみだ。

永野金山鉱業館の館長は西郷菊次郎

金の精錬所が山ケ野から永野に移り、金の精錬が永野に集中すると、山ケ野の町が一挙に衰退したことは容易に推量がつく。山ケ野と永野は別の鉱山というより、一括りに島津家管理の「永野金鉱山」と見るべきなのだろう。

永野金山トロッコ道鉄橋橋脚
（提供：四方田雅史）

永野金山の鉱業館の第八代館長（一九一二—二〇）に就任したのは、西郷隆盛の長男・菊次郎（一八六一—一九二八）である。第二代京都市長を約七年務めあげての転身であった。西郷隆盛は、「安政の大獄」の難を避けるために奄美大島龍郷村に三年近く身を潜めた。菊次郎は奄美大島時代の妻、愛加那との間に生まれた子だ。

一二歳で米国に留学した菊次郎が帰国して三年ほど経つと西南戦争が勃発した。菊次郎は薩軍兵士として参戦して右足に銃弾を受け膝下を切断。結局、政府軍にとどまっていた（叔父の）西郷従道（一八四三—一九〇二）の側へ投降する。その後栄達を遂げた菊次郎は、永野金山鉱業館の館長として赴任し、寒村であった永野に夜学校《やがっこう》を設立、多くの青少年の教育に力を尽くした（「西郷菊次郎夜学校跡」の説明板）。

また次のような不思議な事件もあった（霧島市教育委員会「谷頭製錬所跡」の解説）。永野に電力による大精錬所ができたため、山ケ野の谷頭精錬所は操業停止、シンボルであった大煙突が大正一五年二月一一日朝一〇時に爆破された。ところが煙突が倒れると同時に永野に黒煙が立ちのぼり、八二戸が焼失、翌々日には永野精錬所が原因不明の火事で全焼したという。「この出来事に山ケ野・永野は大いに流言飛語が飛び交った」という。ミステリーか怪奇小説の題材になりそうな事件である。

永野金山跡を踏査した後、再び霧島市から南に向かい妙見温泉の宿に至る。湯量の豊富な古い建物の温泉宿をY先生が見つけてくれた。いくつかの湯殿と露天風呂があり、いたって静かな宿だ。源泉一〇〇％の自噴泉だという。湯につかると「やはり温泉は九州だ」との思いを強くする。東北へ行っても、信州に行っても同様なことを思わずつぶやいてしまうのだが。

本館の部屋に稲葉修元文部大臣の書（漢詩）が掲げられていた。昭和四七年夏にこの天降《あもり》川の畔の「おりはし旅館」の主人に贈られたものだ。料理と酒を褒め称えた詩のようだ。気骨だけでなく教養とユーモアのある懐かしい政治家だ。

操業中の菱刈鉱山

翌朝、車で小一時間の「菱刈ふるさといきがいセンター」に向かう。山田川の上流にある菱刈金鉱山は、現在も金鉱石を採掘して金製錬を行っている。この鉱山は江戸時代に試掘され、明治・大正期にも「山田金山」として採掘は続いていたが、本格的な操業が始まるのは、住友金属鉱山（株）が鉱業権を獲得した一九八二年七月からであった。菱刈鉱山の最近までの産金量は累積で二五〇トン近くに及び、閉山となった新潟佐渡の八二・九トン、北海道鴻之舞の七三・二トンをすでに大きく上回っている。

鹿児島には、産金量五五・七トンに達している串木野鉱山の他に、枕崎の春日鉱山、岩戸鉱山、知覧の赤石《あけし》鉱山が稼業中であるが、いずれも規模は小さい。鹿児島県の金鉱山は近年日本の産金量の九六％以上を占めているから、日本の産金は、鹿児島のみと言っても過言ではない。先に訪れた山ケ野鉱山は累計で二八・四トンであるから、菱刈がいかに大きな金生産の地であるのかがわかる（以上の数字はHishikari Mineの「菱刈鉱山操業概要」と『菱刈町郷土誌』〔改訂版〕、三井串木野株式会社のＨＰによる）。

菱刈で操業中の住友金属鉱山の内部を見られないかと、無駄を承知で、工場に近づいてみたがガードは堅い。不審者（近づいてくる者がそう見えるのは当然かもしれない）を追い払えるように厳重な警戒態勢だ。「鉱山長」名で、「これより先の菱刈鉱山構内への関係者以外立ち入り禁止　観光目的の方はご遠慮ください」とある。関係者ではないが、観光目的でもない。門衛さんらしき人に尋ねると、慇懃だが文字通りの「門前払い」だ。事前に手紙で、一般の人が入れる所だけでも見学させていただけないかとお願いするのが礼儀というものだろう。

入手した「概要」を見てわかったのは、菱刈鉱山の坑内環境は佐渡が金山として繁栄した時代とはもはや全く異なるということだ。坑内は軌道を使わず大型重機車両が自由に坑道を走行し、毎分一万八五〇〇立方メートルの空気を坑内に送り、作業場では毎分二〇〇〇リットルの冷水で空気を冷却しているそうだ。坑内労働の姿も大きく変化したのだ。坑道総延長は一〇四キロメートル（平成一八年六月時点）というから結構長い。

近くの「伊佐市立菱刈図書館、菱刈郷土資料館」で改めて金の精錬過程を学習する。

串木野・入来・日置・吉利などの「郷」を巡る

伊佐も「郷」のひとつであったが、この郷について触れておこう。江戸時代は一国一城が原則であった。薩摩藩の城（内城《うちじょう》）は鶴丸城である。それ以外に、薩摩藩には百十余の軍事のための行政区画としての外城《とじょう》があった。外城といっても天守閣のある城ではない。薩摩藩独自の外城制度は、半士半農（衆中）を主力とした武士団を藩内各地に分散させて住まわせ統治する方式であった。一八世紀末頃からは、外城は「郷」、衆中は「郷士」と呼ばれるようになった。外城配置図を見ると、よくこれだけ領国三州（薩摩、大隅、日向）を細かく区切って分割統治したものだと驚く。

金山で知られた串木野もこの「外城」、つまり後の「郷」のひとつであった。残念なことに平成の大合併で、串木野は隣の市来と一緒になり、いまは「いちき串木野市」と平がな交じりの長い名前に変わってしまった。

串木野の金鉱山は、江戸初期からの三五〇年余りの歴史をもつ。明治以降は主に三井の資本で開発され、太平洋戦争前の最盛期には年間一・四トンの産金量を記録した年もあった。しかし一九九七年に操業停止。ただし精錬所では他の金鉱山から搬入された金鉱石を精錬している。近年は、酒造メーカーが坑道の一部を焼酎の熟成貯蔵庫として再利用し、蒸留所も設置され「薩摩金山蔵」という観光用の坑道になっている。

いちき串木野市下名《しもんみょう》にも金山を詠んだ与謝野晶子の歌碑が二つあった。

やみの中にともしびゆれて祭りあり金山峠の夜の道かな
疎らにも蛍の出でゝ飛びかへり串木野村の金山のもと

串木野から入来《いりき》に立ち寄る。入来も外城（郷）のひとつだ。入来麓（ふもと）にも石垣と生垣の整った武家屋敷群がある。入来は、かつて日本が誇るべき中世史家のイェール大学教授・朝河貫一（一八七三―一九四八）がここの文書（「入来文書」）を研究したところだ。日本では長く黙殺されてきた朝河の古典的著作 *The Documents of Iriki*（Yale University Press, 1929）は、矢吹晋氏によって完訳された（柏書房、二〇〇五年）。マルク・ブロックらの書評を含めて、邦訳で七〇〇頁を超える大作だ。刊行と同時にわたしも入手したのだが、いまだ手つかずだ。比較的十分な時間が与えられたいま、朝河先生の学問を偲び、封建制の機能と人類史への影響を学ぶために繙《ひもと》いてみたいのだが。

入来から南に下り日置（郷）から吉利《よしとし》（郷）に入ると途中に小松帯刀《たてわき》（一八三五―七〇）の墓所という標識が目に入った。目指していたわけではない。全くの偶然だ。小松帯刀は立派な薩摩藩家老であったが、惜しくも維新後三年も経たぬうちに病を得て三四歳で亡くなっている。近年歴史好きの人々の関心を集めている人物だ。小松帯刀が薩摩藩の近代化と産業振興に貢献したことをわたしも最近知った。高村直助『小松帯刀』（吉川弘文館）には、幕末から長く日本に滞在した英国の外交官アーネスト・サトウが帯刀の人格と事績を高く評価していたことが記されている。墓は禰寝《ねじめ》の園林寺《おんりんじ》跡の小松家歴代墓所にあった。

この日の宿は日置市の吹上温泉の「みどり荘」だ。この宿は知覧や万世《ばんせい》の飛行場から飛び立つ特攻隊員の出撃前の休養地でもあった。先代のおかみさんが、いろいろ隊員たちの世話をしたという。宿には特攻隊員たちを慰霊するための観音堂がある。また「海の軍神東郷平八郎元帥はゆかり深いこのみどり荘に日本海海戦の勝利の記念としてロシヤ国の砲弾を贈られました」と書かれた説明板の傍に、デッカイ砲弾が立てかけられている。軍人が知り合いにこういう戦利品（？）を贈り物（もちろん炸薬を抜いたものだろう）をしていた伸びやかな時代だったのだ。池の傍の木々に囲まれた露天風呂は気持ちがほどけるに十分だ。

知覧特攻平和会館

はじめて知覧を訪れたのは冒頭に触れた「卒業旅行」の折であった。そのときは指宿の宿を出て、開聞岳《かいもんだけ》を眺めつつ沖縄戦での特攻隊の主要な出撃基地、知覧に向かった。今回宿泊した「みどり荘」は知覧のすぐ近くだ。外城のひとつであった知覧の立派な武家屋敷と見事な庭園が続く通りは、現在も風致地区として保存されている。

特攻基地跡の一角に建てられた知覧特攻平和会館の入り口付近には、二〇一四年度のノーベル物理学賞を受賞した赤﨑勇先生を祝する大きな看板が立っている。知覧のご出身らしい。

館内には、太平洋戦争末期の沖縄戦で陸軍特別攻撃隊員として満洲や日本各地から集結して出撃し、爆装した機体とともに散った二〇歳前後の若者たちの遺影、遺書、遺品やメモ、戦闘機（「疾風」、海から引き揚げられた零戦機）が展示されている。隊員たちの寄せ書き、出撃前夜に腕相撲をする光景、出撃二〇分前に腹ごしらえをして別れの杯を口にする姿、花束を振りつつ出撃を見送る女学生たちの写真もある。彼らの胸中を察することはできそうにない。

特攻基地は知覧だけではなかった。現在の鹿屋《かのや》市串良町《くしらちよう》には串良海軍航空基地が置かれた。建設には学徒動員や朝鮮人労働者が駆り出された。鹿屋市を訪れることはできなかったが、ここには外国人納骨堂があることを後で知った。朝鮮人労働者の統括役だった在日韓国人が、鹿屋市に働き掛けて一九六二年に建設されものだ。二〇名の朝鮮人労働者が眠っている。納骨堂の前のクロガネモチの木は、大人気の韓国人プロレスラー大木金太郎が植えたものだそうだ（南日本新聞社編『戦後60年　かごしま戦争遺跡　記憶の証人』）。

島津斉彬のエラさ

鹿児島市内に戻り最後の目的地、尚古集成館《しようこしゆうせいかん》を訪ね、そのあと周辺を歩いた。幕末の薩摩藩の富国強兵と殖産興業政策について目で学ぶためだ。

薩摩藩七二万石は、加賀藩一〇二万石に次ぐ日本第二の大藩であった。なぜこの外様の大藩薩摩から、すぐれた維新の志士が輩出し、産業活動においても日本の工業化の先鞭をつけるような西欧の新技術の導入が行われるようになったのか。まず思い浮かぶのは藩の教育理念だ。たとえば、鹿児島商工会議所編の公式ガイドブックには次のような記述がある。「島津忠良（日新公）や山田昌巌は、家臣やその子弟の心身の鍛錬を目的とした教育に力を注いだ。その結果、外城制度が完成すると、藩士を二才《にせ》（十代半ば―二十代半ば）と稚児（六、七歳―十代半ば）に分け、集団で先輩が後輩を指導する郷中《ごじゅう》教育に発展した。「山坂達者《やまさかたつしゃ》」（普段から山道や坂道を歩き、足腰を鍛える）でいざというときに備え、示現《じげん》流剣術を習得し、「四書五経」を学び「日新公いろは歌」を暗記した。また、規律を尊ぶ教育は「負けるな、嘘をつくな、弱い者をいじめるな」を是として、その精神は維新後の教育にも継承された。藩内には、庶民の学舎である寺子屋は殆んど存在しなかった」（六八頁）。

さらに江戸時代後期の人口の動きもひとつのヒントを与えてくれる。人口は経済と国力の基本だ。関山直太郎の研究（『近世日本の人口構造』吉川弘文館）が示すように、日本の江戸時代は、一七二〇年ごろまで人口増加率は高かったが、それ以後、幕末維新期までの約一三〇年間（享保六〔一七二一〕年から弘化三〔一八四六〕年まで）の日本は、総人口はほぼ三一〇〇万人前後のまま推移する「人口停滞社会」であった。人口が急速に増加しはじめるのは明治維新以降である。

関山は、総人口の停滞はあったが、人口の増減に大きな地域差が存在したことに注目する。近畿・関東・東北の三地方が大きな減少を記録しているのに対し、山陰・山陽・四国・九州では増加が著しい。凶作・天災・飢饉が起こり、間引きや堕胎が広く行われた東北をはじめ、目立った人口減少を見た藩は東日本に多い。逆に西日本、特に薩摩、周防、土佐など、維新期に多くの志士を輩出した西南雄藩は著しい人口増を見ている。教育や軍事技術の導入に熱心であった諸藩は、東日本に比べて経済的に多少とも豊かであったと推測できる。

改革への気概については、他にも原因がありそうだ。江戸後期に人口増を経験した地方には、平田派の国学が武士階級にもかなり浸透していた。平田の門人は医者、庄屋、本陣問屋か、さもなければ百姓町人などの「縁の下の力持ち」の社会層であって、士分は少なかった。しかしそれでもいくつかの藩の武士の中に門人はいたことが島崎藤村『夜明け前』でも示されている。

西南雄藩の下級武士の改革へのエネルギーは、平田派国学の尊王思想の浸透によるという面もあったのではないか。また多くの借金を抱えていた薩摩藩にとって、藩専売の砂糖などの特産品、そして金山も苦しい藩財政を支え、軍事・産業・教育に資源を投入する力を生んだのだろう。家老・調所《ずしょ》笑左衛門《しょうざえもん》（広郷）の天保の財政改革の成果も大きい。

島津斉彬　君主は人を愛憎で判断するな、みなが好む人物は非常時に対応できない、などの名言を残した。

西郷隆盛を育てたといわれる二八代島津氏当主（薩摩藩一一代藩主）島津斉彬（一八〇九―五八）は卓越した人物で、ローマ字日記をつけるほど外国事情にも通じた開明的な君主であった。アヘン戦争（一八四〇―四二）でイギリスが圧倒的な勝利を収めたことは、斉彬を西洋の科学技術の導入と海洋国家として海軍力を重視する軍事制度改革へと傾注させた。集成館事業と呼ばれる軍艦建設と物産の開発振興である。

集成館では斉彬の時代の国防政策、産業政策を具体的に学ぶことができる。反射炉、溶鉱炉、造船所、機械工場、ガラス（薩摩切子）の製造所を設置、集成館以外の場所では、造船、紡績、陶器、製薬など多岐にわたる殖産興業政策を自前で展開した（田村省三『尚古集成館』春苑堂）。

しかし斉彬はこの大事業の完遂を見ずに病死する（一八五八年）。その後、集成館の施設のほとんどは薩英戦争（一八六三年）中のイギリス艦隊の爆撃で灰燼に帰した。現在の尚古集成館本館の建物は、維新の三年前に建てられた機械工場跡である。

島津斉彬、西郷隆盛、そして大久保利通のような偉人たちを生んだ鹿児島を訪れると、なぜか心からうれしくなる。こうした先人たちの新しい国家建設への熱意と努力に敬意を表しつつ筆を擱《お》けるのは幸せなことだ。感想を送ってくださった読者の皆さんにも改めて感謝したい。

あとがき

どの棚に置けばよいのか、書店が困るような分類の難しい本になった。著者なりの意図とささやかな主張を改めて述べておくのがよさそうだ。

われわれは歴史や社会について考えるとき、抽象的な概念と言説になれてしまい、直ぐに一般化に走る。個別の事柄に関する知識の集積によって考えを組み立てることがおろそかになるのだ。一般化された概念で現実を切り取るのが、高級な人間学であり社会科学だと考えてしまう。たとえば、「人類愛」や「愛国心」を語ることには熱心であっても、身近な人への愛情に無感覚であっては、いかに勇ましそうな議論でも根本のところで人の理解と共感をよぶことはない。似たような理由で、「日本社会は」「日本人は」という抽象レベルでの学問上の語りは、多くの「陳腐な決まり文句」を生み出すだけに終わることが多い。そして「決まり文句」が単に繰り返し述べられたという理由だけで、「真理」となってしまうケースが少なくない。具体的なイメージのない、経験の裏打ちを欠いた人間や社会についての認識にはそうした危うさがある。

さらに、活字を通して獲得する一般的な知識は重要ではあるが、それで事足れりというわけでもなさそうだ。何を観たか、何を体験してきたかが、われわれの物事の理解に寄与するところは大きい。格別たくましい想像力を天から与えられた偉人は別にして、すでに「まえがき」にも記したように、旅という体験を通して「足から」しか学べないことは少なくないのだ。

われわれは確かに互いに似た存在だ。しかしそれぞれが知る小さな「宇宙」は全く異なっている。ひとつの国のなかでも東と西、北と南、山の中と海辺近くでは人々の感覚や慣習は同じではない。地形は様々であり、言語が同じといっても方言があり、食べ物も異なり、音楽も違う。

会食の席で初めて会った人々と言葉を交わさねばならないような状況を考えてみよう。その折の話題はさまざまだが、最近評判になった書物や映画、そして趣味の世界について、あるいはどこが郷里で、どこを旅し、何を見たか、何を食べたかについて話をすることが多い。学問や政治や宗教の話は口論や沈黙の種にこそなれ、人を知ることには繋がらない。何を読んだか、どこを旅したかを話し合うことで、いま食事を共にしている人が、どのような人格の人物なのかを知ることができる。

「本を読め、人に会え、そして旅をしろ」(池島信平)という言葉がある。よい本を読むことは人に豊かな知恵や知識を与える「心の旅」だ。しかしそれだけでわれわれの社会についての理解が完結するわけではない。人と接しなければ自分自身も人間も知ることはできない。そして旅は、活字だけからは汲み取れないような人間の姿や歴史の流れを実感させてくれるのだ。一種の「実地学習(on-site-learning)」とも言えよう。

本書は綿密な計画に基づいて生まれたわけではない。近代日本についてはすでに多くが語られている。しかし語られていないこと、忘れ去られたことも多い。「忘れ去られそうなところ」に改めて目を注ぎ、もうひとつの近代日本はいったいどのような姿だったのかとの漠たる問いを意識して、友人を巻き込みながら地方の鉱山跡を歩き回ったときのメモをまとめたものということになる。

「巻き込まれた」人たちへの感謝の言葉を記しておきたい。わたしが国際日本文化研究センターで一〇年間勤務したときに知己を得た、機関研究員（当時）の井出文紀さん（現在、近畿大学）、松村博行さん（現在、岡山理科大学）、田村太一さん（現在、流通経済大学）は、筆者が日文研を退職してからも一〇年余り、毎年の恒例行事となった「鉱山跡めぐり」にお付き合い下さった。田村太一さんは、いくつかの旅程を綿密に作成し、写真撮影でもご尽力をいただいた。本書をまとめるに当たって、同氏の御助力は、筆者の日記風メモだけでは思い出せないときに貴重な手がかりを与えてくれた。

また、経済史、経済思想史の分野で、日文研の「共同研究会」に参加して下さった四方田雅史さん（現在、静岡文化芸術大学）と武藤秀太郎さん（現在、新潟大学）は、いくつかの旅の途上で、それぞれの研究分野の該博な知識を与えてくださった。本書には、これら研究者たちとの旅のほかに、家族、あるいは高校時代の友人たちとの「愁学旅行」の際のエピソードも少なからず含まれている。

こうした旅の途中のメモに、帰ってからの調べものを加えて、『ちくま』に二〇一九年一月から二〇二一年三月まで、二七回の長きにわたって連載した文章を本としてまとめることができた。連載中、綿密な校閲を受けられたのは有難かった。書籍化を担当して下さった永田士郎さんからは、『ちくま』に執筆中はもちろん、本にまとめる段階でも、様々な助言をいただいた。また、地図の作成、写真の選択まで、著者本人を上回るほどの熱意で取り組んで下さった。

ここに含まれなかった旅も少なくない。酒田・庄内（田川鉱山）、いわき・勿来の関（磐城炭鉱）、宇和島（広田鉱山）、軍艦島（端島）、犬山（春日鉱山）、対馬（対馬銀山）、小田原（渋沢鉱山）などなど。それぞれ気づきや発見のある旅であった。しかし物事には適量や引き際というものがあろう。あまり欲張らず少しを残して筆を擱くというのも悪くないと考える。

連載中に少なからぬ読者からコメントをいただいたのも励みになった。呉智英さん、宮本又郎さん、北岡伸一さん、細川周平さん、そして毎号、丁寧な字で簡にして要を得た感想をお送りいただいた木下彰さん、半世紀を超える友人として著者に多くの気づきを与えてくれた尾花珠樹さんに改めて感謝したい。

二〇二二年神無月

著者しるす

主要人名索引

【あ】

【か】

【さ】

【た】

【な】

【は】

【ま】

猪木《いのき》武徳《たけのり》

一九四五年生まれ。経済学者。京都大学経済学部卒業。米国マサチューセッツ工科大学大学院修了。大阪大学経済学部長を経て、大阪大学名誉教授。二〇〇二年より国際日本文化研究センター教授。二〇〇八年、同所長。二〇〇七年から二〇〇八年まで日本経済学会会長。二〇一二年四月から一六年三月まで青山学院大学特任教授。主な著書に、『経済思想』（岩波書店、サントリー学芸賞・日経・経済図書文化賞）、『自由と秩序』（中公叢書、読売・吉野作造賞）、『文芸にあらわれた日本の近代』（有斐閣、桑原武夫学芸賞）、『戦後世界経済史』（中公新書）などがある。

地霊《ちれい》を訪《たず》ねる——もうひとつの日本近代史《にほんきんだいし》

二〇二三年一月三十日　初版第一刷発行

著者　猪木《いのき》武徳《たけのり》

発行者　喜入冬子

発行所　株式会社 筑摩書房
一一一-八七五五　東京都台東区蔵前二-五-三
電話番号　〇三-五六八七-二六〇一（代表）

印刷　三松堂印刷株式会社

製本　牧製本印刷株式会社

ISBN 978-4-480-85820-7 C0021